새로운 배움, 더 큰 즐거움

미래엔이 응원합니다!

국어 4·2

WRITERS

미래엔콘텐츠연구회
No.1 Content를 개발하는 교육 콘텐츠 연구회

COPYRIGHT

인쇄일 2022년 5월 23일(1판1쇄)
발행일 2022년 5월 23일

펴낸이 신광수
펴낸곳 (주)미래엔
등록번호 제16–67호

교육개발1실장 하남규
개발책임 이충선 **개발** 허은실, 황혜린, 김주아, 백안나, 이수경

개발기획실장 김효정
개발기획책임 이승연, 이병욱

디자인실장 손현지
디자인책임 김기욱 **디자인** 장병진, 김소라

CS본부장 강윤구
제작책임 강승훈

ISBN 979-11-6841-158-6

초등에서 고등까지
국어 한눈에 보기

3~4학년	5~6학년
듣기·말하기 • 대화의 즐거움 알기 • 회의하기 • 인과 관계 알기 • 표정, 몸짓, 말투 사용하기 • 요약하며 듣기	• 의견 조정하며 토의하기 • 절차와 규칙을 알고 근거 제시하며 토론하기 • 매체 활용하여 발표하기 • 체계적 내용 구성하기 • 추론하며 듣기
읽기 • 중심 생각 파악하기 • 내용 간추리기 • 추론하며 읽기 • 사실과 의견 구별하기	• 글의 구조를 고려해 내용 요약하기 • 주장이나 주제 파악하기 • 내용의 타당성 평가하기 • 표현의 적절성 평가하기 • 매체 읽기 방법 적용하기
쓰기 • 의견이 드러나게 글 쓰기 • 마음을 표현하는 글 쓰기 • 문단 쓰기 • 시간의 흐름에 따른 글 쓰기 • 읽는 이를 고려한 글 쓰기	• 목적과 대상에 따라 설명하는 글 쓰기 • 적절한 근거를 사용해 주장하는 글 쓰기 • 체험에 대한 감상을 표현한 글 쓰기 • 목적·주제를 고려한 내용과 매체 선정하기
문법 • 낱말의 의미 관계 파악하기 • 문장의 기본 구조 알기 • 낱말의 분류와 국어사전 활용 방법 알기 • 높임법을 언어 예절에 맞게 사용하기	• 낱말의 확장 방법 탐구하기 • 문장 성분과 호응 관계 이해하기 • 상황에 따른 낱말의 의미 알기 • 관용 표현 이해하기
문학 • 감각적 표현에 주목하여 감상하기 • 인물, 사건, 배경 알기 • 이어질 내용 상상하기 • 작품에 대한 생각과 느낌 표현하기	• 작품 속 세계와 현실 세계 비교하기 • 비유의 특성과 효과를 살려 표현하기 • 일상의 경험을 극으로 표현하기 • 작품을 이해하고 소통하기

국어는 5가지 영역으로 구성되어 있어요.
각 영역의 학습 내용이 초·중·고등학교 과정에서
어떻게 이어지는지 알아보아요.

중학교

- 공감하며 반응하는 대화하기
- 면담하기
- 문제를 해결하는 토의하기
- 논리적으로 반박하며 토론하기
- 내용 구성하여 발표하기
- 매체 자료의 효과 판단하기
- 청중 고려하여 말하기
- 비판하며 듣기

고등학교

- 언어 예절을 갖추어 대화하기
- 논증 구성하여 토론하기
- 협상하기
- 의사소통 과정 점검하고 조정하기

중학교

- 내용 예측하기
- 읽기 목적과 글의 특성 파악하며 내용 요약하기
- 설명 방법과 논증 방법 파악하기
- 관점과 형식 비교하기
- 매체의 표현 방법·의도 평가하기
- 읽기 과정을 점검하고 조정하기

고등학교

- 관점과 표현 방법 평가하기
- 비판적·문제 해결적 읽기
- 읽기 방법을 점검하고 조정하기

중학교

- 보고하는 글 쓰기
- 대상의 특성을 설명하는 글 쓰기
- 타당한 근거와 추론을 들어 주장하는 글 쓰기
- 감동이나 즐거움을 주는 글 쓰기
- 내용의 통일성과 표현의 다양성 알기
- 매체의 특성을 고려하여 글 쓰기
- 원리를 알고 고쳐쓰기

고등학교

- 설득하는 글 쓰기
- 정서를 표현한 글 쓰기
- 쓰기 과정을 점검하며 고쳐쓰기

중학교

- 음운의 체계와 특성 알기
- 품사의 종류와 특성 알기
- 문장의 짜임 탐구하기
- 담화의 개념과 특성 이해하기
- 단어를 정확히 발음하고 표기하기
- 어휘의 체계와 양상 활용하기
- 한글의 창제 원리 알기

고등학교

- 음운의 변동 이해하기
- 문법 요소의 특성과 사용 방법 탐구하기
- 한글 맞춤법의 원리와 내용 알기

중학교

- 비유, 상징의 효과 알기
- 갈등의 진행과 해결 과정 알기
- 보는 이와 말하는 이의 관점 주목하기
- 작품의 사회·문화적 배경 알기
- 재구성된 작품을 원작과 비교·감상하기
- 작품 해석의 다양성 이해하기
- 개성적 발상으로 표현하기

고등학교

- 갈래 특성에 따른 형상화 방법 알기
- 다양한 사회·문화적 가치 평가하기
- 시대별 대표작 감상하기

여러분에게 국어는 어떤 과목인가요?

읽을 수 있고 쓸 수만 있으면
공부를 안 해도 되는 과목일까요?

아니면
어떻게 공부할지 몰라서
교과서만 읽어 보았던 막막한 과목일까요?

그런 친구들을 위해
초코가 왔어요!

초코는~
그림으로 개념을 쉽게 익힐 수 있게 하고
처음 보는 글은 어떻게 읽을지
문제는 어떻게 풀어야 할지 도와줄 거예요.

공부가 재밌어지는 **초코**와 함께라면
국어 능력이 날로 튼튼해질 거예요.

초등 국어의 튼튼한 길잡이!
초코! 맛보러 떠나요~

구성과 특징

1 개념이 탄탄

- 중요한 개념을 한눈에 이해할 수 있는 이미지와 Q&A로 개념을 쉽게 익힐 수 있어요.
- 확인 문제로 개념을 이해했는지 확인해요.

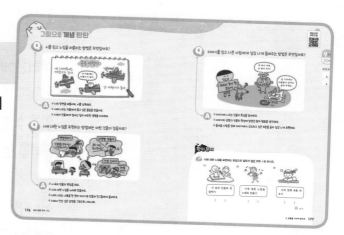

2 핵심만 쏙쏙

- 국어 교과서 핵심 지문과 활동을 자세히 살펴보고, 독해로 이해 쏙으로 내용을 확실하게 이해할 수 있어요.
- 교과서 문제 중요 서술형 등 다양한 유형의 문제로 문제 해결력을 기르고, 어려운 문제도 '이끌이'와 함께 스스로 해결할 수 있어요.

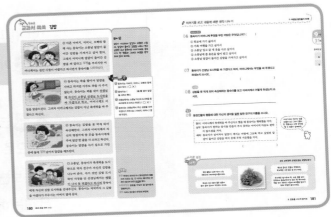

핵심이 보이는 개념 터치 마인드맵

QR 코드를 스마트폰으로 찍으면 핵심 개념을 '개념 터치 마인드맵'으로 정리할 수 있어요.

3 시험도 척척

- 시험에 꼭 나오는 문제로 구성된 **단원 평가**를 풀면서 학교 시험에 완벽하게 대비할 수 있어요.

- 앞으로 배울 교과서 지문과 응용 문제로 구성된 **독해**로 생각 **Up**으로 독해력도 키울 수 있어요.

4 어휘도 쑥쑥

- 단원의 주요 어휘와 어법을 문제로 확인하여 어휘력을 키울 수 있어요.

- **속담**과 **사자성어**를 그림과 함께 즐겁게 익히며 어휘 실력을 탄탄하게 다져요.

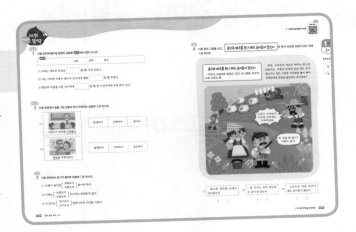

생생한 듣기 자료

QR 코드를 스마트폰으로 찍으면 교과서를 실감 나게 들을 수 있어요.

선생님의 친절한 해설 강의

QR 코드를 스마트폰으로 찍으면 '독해로 생각 Up' 지문과 문제 풀이 동영상을 볼 수 있어요.

차례

교과서에 실린 작품

4-2 가

4-2 나

1

이어질 장면을
생각해요

무엇을 배울까요?

영화를
감상하는 방법 알기

만화 영화를 감상하고
사건을 생각하며
이어질 내용 쓰기

단원에 대한 공부 계획을 세우고, 공부한 내용을
얼마나 이해했는지 스스로 평가해 보세요.

★★★ 잘함.　★★ 보통임.　★ 아쉬움.

그림으로 개념 탄탄

Q 영화를 감상하는 방법은 무엇일까요?

A
❀ 영화 제목, 광고지, 예고편 따위를 보고 어떤 내용이 펼쳐질지 상상해요.

❀ 기억에 남는 대사나 인상 깊은 장면을 생각해요.

❀ 영화 내용을 떠올려 보고 느낀 점을 글로 써요.

Q 만화 영화를 감상하는 방법은 무엇일까요?

A
❀ 광고지와 등장인물을 보고 어떤 내용이 펼쳐질지 상상해요.

❀ 등장인물의 표정, 몸짓, 말투 등을 바탕으로 등장인물의 성격을 짐작해요.

❀ 등장인물의 행동 가운데에서 본받고 싶은 행동을 찾고, 인상 깊은 장면을 생각해요.

Q 만화 영화를 감상하고 이어질 내용을 쓰는 방법은 무엇일까요?

A

- 등장인물의 고민이 무엇인지, 어떤 사건이 일어나서 고민이 해결되었는지 알아봐요.
- 등장인물의 고민과 관련지어서 만화 영화 뒤에 이어서 쓸 이야기를 계획해요.
- 이어질 이야기에 새로운 인물이 등장해서 사건을 전개할 수도 있어요.
- 이어질 이야기를 대표할 만한 제목을 새로 지어 볼 수도 있어요.

확인 문제

만화 영화를 감상하는 방법으로 알맞지 않은 것에 ×표 하시오.

(1) 광고지, 예고편 따위를 보고 내용을 미리 상상한다. (   )

(2) 만화 영화를 보는 장소나 같이 보는 사람들을 떠올리며 감상한다. (   )

(3) 등장인물의 표정, 몸짓, 말투를 보고 등장인물의 성격을 짐작한다. (   )

답 (2) ×

가 등장인물의 마음, 등장인물이 한 말과 행동 생각하기

❶ 체육 시간에 피구를 하려고 편을 **가르느라** 친구들 이름이 한 명씩 불린다. 반에서 따돌림을 받는 선은 자기 이름이 언제 불
_{같은 편을 하고 싶은 친구의 이름을 부름.}
릴까 기대하지만 마지막까지 선의 이름은 불리지 않는다.

❷ 부모님이 이혼하셔서 할머니와 사는 지아는 엄마와 재미있게 지내는 선이 부러워서 **심술**이 난다. 그래서 ㉠선의 엄마께서 싸 주신 오이김밥을 먹지 않고 과자를 먹는다. 그 일로 선과 지아의 사이는 **어색해졌다가** 다시 좋아진다.

❸ 지아는 선과 친하게 지내는 것을 친구들이 알면 선처럼 따돌림을 받을지도 모른다고 생각해서 선에게 생일잔치를 하지 않는다고 거짓말을 한다. 학원에서 늘 일 등을 했던 보라는 지아에게 일 등을 **빼앗기고** 운다. 그 모습을 본 선은 울고 있는 보라를 위
_{보라가 운 까닭}
로해 준다.

❹ 선과 지아는 교실에서 서로의 비밀을 **폭로하며** 크게 싸운다. 선이 동생 윤에게 친구 연호와 싸우면서도 같이 노는 이유를 묻자, 윤은 계속 싸우면 언제 노느냐고 선에게 되묻는다.

읽기 팁

등장인물의 마음, 말이나 행동을 생각하며 읽어 보세요. 그리고 일어난 사건을 차례대로 간추려 보세요.

독해로 이해 콕

❶ 선은 체육 시간에 (축구, 피구)를 했다.

❷ 선과 지아는 (자매, 친구) 사이이다.

❸ 선의 엄마께서는 선과 지아를 위해서 (　　　　)을/를 싸 주셨다.

❹ 지아는 선과 친하게 지내는 것을 다른 친구들에게 들키고 싶지 않았다.
(○ , X)

❺ 윤은 친구 연호와 싸우면서도 같이 놀았다. (○ , X)

낱말풀이

가르느라 나누어 따로 되게 하느라.

심술 그럴 만한 이유 없이 못되게 굴거나 고집을 부리는 마음. 예 지원이는 엄마가 동생에게만 새 운동화를 사 주서서 심술이 났다.

어색해졌다가 잘 모르거나 별로 만나고 싶지 않았던 사람과 마주 대하여 불편하고 자연스럽지 못했다가.

폭로하며 알려지지 않았거나 숨겨져 있던 사실을 드러내어 사람들에게 알리며. 예 내가 지수를 좋아한다는 사실을 동민이가 폭로하며 나와 지수는 어색해졌다.

교과서 문제

01 장면 ❶의 피구를 하려고 편을 가르는 장면에서 마지막까지 이름이 불리지 않자 선의 마음은 어떠했겠습니까? (　　　)

① 고마운 마음　　　　　　② 반가운 마음

③ 걱정하는 마음　　　　　④ 실망하는 마음

⑤ 축하하는 마음

서술형

02 지아가 ㉠과 같은 행동을 한 까닭을 쓰시오.

_____

_____

지아의 처지에서 엄마와 재미있게 지내는 친구를 보았을 때 어떤 마음이 들었을지 생각해 봐요.

03 지아가 선에게 생일잔치를 하지 않는다고 거짓말을 한 까닭은 무엇입니까?

(　　　)

① 보라가 선을 초대하지 말라고 시켰기 때문에

② 선이 자신에게 생일 선물을 주지 않았기 때문에

③ 선에게 생일 선물을 받는 것이 부담스러웠기 때문에

④ 선이 먼저 자신을 생일잔치에 초대하지 않았기 때문에

⑤ 선과 친한 것을 다른 친구들에게 들키고 싶지 않았기 때문에

중요

04 영화를 감상하는 방법으로 알맞지 <u>않은</u> 것에 ×표 하시오.

(1) 영화 내용을 떠올려 보고 느낀 점을 글로 쓴다.　　　　(　　　)

(2) 기억에 남는 대사나 인상 깊은 장면을 상상한다.　　　　(　　　)

(3) 영화를 보기 전에는 어떤 내용이 펼쳐질지 미리 상상하지 않는다.

(　　　)

영화의 제목, 광고지, 예고편 등을 살펴보는 것도 영화 감상에 도움이 돼요.

나 일어난 사건의 차례를 생각하며 내용 간추리기

❶ 체육 시간에 피구를 하려고 편을 가르는데 선은 맨 마지막까지 선택을 받지 못한다.

❷ 언제나 혼자인 외톨이 선은 여름 방학을 시작하는 날, 전학생인 지아를 만나 친구가 된다.

❸ 지아와 선은 봉숭아 **꽃물**을 들이며 여름 방학을 함께 보내고 **순식간**에 세상 누구보다 친한 사이가 된다.

❹ 개학을 하고 학교에서 선을 만난 지아는 선을 따돌리는 보라 편에 서서 선을 **외면한다**.

❺ 선은 지아와 예전처럼 친해지려고 노력했지만 두 사람은 결국 크게 싸우고 만다.
서로의 비밀을 폭로함.

❻ 피구할 때 지아가 금을 밟았다고 오해를 받자, 선은 지아가 금을 밟지 않았다고 용기를 내어 친구들에게 말한다.

6 체육 시간에 편을 가를 때 선은 가장 먼저 선택을 받았다. (○, ✕)

7 지아는 선의 학교에 (   )을/를 왔다.

8 선과 지아는 여름 방학에 함께 (봉숭아, 장미) 꽃물을 들였다.

9 개학을 하고 난 뒤 지아는 학교에서 선을 외면했다. (○, ✕)

10 선은 지아와 예전처럼 친하게 지내고 싶은 마음이 없었다. (○, ✕)

낱말풀이

꽃물 꽃을 짜서 생긴 색깔이 있는 액체.

순식간에 눈을 한 번 깜짝하거나 숨을 한 번 쉴 만한 아주 짧은 동안에. 예 지현이는 순식간에 숙제를 끝냈다.

외면한다 마주치기를 꺼리어 피하거나 얼굴을 돌린다.

서술형

05 지아가 전학 오기 전에 선은 학교에서 친구들과 어떻게 지냈을지 쓰시오.

_____

교과서 문제

06 장면 ❻에서 선이 지아가 금을 밟지 않았다고 친구들에게 말한 까닭으로 알맞은 것에 ◯표 하시오.

(1) 지아를 도와주고 싶어서 ( )

(2) 지아에게 골탕을 먹이고 싶어서 ( )

(3) 지아에게 당한 것을 똑같이 갚아 주고 싶어서 ( )

07 다음은 「우리들」에서 일어난 사건을 간추린 내용입니다. 빈칸에 알맞은 인물의 이름을 각각 쓰시오.

> (1)(　　　　)은/는 전학 온 (2)(　　　　)와/과 여름 방학을 함께 보내며 둘도 없는 친구가 된다. 개학을 하고 지아는 (3)(　　　　)와/과 친하게 지내며 선을 따돌린다. 선은 지아와 다시 친해지려고 노력했지만 둘은 크게 싸운다. 피구를 하는 날, 선은 지아의 편이 되어 준다.

시간의 흐름과 인물 간의 관계를 생각하며 빈칸에 알맞은 이름을 써요.

중요

08 「우리들」을 보고 느낀 점을 알맞게 말한 친구의 이름을 쓰시오.

> 유빈: 선은 지아가 자신을 외면했을 때 무척 상처를 받았을 거야. 선이 불쌍하다고 느꼈어.
> 주헌: 보라가 선과 지아가 친하게 지내는 것을 질투해서 둘 사이를 멀어지게 만든 것이 안타까웠어.

(　　　　　　　)

이미지로 보는 사전

#영화 #영화를 만드는 사람들 #영화감독 #작가 #배우

영화는 영화감독, 배우, 작가, 카메라 감독 등 많은 사람의 노력으로 만들어져요.

작가는 영화의 주제 및 이야기를 구성하고, 배우가 연기할 대본을 써요.

영화감독은 영화를 만들 때 연기, 촬영, 녹음, 편집 등을 전체적으로 지휘해요.

배우는 작가가 쓴 대본을 바탕으로 감독의 지휘에 따라 맡은 역할을 연기해요.

❶ 오늘이, 야아, <u>여의주</u>가 원천강에서 행복하게 산다.
등장인물들이 사는 곳

❷ 수상한 뱃사람들이 야아 몰래 오늘이를 데려가다가 화살로 야아를 쏜 뒤에 원천강이 얼어붙는다.

❸ 오늘이는 원천강으로 돌아가는 길에 행복을 찾겠다며 책만 읽는 <u>매일이</u>를 만난다.
오늘이가 만난 인물 ①

❹ 꽃봉오리를 많이 가졌지만 꽃이 한 송이밖에 피지 않는 <u>연꽃나무</u>를 만난다.
오늘이가 만난 인물 ②

❺ 오늘이는 사막에서 비와 구름을 벗어나고 싶어 하는 <u>구름이</u>를 만난다.
오늘이가 만난 인물 ③

❻ 여의주를 많이 가지고도 용이 되지 못한 <u>이무기</u>를 만난다.
오늘이가 만난 인물 ④

❼ 이무기는 갈라진 얼음 사이로 떨어지는 오늘이를 구해 마침내 용이 되고, 용이 불을 뿜어 원천강이 빛을 되찾는다.

읽기 팁

일이 일어난 차례를 생각하며 내용을 간추려 보세요. 그리고 등장인물의 성격을 짐작하고 각자의 고민이 어떻게 해결되었는지 살펴보며 이어질 이야기를 상상해요.

독해로 이해 콕

⓫ 오늘이, 야아, 여의주는 (   )에 살았다.

⓬ 매일이는 (   )을/를 찾고 싶어서 책을 읽었다.

⓭ 오늘이가 사막에서 만난 인물은 구름이다. (○ . ✕)

⓮ 오늘이는 결국 야아를 다시 만나지 못했다. (○ . ✕)

낱말풀이

여의주 무엇이든 원하는 대로 이루어 준다고 하는, 용이 물고 있는 구슬.

수상한 보통과는 달리 이상하여 의심스러운. 예 <u>수상한</u> 사람이 집 앞을 기웃거리고 있었다.

뱃사람 배를 조종하거나 배에서 일을 하는 사람.

얼어붙는다 액체나 물기가 있는 물체가 찬 기운으로 인해 얼어서 단단히 들러붙는다.

❽ 구름이는 연꽃을 **꺾어서** 매일이에게 주고, 둘은 행복한 시간을 보낸다.

❾ 야아와 다시 만난 오늘이는 행복하게 산다.

꺾어서 물체를 구부려 펴지지 않게 하거나 부러뜨려서. ⓔ 나뭇가지를 꺾어서 혼이 났다.

서술형

09 원천강이 얼어붙은 까닭을 쓰시오.

교과서 문제

10 다음 인물의 고민이 무엇인지 알맞게 선으로 이으시오.

(1) 매일이	•	• ㉮ 행복이 무엇인지 알고 싶다.
(2) 연꽃나무	•	• ㉯ 여의주를 많이 가졌는데도 용이 되지 못한 까닭을 모른다.
(3) 이무기	•	• ㉰ 꽃봉오리를 많이 가졌지만 꽃이 한 송이만 핀 까닭을 알고 싶다.

11 이무기의 고민이 어떻게 해결되었는지 빈칸에 알맞은 말을 각각 쓰시오.

위험에 빠진 (1) (   )을/를 구하려고 품고 있던 여의주를 모두 버려 마침내 (2) (   )이/가 되었다.

중요

12 「오늘이」 뒤에 이어서 쓸 이야기를 계획할 때의 질문으로 알맞지 <u>않은</u> 것에 ×표 하시오.

(1) 중심인물은 누구로 하고 싶은가?　　　　　　　　（　　　）
(2) 중심인물이 어떤 몸짓을 하는 것이 자연스러웠는가?　（　　　）
(3) 중심인물이 자신에게 생긴 사건을 어떻게 해결하는가?（　　　）

중심인물은 어떤 사건의 중심이 되는 인물을 말해요. 이어질 이야기를 상상할 때 어떤 점을 생각해야 할지 살펴봐요.

01~05 다음 글을 읽고, 물음에 답하시오.

❶ 체육 시간에 피구를 하려고 편을 가르느라 친구들 이름이 한 명씩 불린다. 반에서 따돌림을 받는 선은 자기 이름이 언제 불릴까 기대하지만 마지막까지 선의 이름은 불리지 않는다.

❷ 부모님이 이혼하셔서 할머니와 사는 지아는 엄마와 재미있게 지내는 선이 부러워서 심술이 난다. 그래서 선의 엄마께서 싸 주신 오이 김밥을 먹지 않고 과자를 먹는다. 그 일로 선과 지아의 사이는 어색해졌다가 다시 좋아진다.

❸ 지아는 선과 친하게 지내는 것을 친구들이 알면 선처럼 따돌림을 받을지도 모른다고 생각해서 선에게 생일잔치를 하지 않는다고 거짓말을 한다. 학원에서 늘 일 등을 했던 보라는 지아에게 일 등을 빼앗기고 운다. 그 모습을 본 선은 보라를 위로해 준다.

❹ 선과 지아는 교실에서 서로의 비밀을 폭로하며 크게 싸운다. 선이 동생 윤에게 친구 연호와 싸우면서도 같이 노는 이유를 묻자, 윤은 계속 싸우면 언제 노느냐고 선에게 되묻는다.

01 장면 ❶에서 알 수 있는 사실은 무엇입니까?
(   )

① 선은 피구를 매우 잘한다.
② 선은 피구를 좋아하지 않는다.
③ 선은 체육보다 공부를 더 잘한다.
④ 선은 반에서 친한 친구가 거의 없다.
⑤ 선은 체육 시간에 적극적으로 참여한다.

02 장면 ❷에 대한 설명으로 알맞은 것의 기호를 쓰시오.

㉮ 지아는 선이 자신에게 거짓말을 해서 심술이 났다.
㉯ 지아는 엄마와 재미있게 지내는 선의 모습을 보고 부러운 마음이 들었다.
㉰ 지아는 선의 엄마가 자신이 싫어하는 오이 김밥을 싸 주셔서 그것을 먹지 않았다.

(   )

03 장면 ❸에서 보라가 학원에서 운 까닭은 무엇입니까? (   )

① 지아와 싸워서
② 지아에게 일 등을 빼앗겨서
③ 친구들에게 따돌림을 받아서
④ 선에게 거짓말한 것을 들켜서
⑤ 지아의 생일잔치에 초대받지 못해서

서술형

04 윤은 친구와 싸우면서도 같이 노는 이유가 무엇이라고 했는지 쓰시오.

_____

_____

중요

05 다음은 「우리들」을 보고 난 뒤 무엇에 대해 한 이야기인지 알맞은 것에 ○표 하시오.

피구를 하려고 편을 나눌 때 선의 표정이 점점 변해 가는 것이 가장 인상 깊었다.

⑴ 가장 인상 깊은 장면   (   )
⑵ 가장 기억에 남는 대사   (   )

06~10 다음 글을 읽고, 물음에 답하시오.

❶ 체육 시간에 피구를 하려고 편을 가르는데 선은 맨 마지막까지 선택을 받지 못한다.

❷ 언제나 혼자인 외톨이 선은 여름 방학을 시작하는 날, 전학생인 지아를 만나 친구가 된다.

❸ 지아와 선은 봉숭아 꽃물을 들이며 여름 방학을 함께 보내고 순식간에 세상 누구보다 친한 사이가 된다.

❹ 개학을 하고 학교에서 선을 만난 지아는 선을 따돌리는 보라 편에 서서 선을 외면한다.

❺ 선은 지아와 예전처럼 친해지려고 노력했지만 두 사람은 결국 크게 싸우고 만다.

❻ 피구할 때 지아가 금을 밟았다고 오해를 받자, 선은 지아가 금을 밟지 않았다고 용기를 내어 친구들에게 말한다.

06 선과 지아는 어떻게 친구가 되었습니까? ( )

① 같은 학원을 다녀서
② 지아가 선의 학교로 전학 와서
③ 부모님끼리 서로 아는 사이어서
④ 어릴 적부터 같은 동네에 살아서
⑤ 친구가 친하게 지내라고 소개해 주어서

07 선과 지아가 여름 방학에 한 일이 무엇인지 빈칸에 알맞은 말을 쓰시오.

( )을/를 들였다.

공부한 날

월

일

08 장면 ❹에서 지아가 보라 편에 서서 선을 외면한 까닭으로 알맞은 것의 기호를 쓰시오.

㉮ 선이 자신에게 거짓말을 해서
㉯ 보라가 운동을 잘하는 것이 멋있어서
㉰ 선과 친한 것을 알면 자기도 따돌림을 받을까 봐 걱정이 돼서

( )

서술형
09 장면 ❹에서 선은 어떤 마음이 들었을지 쓰시오.

_____

_____

중요
10 「우리들」을 보고 느낀 점을 알맞게 말한 친구의 이름을 쓰시오.

선이 반 친구들 모두와 잘 지내는 모습을 보니 부러웠어.

선이 용기를 내어 지아가 금을 밟지 않았다고 말하는 장면이 감동이었어.

재은   정국

( )

11~14 다음 글을 읽고, 물음에 답하시오.

❶ 수상한 뱃사람들이 야아 몰래 오늘이를 데려가다가 화살로 야아를 쏜 뒤에 원천강이 얼어붙는다.

❷ 오늘이는 원천강으로 돌아가는 길에 행복을 찾겠다며 책만 읽는 매일이를 만난다.

❸ 꽃봉오리를 많이 가졌지만 꽃이 한 송이밖에 피지 않는 연꽃나무를 만난다.

❹ 오늘이는 사막에서 비와 구름을 벗어나고 싶어 하는 구름이를 만난다.

❺ 여의주를 많이 가지고도 용이 되지 못한 이무기를 만난다.

❻ 이무기는 갈라진 얼음 사이로 떨어지는 오늘이를 구해 마침내 용이 되고, 용이 불을 뿜어 원천강이 빛을 되찾는다.

❼ 구름이는 연꽃을 꺾어서 매일이에게 주고, 둘은 행복한 시간을 보낸다.

❽ 야아와 다시 만난 오늘이는 행복하게 산다.

11 매일이가 책을 많이 읽은 까닭을 쓰시오.

_____

_____

12 다음 행동에서 짐작할 수 있는 오늘이의 성격으로 알맞은 것은 무엇입니까? (   )

> 오늘이는 어려움을 이겨 내고 다시 원천강으로 돌아갔다.

① 게으르다.　　　　② 소심하다.
③ 친절하다.　　　　④ 욕심이 많다.
⑤ 용기가 있다.

중요

13 「오늘이」에서 다음 장면이 인상 깊었다면 그 까닭으로 알맞은 것에 ○표 하시오.

> 이무기가 자신이 갖고 있던 여의주를 버리고 오늘이를 구해 주는 장면

(1) 처음 만난 인물들에게 스스럼없이 말을 거는 모습이 부러웠기 때문이다. (   )
(2) 자신의 욕심을 버리고 남을 위해 희생하는 것은 쉬운 일이 아닌데 그렇게 한 것이 대단하다고 생각했기 때문이다. (   )

14 다음은 어떤 인물의 고민이 해결된 내용인지 알맞은 이름을 쓰시오.

> 연꽃이 꺾어지자마자 송이송이 다른 꽃들이 피기 시작했다.

(   )

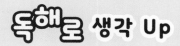

15~16 다음 글을 읽고, 물음에 답하시오.

[5-1] 10단원 314쪽

1
3회

공부한 날

월

일

대화가 필요해

1 난 평소에 못마땅하게 여겼던 인국이랑 같은 편을 하고, 체육을 잘하는
　　　　　　 별로 마음에 들지 않아 꺼림칙하게.
민영이와 다른 편을 하여 기분이 별로였다. (중략)

"야! 막아!" / 골키퍼 인국이가 소리쳤다.

'쳇, 또 먼저 나서네. 자기는 얼마나 잘한다고……'

다행히 내가 공을 뺏어 옆으로 보냈는데 그게 하필 상대편 정훈이 발에
맞은 것이다. '아차!' 하는 순간 내 눈에 보인 건 골대를 향해 가는 공을 뒤
에서 쫓아가는 우리 편 골키퍼 인국이였다.

"야! 너 뭐 하는 거야! 그것도 하나 못 막냐?"

내가 마음속에 억눌렸던 말을 꺼내며 인국이에게 달려들었다.
　　　　　　 어떤 감정이 나타나지 않도록 스스로 참게 되었던.
"너도 똑바로 못 막았잖아! 왜 자꾸 나한테만 화내는 건데?"

그 순간 '나한테만'이라는 인국이 말에 난 뜨끔했지만 선생님께서 우릴
　　　　　　　　　　　　　　　　　　 마음에 찔리는 것이 있어 불편했지만.
말리실 때까지 말싸움을 계속 이어 갔다.
어떤 행동을 하지 못하게 하심.

2 체육 시간이 끝나고 선생님께서 나와 인국이를 부르셨다.

"오늘 일도 그렇고, 너희가 지내는 모습을 보니 서로 대화를 하는 게 좋
을 것 같아서 말이야. 인국이, 상은이, 서로에게 하고 싶은 말 없니?"

나는 눈치를 보며 우물쭈물했다. 인국이가 먼저 말을 꺼냈다.
　　　　　　 말이나 행동을 분명하게 하지 못하고 자꾸 망설였다.
"저는 상은이랑 친하게 지내고 싶은데 상은이는 자꾸 저한테만 더 화를
내는 느낌이에요." / "그랬구나. 상은이도 알았니?"

"아, 아니요. 전 그냥 인국이가 자꾸 말하는 데 끼어들어서 좋지 않게 생
각했어요. 인국아, 그 점 미안하게 생각해."

어떻게 읽을까?

1. 중심인물을 찾아 ○표 해 보세요.
2. 인물의 고민을 알 수 있는 말이나 행동에 밑줄을 그어 보세요.

😊 **인물의 고민**

'나'	인국이가 말할 때 끼어드는 것을 좋지 않게 생각함.
인국이	'나'와 친하게 지내고 싶지만 '나'가 자신한테만 ①□□을/를 내는 느낌임.

😊 **이야기의 흐름**

'나'는 인국이와 같은 편이 된 것이 싫었음.

↓

'나'는 인국이와 ②□□□을/를 함.

↓

선생님께서 '나'와 인국이를 부르심.

↓

'나'는 인국이와 서로 이야기를 나누며 ③□□함.

답 ① 화 ② 말싸움 ③ 화해

---

15 '나'가 체육 시간에 인국이에게 화를 낸 까닭으로 알
맞은 것의 기호를 쓰시오.

> ㉮ 인국이가 찬 공에 맞아서
> ㉯ 인국이가 공을 막지 못해서
> ㉰ 인국이가 자꾸 말하는 데 끼어들어서

(　　　　　　　)

단원 개념

16 이 이야기 뒤에 이어질 내용을 상상한 것으로 알맞
은 것에 ○표 하시오.

(1) '나'와 인국이가 말싸움을 한다. (　　　)

(2) 인국이가 '나'에게만 자꾸 화를 낸다.
(　　　)

(3) '나'와 인국이는 둘도 없는 친구가 된다.
(　　　)

어휘 확인

1 다음 빈칸에 들어갈 알맞은 낱말을 **보기**에서 찾아 쓰시오.

> **보기**
>
> 심술   전학   폭로

(1) 소라는 새로운 학교로 [   ]을/를 가게 되었다.

(2) 나는 서운한 마음이 들어서 언니에게 괜한 [   ]을/를 부렸다.

(3) 둘만의 비밀을 다른 친구에게 [   ]을/를 한 지선이에게 무척 화가 났다.

어휘 적용

2 다음 문장에서 밑줄 그은 낱말과 뜻이 반대되는 낱말에 ○표 하시오.

(1) 사회자가 회의를 <u>시작했다</u>.

발생하다	진행하다	끝나다

(2) <u>행복한</u> 여행이었다.

불행하다	어색하다	초조하다

어법

3 다음 문장에서 표기가 올바른 낱말에 ○표 하시오.

(1) 오해가 생기면 [대화로서 / 대화로써] 풀어야 한다.

(2) 이제는 [눈물로서 / 눈물로써] 호소하는 방법밖에 없다.

(3) 수진이는 [친구로서 / 친구로써] 영훈이와의 의리를 지켰다.

속담

4 다음 글과 그림을 보고, │ 콩으로 메주를 쑨다 해도 곧이듣지 않는다 │ 와 뜻이 비슷한 속담이 <u>아닌</u> 것에 ×표 하시오.

콩으로 메주를 쑨다 해도 곧이듣지 않는다

아무리 사실대로 말해도 믿지 아니함을 비유적으로 이르는 말.

된장, 고추장의 재료인 메주는 콩으로 만들지요. 이렇게 당연한 말을 해도 믿지 않는다는 것은 그만큼 거짓말을 많이 해서 상대방에게 믿음을 잃었다는 뜻이겠죠?

(1) 팥으로 메주를 쑨대도 곧이듣는다

( )

(2) 콩 가지고 두부 만든대도 곧이 안 듣는다

( )

(3) 소금으로 장을 담근다 해도 곧이듣지 않는다

( )

2

마음을 전하는
글을 써요

무엇을 배울까요?

글쓴이가
전하려는 마음 알기

마음을 전하는
글을 쓰는 방법 알기

단원에 대한 공부 계획을 세우고, 공부한 내용을
얼마나 이해했는지 스스로 평가해 보세요.

★★★ 잘함.　　★★ 보통임.　　★ 아쉬움.

그림으로 개념 탄탄

Q 마음을 나타내는 표현은 어떻게 찾을 수 있을까요?

> 친구들아, 안녕?
> 나 태웅이야. 오늘 운동회에서 있었던 일을 생각하면 아직도 가슴이 두근거려. 그때 그 고마운 마음을 직접 말로 전하고 싶었지만 쑥스러워서 이렇게 편지를 쓰게 되었어. (중략)
> 잔뜩 긴장해서 달리다가 오늘도 그만 넘어지고 말았지. 그런데 그때 너희가 달리다가 돌아와서 나를 일으켜 주었지. 내 손을 꼭 잡은 너희의 따뜻한 마음이 느껴져서 눈물이 날 것 같았어. 힘껏 달리고 싶었을 텐데 나 때문에 참았을 것 같아서 미안한 마음이 들어.
> 고마워, 친구들아!
> 같이 달려 주고 응원해 준 너희의 따뜻한 마음 잊지 않을게.

"넘어져도 괜찮아."

A '쑥스러워서, 미안한, 고마워'와 같이 마음을 나타내는 낱말을 찾아봐요.

※ '미안한 마음이 들어, 따뜻한 마음 잊지 않을게'와 같이 마음이 드러나는 표현을 찾아봐요.

Q 글쓴이가 전하려는 마음은 어떻게 알 수 있을까요?

글짓기 대회에서 상을 받은 친구에게 편지를 써야지.

축하해.

금상

A ※ 누가 누구에게 쓴 글인지 확인해요.

※ 무슨 일에 대해 썼는지 확인해요.

※ 글쓴이가 마음을 전하려고 사용한 표현은 무엇인지 확인해요.

※ 글쓴이가 전하려는 마음은 무엇인지 확인해요.

Q 마음을 전하는 글을 쓰는 방법은 무엇일까요?

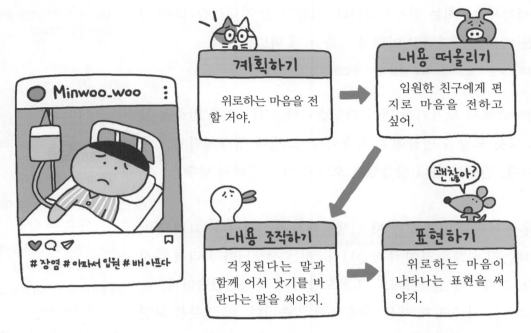

계획하기

위로하는 마음을 전할 거야.

내용 떠올리기

입원한 친구에게 편지로 마음을 전하고 싶어.

내용 조직하기

걱정된다는 말과 함께 어서 낫기를 바란다는 말을 써야지.

표현하기

괜찮아?

위로하는 마음이 나타나는 표현을 써야지.

Minwoo_woo

#장염 #아파서입원 #배아프다

A ❀ 마음을 전하고 싶은 일을 떠올려요.

❀ 글에서 전하려는 마음을 생각해요.

❀ 마음을 잘 나타낼 수 있는 표현을 사용해요.

❀ 읽는 사람의 마음이 어떠할지 짐작하며 글을 써요.

확인 문제

? 다음 그림의 상황에서 공통으로 전할 수 있는 마음과 그 마음을 나타낼 수 있는 표현을 쓰시오.

(1) 전할 수 있는 마음: (   )   (2) 표현: (   )

🔑 (1) 축하하는 마음 (2) 축하해요. 등

지우가 쓴 글

① **존경하는** 김하영 선생님께

선생님, 안녕하세요? 저는 전지우입니다. 그동안 잘 지내셨습니까? 선생님께 고마운 마음을 전하려고 이렇게 글을 쓰게 되었습니다.

중심 내용 선생님께 고마운 마음을 전하려고 글을 쓰게 되었습니다.

② 지난 체험학습에서 도자기를 만들 때였습니다. 저는 진흙 반죽을 **물레** 위에 놓고 그릇 모양을 만들려고 했습니다. 그런데 생각처럼 잘 되지 않았습니다. 만들고 나니 상상했던 모양과 너무 달라서 당황스러웠습니다.

제가 속상해서 어찌할 바를 모를 때 선생님께서 오셨습니다. 그리고 어떻게 모양을 내는지 **시범**을 보여 주셨습니다. 저는 선생님을 따라서 다시

제자를 생각하는 선생님의 마음이 드러난 부분

해 보았습니다. 그랬더니 신기하게도 그릇 모양이 잘 만들어졌습니다.

그날 만든 그릇은 지금도 제 책상 위에 놓여 있습니다. 이 그릇을 보면 친절하게 가르쳐 주시던 선생님 모습이 생각납니다.

중심 내용 지난 체험학습 때 선생님의 도움으로 원하는 모양의 그릇을 만들 수 있었습니다.

③ 선생님, 제 마음에 드는 그릇을 만들도록 도와주셔서 **고맙습니다.** 안

마음을 전하려고 사용한 표현

녕히 계세요.

20○○년 9월 24일

제자 전지우 올림

중심 내용 제 마음에 드는 그릇을 만들도록 도와주셔서 고맙습니다.

독해로
이해 콕

1 이 글의 형식은 (   )(이)다.

2 지난 체험학습 때 지우를 도와준 사람은 (짝, 선생님)이다.

3 선생님께서는 지우에게 그릇을 만들어 주셨다. (○, ×)

4 지우는 자신이 만든 그릇을 (책상, 사물함) 위에 두고 있다.

이미지로 보는
📷 사전

#편지 #편지의 특징 #편지를 쓰는 순서

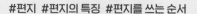

편지는 다른 사람에게 안부나 소식 등의 하고 싶은 말을 적어 보내는 글이에요.

편지는 읽는 사람이 정해져 있는 글로, 상대방에게 예의를 갖추어 써야 해요.

편지는 '첫인사 → 하고 싶은 말 → 끝인사 → 쓴 날짜 → 쓴 사람'의 순서로 써요.

2단원 **4**회

공부한 날

월

일

01 이와 같은 글의 특징으로 알맞지 <u>않은</u> 것에 ×표 하시오.

(1) 인사말이 들어가 있다. ( )

(2) 글을 읽는 사람이 정해져 있지 않다. ( )

(3) 글을 쓴 날짜와 쓴 사람을 알 수 있다. ( )

교과서 문제

02 지우가 지난 체험학습 때 당황했던 까닭을 두 가지 고르시오. ( )

① 만든 도자기를 잃어버려서

② 도자기를 만들다가 떨어뜨려서

③ 도자기를 만들 때 생각처럼 잘되지 않아서

④ 만든 도자기가 상상했던 모양과 너무 달라서

⑤ 선생님께서 도자기 만드는 법을 알려 주시지 않아서

중요

03 지우가 글에서 전하려는 마음으로 알맞은 것은 무엇입니까? ( )

① 고마운 마음   ② 그리운 마음   ③ 죄송한 마음

④ 실망하는 마음   ⑤ 부끄러운 마음

> 지우에게 일어난 일과 글에 나온 마음을 나타내는 표현을 찾아 전하려는 마음을 파악해 봐요.

서술형

04 지우가 03에서 답한 마음을 전하고 싶었던 까닭을 쓰시오.

_____

_____

05 이와 같은 글에서 글쓴이가 전하려는 마음을 파악할 때, 고려할 점으로 알맞지 <u>않은</u> 것은 무엇입니까? ( )

① 무슨 일에 대해 썼을까?

② 누가 누구에게 쓴 글일까?

③ 글쓴이가 전하려는 마음은 무엇일까?

④ 글쓴이가 답장을 받고 싶은 때는 언제일까?

⑤ 글쓴이가 마음을 전하려고 사용한 표현은 무엇일까?

교과서 쓱쓱 안창호 선생이 아들에게 쓴 편지

1 사랑하는 아들 필립
'반드시 독립을 이룬다'는 뜻으로 안창호 선생이 아들에게 지어 준 이름

　어머니의 편지를 ㉠받아 보았다. 네가 넘어져 팔을 다쳤다는 소식이 들어 있어 매우 ㉡걱정되는구나. 팔이 낫거들랑 내게 바로 알려라. 한 학년 올라가게 된 것을 ㉢축하한다. 아버지는 무척 기쁘구나. 나는 이곳에 편안히 잘 있다. 미국 국회 의원들이 **동양**에 온다고 해 홍콩으로 왔다만 그들이 이곳에 들르지 않아 만나지는 못했단다. 나는 곧 상하이로 돌아갈 거란다.

중심 내용 네가 넘어져 팔을 다친 것이 걱정되고, 한 학년 올라가게 된 것을 축하한다.

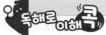

5 편지를 읽는 사람은 (　　　　　)(이)다.

6 이 글은 글쓴이가 (홍콩, 상하이)에 있을 때 쓴 것이다.

7 글쓴이는 아들이 학교를 졸업한 일을 축하했다. (○, ✕)

8 글쓴이는 좋은 (　　　　　)을/를 골라 꾸준히 읽을 것을 당부했다.

2 내 아들 필립아. 키가 크고 몸이 커지는 만큼 스스로 좋은 사람이 되려고 ㉣힘써야 한단다. 네가 어리고 몸이 작았을 때보다 더욱더 힘써야 하지. 스스로 좋은 사람이 되려고 노력하는 네 모습을 내 눈으로 직접 보고 싶구나. 너는 워낙 남을 속이지 않는 <u>진실한</u> 사람이라 좋은 사람이 되
　　　　　　　　　　　　　　거짓이 없이 바르고 순수한.
기도 쉬울 거란다.

중심 내용 키가 크고 몸이 커지는 만큼 스스로 좋은 사람이 되려고 힘써야 한다.

3 좋은 사람이 되려면 진실하고 깨끗해야 해. 또 좋은 친구를 **가려** 사귀어야 한단다. 그게 좋은 사람이 되는 첫 번째 조건이지. 더욱 부지런해져라. 어려운 일도 ㉤<u>열심히 견디거라.</u> 책은 부지런히 보고 있니? 아무 책이나 읽지 말고, 좋은 책을 골라 꾸준히 읽어라. 좋은 책을 가려 보는 것이 좋은 사람이 되는 두 번째 조건이란다. 좋은 친구를 사귀고 좋은 책을 읽는 일을 멈추지 말아라. 책은 두 종류를 **택하렴**. 첫째는 좋은 사람들의 이야기가 담겨 있어 본받을 수 있는 책이고, 둘째는 너의 공부에 필요한 지식을 얻기 위한 책이다. 또 우리글과 책을 잘 **익혀라**. 즐거운 마음으로 내 말을 따라 주겠지? 너를 믿는다.

1920년 8월 3일 홍콩에서

아버지가

중심 내용 좋은 사람이 되려면 진실하고 깨끗해야 하고, 좋은 친구를 가려 사귀어야 하며 좋은 책을 가려 보아야 한다.

▲ 도산 안창호 선생의 가족사진

낱말풀이

동양 한국, 일본, 중국 등이 있는 아시아의 동쪽과 남쪽 지역.

가려 여럿 가운데서 하나를 구별하여 골라.

견디거라 힘들거나 어려운 것을 참아 내거라.

택하렴 여럿 가운데서 고르렴. ⑩ 상 위에 놓인 물건 중에서 하나만 택하렴.

익혀라 자주 경험하여 조금도 서투르지 않게 하여라.

06 글 **1**에서 글쓴이가 전하려는 마음으로 알맞은 것을 두 가지 고르시오. ( )

① 다친 일을 걱정하는 마음
② 한 학년 올라간 일을 축하하는 마음
③ 아들이 공부를 하지 않아 걱정하는 마음
④ 아들이 상하이로 무사히 오기를 바라는 마음
⑤ 미국 국회 의원들을 만나지 못해 화가 나는 마음

서술형

07 글 **2**에서 글쓴이가 아들에게 당부한 내용은 무엇인지 쓰시오.

_____

중요

08 ㉠~㉤ 중 글쓴이가 마음을 전하기 위해 사용한 표현이 <u>아닌</u> 것은 무엇입니까? ( )

① ㉠ ② ㉡ ③ ㉢ ④ ㉣ ⑤ ㉤

> 글쓴이가 전하고 싶은 마음을 생각해 보고 이와 관련 없는 표현을 찾아봐요.

교과서 문제

09 글쓴이는 좋은 사람이 되려면 어떻게 해야 한다고 했습니까? ( )

① 진실하고 깨끗해야 한다.
② 다양한 경험을 해야 한다.
③ 친구를 가려 사귀면 안 된다.
④ 아무 책이나 많이 읽어야 한다.
⑤ 어려운 일만 골라서 해야 한다.

이미지로 보는
📷 사전

#안창호 #호는 '도산' #독립운동가

조선 말기와 일제 강점기에 활약한 독립운동가이자 교육자예요.

우리 민족이 독립하기 위해서는 교육이 중요하다고 생각해서 학교를 세우는 등 교육 활동에 힘썼어요.

1919년 3·1 운동 이후에는 중국 상하이로 건너가 대한민국 임시 정부에서 활동했어요.

중국과 미국을 오가며 독립운동을 하던 중 일본 경찰에게 붙잡혀 감옥살이를 하다가 1938년에 세상을 떠났어요.

01~06 다음 글을 읽고, 물음에 답하시오.

> 존경하는 김하영 선생님께
>
> 　선생님, 안녕하세요? 저는 전지우입니다. 그동안 잘 지내셨습니까? 선생님께 고마운 마음을 전하려고 이렇게 글을 쓰게 되었습니다.
>
> 　지난 체험학습에서 도자기를 만들 때였습니다. 저는 진흙 반죽을 물레 위에 놓고 그릇 모양을 만들려고 했습니다. 그런데 생각처럼 잘되지 않았습니다. 만들고 나니 상상했던 모양과 너무 달라서 당황스러웠습니다.
>
> 　㉠제가 속상해서 어찌할 바를 모를 때 선생님께서 오셨습니다. 그리고 어떻게 모양을 내는지 시범을 보여 주셨습니다. 저는 선생님을 따라서 다시 해 보았습니다. 그랬더니 신기하게도 그릇 모양이 잘 만들어졌습니다.
>
> 　그날 만든 그릇은 지금도 제 책상 위에 놓여 있습니다. 이 그릇을 보면 친절하게 가르쳐 주시던 선생님 모습이 생각납니다.
>
> 　선생님, 제 마음에 드는 그릇을 만들도록 도와주셔서 고맙습니다. 안녕히 계세요.
>
> 　　　　　　　　　　　20○○년 9월 24일
> 　　　　　　　　　　　제자 전지우 올림

01 이 글에 대한 설명으로 알맞지 <u>않은</u> 것은 무엇입니까? (　　　)

① 편지 형식의 글이다.
② 글을 쓴 날짜가 적혀 있다.
③ 부탁하는 내용이 담겨 있다.
④ 마음을 나타내는 표현을 넣어 썼다.
⑤ 마음을 전하고 싶은 일을 떠올리며 썼다.

02 이 글을 쓴 사람과 읽는 사람은 누구인지 쓰시오.

　(1) 쓴 사람: (　　　　　　　　　　　　)
　(2) 읽는 사람: (　　　　　　　　　　　)

03 글쓴이가 체험학습에서 겪은 일을 두 가지 고르시오. (　　　　)

① 도자기를 여러 개 만들었다.
② 그릇을 만들어 선생님께 드렸다.
③ 도자기를 생각처럼 잘 만들지 못해 당황했다.
④ 친구들 앞에서 도자기 만드는 시범을 보였다.
⑤ 선생님을 따라서 해 보니 그릇의 모양이 잘 만들어졌다.

서술형

04 글쓴이가 이 글을 쓴 까닭은 무엇인지 쓰시오.

　　　_____

　　　_____

중요

05 글쓴이가 마음을 전하려고 사용한 표현으로 알맞은 것은 무엇입니까? (　　　)

① 고맙습니다.
② 안녕하세요?
③ 잘 지내셨습니까?
④ 잘되지 않았습니다.
⑤ 어찌할 바를 모를 때

06 ㉠에서 알 수 있는 선생님의 마음으로 알맞은 것의 기호를 쓰시오.

> ㉮ 제자를 도와주고 싶은 마음
> ㉯ 제자를 칭찬하고 싶은 마음
> ㉰ 제자의 잘못을 지적하고 싶은 마음

　　　　　　　　　　　(　　　　　　　　)

07~10 다음 글을 읽고, 물음에 답하시오.

> **가** 사랑하는 아들 필립
>
> 어머니의 편지를 받아 보았다. 네가 넘어져 팔을 다쳤다는 소식이 들어 있어 매우 걱정되는구나. 팔이 낫거들랑 내게 바로 알려라. 한 학년 올라가게 된 것을 축하한다. 아버지는 무척 기쁘구나.
>
> **나** 내 아들 필립아. 키가 크고 몸이 커지는 만큼 스스로 좋은 사람이 되려고 힘써야 한단다. 네가 어리고 몸이 작았을 때보다 더욱더 힘써야 하지. 스스로 좋은 사람이 되려고 노력하는 네 모습을 내 눈으로 직접 보고 싶구나. 너는 워낙 남을 속이지 않는 진실한 사람이라 좋은 사람이 되기도 쉬울 거란다.
>
> **다** 좋은 사람이 되려면 진실하고 깨끗해야 해. 또 좋은 친구를 가려 사귀어야 한단다. 그게 좋은 사람이 되는 첫 번째 조건이지. 더욱 부지런해져라. 어려운 일도 열심히 견디거라. 책은 부지런히 보고 있니? 아무 책이나 읽지 말고, 좋은 책을 골라 꾸준히 읽어라. 좋은 책을 가려 보는 것이 좋은 사람이 되는 두 번째 조건이란다. 좋은 친구를 사귀고 좋은 책을 읽는 일을 멈추지 말아라. 책은 두 종류를 택하렴. 첫째는 좋은 사람들의 이야기가 담겨 있어 본받을 수 있는 책이고, 둘째는 너의 공부에 필요한 지식을 얻기 위한 책이다. 또 우리글과 책을 잘 익혀라. 즐거운 마음으로 내 말을 따라 주겠지? 너를 믿는다.
>
> 1920년 8월 3일 홍콩에서
> 아버지가

중요

07 글쓴이가 이 글을 쓴 방법으로 알맞지 <u>않은</u> 것에 ×표 하시오.

(1) 아들과 관련된 일을 떠올리며 썼다. (　　)

(2) 아들의 마음을 고려하지 않고 썼다. (　　)

(3) "기쁘구나."와 같은 표현으로 자신의 마음을 드러냈다. (　　)

(4) "꾸준히 읽어라."와 같은 표현으로 아들에게 당부했다. (　　)

08 글쓴이가 이 글을 쓴 목적으로 알맞은 것을 (　　) 안에서 골라 ○표 하시오.

> 아들에게 (1)(안부, 책임)을/를 묻고 (2)(용서, 당부)의 말을 전하기 위해서

서술형

09 글쓴이는 좋은 사람이 되려면 어떻게 해야 한다고 했는지 쓰시오.

_____

_____

10 글쓴이가 아들에게 읽으라고 한 책의 종류를 두 가지 고르시오. (　　　)

① 내용이 어려운 책

② 친구들이 많이 읽는 책

③ 친구들과 함께 읽을 수 있는 책

④ 공부에 필요한 지식을 얻기 위한 책

⑤ 좋은 사람들의 이야기가 담겨 있어 본받을 수 있는 책

11 마음을 전하는 글을 쓰는 방법으로 알맞지 <u>않은</u> 것은 무엇입니까? (　　　)

① 글에서 전하려는 마음을 생각한다.

② 마음을 전하고 싶은 일을 떠올린다.

③ 마음을 잘 나타낼 수 있는 표현을 사용한다.

④ 읽는 사람의 마음이 어떠할지 짐작하며 쓴다.

⑤ 읽는 사람에 대해 평소 어떻게 생각했는지를 자세하게 쓴다.

서술형

12 다음 상황에서 수민이가 친구에게 전하려는 마음과 그 마음을 나타낼 수 있는 표현을 쓰시오.

전하려는 마음	(1)
마음을 나타낼 수 있는 표현	(2)

13 재환이가 승강기 안에 편지를 붙인 까닭을 두 가지 고르시오. ( )

① 자신의 소식을 알리려고
② 자신이 살던 동네를 소개하려고
③ 이웃에게 궁금한 점을 물어보려고
④ 이사를 와서 이웃에게 인사를 하려고
⑤ 이사를 가게 돼서 이웃에게 인사를 하려고

중요

14 편지에 담긴 재환이의 마음으로 알맞은 것은 무엇입니까? ( )

① 기쁜 마음   ② 불안한 마음
③ 섭섭한 마음   ④ 속상한 마음
⑤ 실망하는 마음

15 다음은 재환이의 편지를 읽은 이웃들이 붙인 쪽지 내용입니다. 쪽지에서 알 수 있는 이웃 사람들의 마음은 무엇입니까? ( )

- 이사 온 것을 축하합니다. 앞으로도 자주 소통하는 이웃이 됩시다.
- 친하게 지내요. 전 7층에 살아요. 집 앞 공원에서 같이 운동해요.

① 귀찮은 마음   ② 당황한 마음
③ 미안한 마음   ④ 훈훈한 마음
⑤ 부끄러운 마음

13~15 다음 글을 읽고, 물음에 답하시오.

재환이는 새로운 동네로 이사를 왔습니다. 재환이는 이웃들에게 인사를 하기로 했습니다. 그래서 재환이가 사는 아파트 승강기 안에 편지를 붙였답니다.

안녕하세요? 저는 12층에 이사 온 열한 살 이재환입니다.

새로 만난 이웃들에게 인사를 드리고 싶어 편지를 씁니다. 저희 가족은 엄마, 아빠, 귀여운 동생 그리고 저, 이렇게 넷입니다. 저희는 아직 이사 온 지 얼마 되지 않아 다니는 길도, 사람들도 낯설기만 합니다. 그래도 저는 나무도 많고 놀이터가 있는 이곳이 마음에 듭니다. 앞으로 여러분과 좋은 이웃이 되고 싶습니다.

이재환 올림

16 학급 온라인 게시판에 친구가 쓴 소식을 읽고 전하고 싶은 마음을 댓글로 쓸 때 주의할 점으로 알맞지 않은 것에 ×표 하시오.

(1) 간단한 말로 마음을 표현한다. ( )
(2) 거짓말이나 나쁜 말을 하지 않는다. ( )
(3) 읽는 사람의 처지를 생각하며 쓴다. ( )

17~18 다음 글을 읽고, 물음에 답하시오.

[6-1] 9단원 315쪽

주어라, 또 주어라 정약용

가 너희는 항상 버릇처럼 말하기를 "일가친척 중에 한 사람도 불쌍히 여겨 돌보아 주는 사람이 없다."라고 개탄하였다. 더러는 험난한 물길 같다느니,
분하거나 안타깝게 여겨 탄식하였다.
꼬불꼬불 길고 긴 험악한 길을 살아간다느니 하며 한탄하고 있다. 하지만
분하고 억울한 일을 당했을 때 한숨을 쉬며 탄식하고.
이는 모두 하늘을 원망하고 사람을 미워하는 말투로, 큰 병이다.

너희가 아픈 데가 있으면 다른 사람들이 돌보아 주기 마련이었다. 날마다 어떠냐는 안부를 전해 오고, 안아서 부축해 주는 사람도 있었다. 약을 먹여 주고 양식까지 대 주는 사람도 있었다. 이런 일에 너희가 너무 익숙해
살기 위해 필요한 사람의 먹을거리.
져 항상 은혜를 베풀어 주기만 바라고 있구나. 너희가 사람의 본분을 망각하지는 않았는지 걱정이다. 그래서 내가 이 편지를 보낸다.

나 남이 어려울 때 자기는 은혜를 베풀지 않으면서 남이 먼저 은혜를 베풀어 주기만 바라는 것은 너희가 지닌 그 오기 근성이 없어지지 않았기 때문
능력은 부족하면서도 남에게 지기 싫어하는 마음.
이다. 이후로는 평상시 일이 없을 때라도 항상 공손하고 화목하며, 조심하고 자기 정성을 다해 다른 사람의 환심을 얻는 일에 힘쓸 것이지, 마음속에
기뻐하고 즐거워하는 마음.
보답받을 생각은 가지지 않도록 해라.

다른 사람을 위해 먼저 베풀어라. 그러나 뒷날 너희가 근심 걱정 할 일이 있을 때 다른 사람이 보답해 주지 않더라도 부디 원망하지 마라. 가벼운 농담일망정 "나는 지난번에 이렇게 저렇게 해 주었는데 저들은 그렇지 않구나!" 하는 소리도 입 밖에 내뱉지 말아야 한다. 만약 그러한 말이 한 번이라도 입 밖에 나오게 되면, 지난날 쌓아 놓은 공덕은 재가 바람에 날아가듯
좋은 일을 하여 쌓은 업적과 훌륭한 인품.
하루아침에 사라져 버리고 말 것이다.

어떻게 읽을까?

1. 글쓴이가 전하려는 마음을 생각하며 읽어 보세요.
2. 글쓴이가 마음을 전하려고 사용한 표현을 찾으며 읽어 보세요.

☺ 이 글의 특징

① ☐☐☐ 이/가 멀리 떨어져 있는 유배지에서 두 아들에게 하고 싶은 말을 쓴 편지임.

☺ 글쓴이가 전하려는 마음

② ☐☐ 하는 마음

다른 사람이 항상 은혜를 베풀어 주기만 바라는 것이 걱정됨.

당부하는 마음

다른 사람을 위해 먼저 베풀고 다른 사람이 ③ ☐☐ 해 주지 않더라도 원망하지 말아야 함.

☺ 마음을 전하려고 사용한 표현

'걱정이다.', '베풀어라.', '④☐☐ 하지 마라.' 등

답 ① 정약용 ② 걱정 ③ 보답 ④ 원망

17 이 글에 대한 설명으로 알맞은 것에 ○표 하시오.

⑴ 글쓴이가 아들과의 추억을 떠올리며 쓴 일기이다. ( )

⑵ '베풀어라.'와 같은 마음을 나타내는 표현이 사용되었다. ( )

⑶ 글쓴이는 두 아들의 말버릇이 잘못이라고 생각하지 않는다. ( )

18 글쓴이가 전하려는 마음으로 알맞지 않은 것의 기호를 쓰시오.

⑦ 다른 사람에게 먼저 베풀기를 당부하는 마음
⑭ 다른 사람을 돌보아 준 일을 칭찬하는 마음
⑮ 다른 사람이 은혜를 베풀어 주기만 바라는 것을 걱정하는 마음

( )

1 다음 문장에서 밑줄 그은 낱말의 뜻으로 알맞은 것을 찾아 선으로 이으시오.

(1) 처음 보는 사람인데도 <u>낯설지</u> 않았다. •

(2) 친구는 내 일이라면 <u>가리지</u> 않고 도와준다. •

(3) 나무꾼이 짐의 무게를 <u>견디지</u> 못해 쓰러졌다. •

• ㉮ 힘들거나 어려운 것을 참아 내다.

• ㉯ 전에 본 기억이 없어 익숙하지 않다.

• ㉰ 여럿 가운데서 하나를 구별하여 고르다.

2 <u>보기</u>의 문장에서 밑줄 그은 낱말과 같은 뜻으로 쓰인 낱말에 ○표 하시오.

보기

편지 봉투에 우표를 <u>붙였다</u>.

(1) 케이크에 초를 꽂고 불을 <u>붙였다</u>. ( )

(2) 칼에 손가락을 베어서 밴드를 <u>붙였다</u>. ( )

(3) 어제 태어난 강아지에게 '행복'이라는 이름을 <u>붙였다</u>. ( )

3 <u>보기</u>를 참고하여 다음 밑줄 그은 낱말의 발음으로 올바른 것에 ○표 하시오.

보기

겹받침 'ㄺ'이 자음자와 만나면 [ㄱ]만 소리가 납니다. 그런데 겹받침 'ㄺ' 다음에 자음자 'ㄱ'이 오면 겹받침 'ㄺ'은 [ㄹ]로 소리가 납니다.

(1) 시냇물이 <u>맑고</u>[막꼬, 말꼬] 깨끗하다.

(2) 우리 할머니는 손가락이 <u>굵다</u>[국따, 굴따].

(3) 아직 이 책의 절반도 <u>읽지</u>[익찌, 일찌] 못했다.

사자성어

4 다음 글과 그림을 보고, 문장에서 **좌불안석** 이 어울리지 <u>않는</u> 것에 ×표 하시오.

공부한 날

월

일

좌불안석

(坐 앉을 좌, 不 아닐 불, 安 편안 안, 席 자리 석)
마음이 불안하거나 걱정스러워서 한군데에
가만히 앉아 있지 못하고 안절부절못하다.

앉아도 자리가 편안하지 않다는 뜻이에요.
이 말은 마음이 불편하거나 걱정스러워 한군
데에 가만히 있지 못하고 어쩔 줄을 몰라 하는
모습을 나타내요.

(1) 세연이는 합격 발표날이 되자 하루 종일 <u>좌불안석</u>이었다. ( )

(2) 세호는 주어진 환경에 만족해하며 늘 얼굴이 평온한 <u>좌불안석</u>의 태도를 보였다. ( )

(3) 준우는 짝이 자신이 빌려준 책을 잃어버렸다는 사실을 안 뒤로 <u>좌불안석</u>이 되었다. ( )

3

바르고 공손하게

단원에 대한 공부 계획을 세우고, 공부한 내용을
얼마나 이해했는지 스스로 평가해 보세요.

★★★ 잘함.　★★ 보통임.　★ 아쉬움.

그림으로 개념 탄탄

Q 대화 예절을 지키며 대화하는 방법은 무엇일까요?

A
※ 친구 앞에서는 귓속말을 하지 않아요.

※ 자기 말만 하지 않고 남이 하는 말을 잘 들어요.

※ 대화 도중에 끼어들지 않고, 거친 말을 하지 않아요.

※ 인사를 할 때에는 상대방과 눈을 마주치며 바른 자세로 인사해요.

※ 웃어른께는 알맞은 높임말을 사용하고, 고마운 일이 있을 때에는 "고맙습니다."라고 말해요.

Q 회의를 할 때 지켜야 할 예절은 무엇일까요?

A
※ 다른 사람의 의견을 경청해요.

※ 다른 사람이 발표할 때 끼어들지 않아요.

※ 회의와 같은 공식적인 상황에서는 높임말을 사용해요.

※ 의견을 말할 때에는 손을 들어 말할 기회를 얻고 발표해요.

Q 온라인 대화를 할 때 지켜야 할 예절은 무엇일까요?

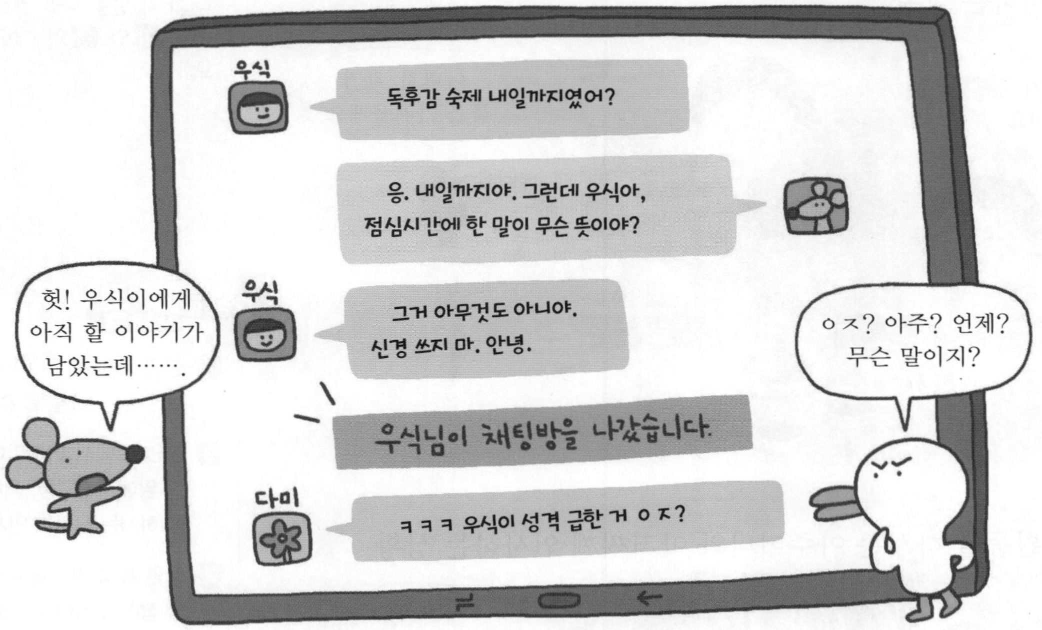
우식
독후감 숙제 내일까지였어?
응. 내일까지야. 그런데 우식아,
점심시간에 한 말이 무슨 뜻이야?
헛! 우식이에게
아직 할 이야기가
남았는데…….
우식
그거 아무것도 아니야.
신경 쓰지 마. 안녕.
ㅇㅈ? 아주? 언제?
무슨 말이지?
우식님이 채팅방을 나갔습니다.
다미
ㅋㅋㅋ 우식이 성격 급한 거 ㅇㅈ?

A

- 얼굴이 보이지 않는다고 해서 함부로 말하지 않아요.
- 바른 말을 사용하고, 상대를 존중하고 예의를 지켜요.
- 줄임 말과 그림말은 꼭 필요한 경우에만 적절하게 사용해요.
- 상대가 보이지 않더라도 대화 전에 인사를 하고 끝날 때에도 인사를 해요.

확인 문제

대화 예절을 지켜 대화하는 상황으로 알맞지 <u>않은</u> 것에 ×표 하시오.

(1)

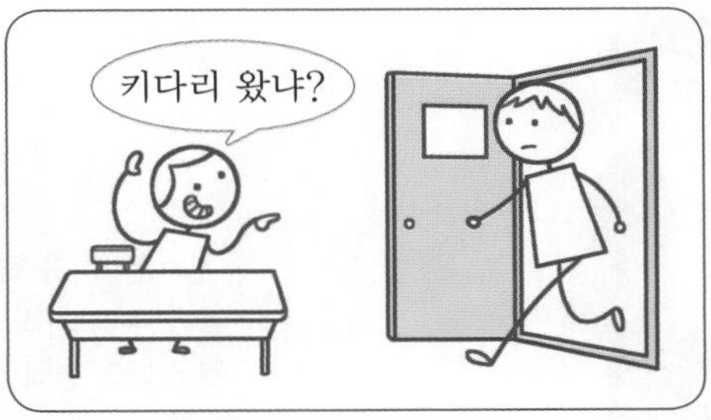
키다리 왔냐?

(   )

(2)

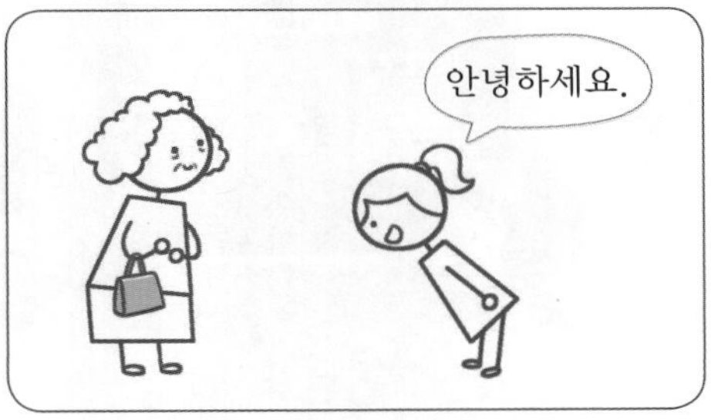
안녕하세요.

(   )

답 (1) ×

가 일상생활 속 대화 상황

❶ 식사를 준비하는 상황

> 아버지, 내가 수저를 놓을게요.

> 아버지, 제가 물을 가져올게요.

❷ 교통 봉사 활동을 하시는 아주머니와 아저씨께 인사하는 상황

→ 교통 봉사 활동을 하시는 아주머니와 아저씨께 고마운 마음을 표현하는 상황

> 아주머니, 수고하셨어요.

> 아저씨, 고맙습니다.

❸ 승강기를 잡아 주신 아저씨께 인사하는 상황

> ㉠

활동 팁

대화 예절을 지켜 말하는 방법을 생각하며 **가**와 **나**의 대화 내용을 살펴봐요.

독해로 이해 콕

1 장면 ❶에서 두 아이는 아버지를 도와 ( )을/를 준비했다.

2 장면 ❷에서 여자아이와 남자아이는 학교 앞에서 (교통, 거리 정화) 봉사 활동을 하시는 분들께 인사했다.

3 장면 ❸의 아저씨는 아이를 위해 승강기를 잡아 주셨다. (○, ✕)

낱말풀이

제 말하는 이가 윗사람을 상대하여 자기를 낮추어 가리키는 말인 '저'에 '가'가 붙을 때의 형태. 예 선생님, 제가 발표해 보겠습니다.

수고하셨어요 일을 하느라고 힘을 들이고 애를 쓰셨어요.

01 장면 ❶의 남자아이가 한 말에서 대화 예절에 어긋나는 표현을 찾아 쓰시오.

( )

'아버지', '내가', '수저를', '놓을게요' 중에서 웃어른께 말할 때 대화 예절에 어긋나는 표현이 무엇일지 생각해 봐요.

중요

02 대화 예절을 지켜 말할 때 사용할 표현으로 알맞은 것을 ( ) 안에서 골라 ○ 표 하시오.

(1) 할머니, (내가, 제가) 도와드릴게요.

(2) 준영아, 오늘은 (내가, 제가) 급식 당번이야.

듣는 사람이 웃어른인지, 친구인지에 따라 다른 표현을 사용해야 함을 알고 알맞은 말을 찾아봐요.

교과서 문제

03 장면 ❷에서 대화 예절에 맞게 말한 사람을 ( ) 안에서 골라 ○표 하시오.

(남자아이, 여자아이)

04 03에서 답한 것과 같이 생각한 까닭은 무엇입니까? ( )

① 웃어른의 기분을 생각하지 않고 인사했기 때문이다.

② 웃어른께 허리를 조금만 굽히고 인사했기 때문이다.

③ 웃어른께 '아저씨'라는 말을 쓰는 것은 예절에 어긋나기 때문이다.

④ 웃어른께 '아주머니'라는 말을 쓰는 것은 예절에 어긋나기 때문이다.

⑤ 웃어른께 "수고하셨어요."라고 말씀드리는 것은 예절에 어긋나기 때문이다.

서술형

05 장면 ❸의 ㉠에 들어갈 인사말을 대화 예절에 맞게 쓰시오.

_____

나 **신유의 생일잔치**

듣기 자료

신유 원우야, 내 생일에 우리 집에서 같이 놀자.
　　　대화를 나누는 장소 ① – 교실

원우 (쾌활하게) 당연하지. 우리 사 총사가 오랜만에 모여서
　　　　　　　　　　신유, 원우, 지혜, 현영
　　　신나게 놀 기회인데!

(효과음) 딩동딩동 / (효과음) 문 열리는 소리

신유 어머니 (밝은 목소리로) 안녕? 어서 와라. 신유 친구들이구나. 반갑다.

❶ 현관(집에 들어갈 때)
　　대화를 나누는 장소 ②

지혜 (성급하게) 안녕하세요? 그런데 신
　　유는 어디 갔나요? 어? 신유야, 생일 축
　　하해!

원우 야! 신유야, 생일 축하해! 하하하.

(효과음) 삐리리링
대화 예절에 어긋난 부분이 있음을 알려 주는 효과음

원우, 지혜, 현영 아주머니, 안녕하세요?
생일잔치에 초대해 주셔서 감사합니다.

❷ 식탁(음식을 먹을 때)
　　대화를 나누는 장소 ③

신유 어머니 (따뜻한 목소리로) 이렇게
신유의 생일을 축하하러 우리 집에 와
줘서 고맙구나. 손 씻고 식탁에 앉으렴.

┌ **원우, 지혜, 현영** 야, 맛있겠다!
㉠
└ **원우** 내가 닭 다리 먹어야지!

(효과음) 삐리리링

┌ 지혜 아주머니, 맛있는 음식을 준비해 주셔서 고맙습니다. 맛있게
　　먹겠습니다.
㉡
├ 원우, 현영 아주머니, 맛있는 음식을 준비해 주셔서 고맙습니다. 잘
└ 　먹겠습니다.

신유 어머니 그렇게 말해 주니 고맙구나. 천천히 많이 먹으렴.

낱말풀이

쾌활하게 명랑하고 활발하게. 예 영주가 아이들에게 쾌활하게 인사했다.

오랜만에 '오래간만에'의 준말. 어떤 일이 있은 때부터 긴 시간이 지난 뒤.

성급하게 성질이 급하게. 예 성급하게 행동하다 보면 실수를 하기 마련이다.

중요

06 신유네 집에 들어갈 때, 친구들이 대화 예절을 지키지 <u>않은</u> 부분은 무엇인가요?

( )

① 신발을 신은 채 집 안으로 들어갔다.
② 신유 어머니께 제대로 인사하지 않았다.
③ 신유에게 생일 축하 인사를 하지 않았다.
④ 신유 어머니께 높임말을 사용하지 않았다.
⑤ 신유 어머니께 말없이 고개만 숙여 인사했다.

> 장면 ❶에서
> 친구들이 한 말과 행동을 보고
> 잘못한 점을 생각해 봐요.

공부한 날

월

일

서술형

07 신유네 집에 들어갈 때, 친구들이 대화 예절을 지키려면 어떻게 해야 하는지 쓰시오.

_____

_____

교과서 문제

08 식탁에서 음식을 먹을 때, 친구들이 대화 예절을 지키지 <u>않은</u> 부분을 생각하며 빈칸에 알맞은 말을 각각 쓰시오.

> 친구들은 신유 어머니께 ⑴( )을/를 준비해 주셔서 ⑵( )은/는 말을 하지 않았다.

09 ㉠과 ㉡의 말을 들었을 때, 신유 어머니의 마음을 알맞게 선으로 이으시오.

⑴ | ㉠의 말을 들었을 때 | •   • ㉮ | 고맙고 뿌듯한 마음 |

⑵ | ㉡의 말을 들었을 때 | •   • ㉯ | 당황스럽고 서운한 마음 |

> 자신의 경험에서
> 대화 예절을 지킨 말과
> 그렇지 않은 말을 들었을 때
> 마음이 어땠는지
> 떠올려 봐요.

10 웃어른께서 준비해 주신 음식을 먹을 때 사용할 표현으로 알맞은 것을 ( ) 안에서 골라 ○표 하시오.

"(고맙습니다, 수고하셨습니다)."라고 말한다.

❸ 신유 방(친구들과 놀 때)
대화를 나누는 장소 ④

원우 신유야, 이제 네 방으로 가서 놀자.

신유 여기야.

원우 신유야, 여기는 책이 정말 많구나.

현영 (귓속말로) 신유는 이 많은 책을 다 봤나 봐.

지혜 (귓속말로) 정말 많다. 그래서 공부를 잘하나 봐.

원우 (귓속말로) 역시 책을 좋아하는 신유답다.

(효과음) 삐리리링

신유 (㉠) 얘들아, 나만 빼고 너희끼리 귓속말로 비밀 이야기를 하는 것 같아 기분이 나빠.

현영 (㉡) 미안해, 신유야. 아무 생각 없이 우리끼리 그냥 한 말인데, 앞으로는 귓속말하지 않을게.

신유 그래, 앞으로는 절대 귓속말을 하지 말아 줘. 나만 따돌리는 것 같아 속상하단 말이야.

원우 신유야, 오늘은 네 생일이니까 이제 재미있게 놀자.

지혜 그래, 뭐부터 할까?

다 같이 하하하. 호호호.

원우 오늘 재미있게 잘 놀았습니다. 안녕히 계세요.
대화 예절을 지켜 말함.

신유 어머니 (흐뭇하게) 그래, 원우야. 정말 예의가 바르구나. 다들 또 놀러 오렴.

원우, 지혜, 현영 안녕히 계세요.

신유 잘 가.

지혜 내일 학교에서 보자.

현영 안녕.

원우 오늘 즐거웠어. 다시 한번 생일 축하해.

독해로 이해 콕

8 신유와 친구들은 신유의 방으로 가서 놀기로 했다. (○, ×)

9 신유의 친구들은 신유 방에 ( ) 이/가 많다고 했다.

10 신유는 친구들에게 귓속말로 속상한 마음을 전했다. (○, ×)

11 집으로 돌아갈 때 친구들은 신유 어머니께 예의 바르게 인사했다. (○, ×)

낱말풀이

귓속말 남의 귀 가까이에 입을 대고 소곤거리는 말. 예 동생이 귓속말로 비밀을 이야기해 주었다.

흐뭇하게 마음에 흡족하여 매우 만족스럽게. 예 선생님께서 사이좋게 노는 아이들을 흐뭇하게 바라보셨다.

예의 공손한 말투나 바른 행동과 같이 사람이 사회생활을 하면서 마땅히 지켜야 할 것.

11 신유 방에서 친구들이 귓속말로 말한 내용을 두 가지 고르시오. (   )

① 책을 좋아하는 신유답게 책이 많다.
② 신유가 공부를 잘하는 비법이 궁금하다.
③ 신유가 좋아하는 책의 종류가 궁금하다.
④ 신유가 책을 많이 읽어서 공부를 잘하는 것 같다.
⑤ 신유가 친구들을 위해 준비한 놀이가 있는지 궁금하다.

교과서 문제

12 신유 방에서 친구들이 대화 예절을 지키지 <u>않은</u> 부분을 생각하며 빈칸에 알맞은 말을 쓰시오.

친구 앞에서 (   )을/를 했다.

중요

13 친구들이 **12**에서 답한 행동을 했을 때, 신유가 기분 나쁘고 속상했던 까닭이 아닌 것에 ×표 하시오.

효과음 '삐리리링' 이후에 신유가 친구들에게 한 말을 살펴봐요.

(1) 자기만 따돌리는 것 같아서   (   )
(2) 자기만 빼고 비밀 이야기를 하는 것 같아서   (   )
(3) 자기만 아는 비밀을 친구들이 눈치챈 것 같아서   (   )

14 ㉠, ㉡에 들어갈 말을 알맞게 선으로 이으시오.

(1) ㉠ •

(2) ㉡ •

• ㉮ 미안한 목소리로

• ㉯ 서운한 목소리로

서술형

15 보기 와 같이 친구들과 대화할 때 예절을 잘 지킨 경험을 떠올려 쓰시오.

보기

복도에서 넘어졌을 때 일으켜 준 친구에게 "도와줘서 고마워."라고 인사했다.

보기 와 같이 언제 어떤 상황에서 친구와 대화를 나누었는지 떠올려 보고, 그때 어떻게 대화 예절을 지켰는지 써 봐요.

듣기 자료

사회자 자리를 정리해 주시기 바랍니다. 지금부터 제8회 학급 회의를 시작하겠습니다. 오늘 회의 주제를 무엇으로 정하면 좋을지 말씀해 주십시오. 고경희 친구가 의견을 발표해 주십시오.

학급 회의 절차 중 '개회'
학급 회의 절차 중 '주제 선정'

고경희 저는 "친구들과 사이좋게 지내자."를 주제로 제안합니다. 왜냐하면 요즘 우리 반 친구들이 자주 다투는 것을 봤기 때문입니다.

고경희 친구가 제안한 회의 주제

사회자 김찬민 친구도 의견을 발표해 주십시오.

김찬민 청소를 하고 나서도 교실이 깨끗하지 않습니다. 그래서 "교실을 깨끗이 사용하자."를 주제로 제안합니다.

김찬민 친구가 제안한 회의 주제

사회자 회의 주제는 다수결로 정하겠습니다. 첫 번째 주제에 찬성하시는 분은 손을 들어 주십시오. 두 번째 주제에 찬성하시는 분은 손을 들어 주십시오. 29명 가운데에서 19명이 첫 번째 주제를 선택했습니다. 오늘 회의 주제는 다수결의 원칙에 따라 "친구들과 사이좋게 지내자."로 정하겠습니다.

(효과음) 칠판에 쓰는 소리

학급 회의 절차 중 '주제 토의'

사회자 친구들과 사이좋게 지내려면 실천해야 할 일이 무엇인지 발표해 주십시오. 박태영 친구가 의견을 발표해 주십시오.

박태영 제 의견은 "듣기 싫은 별명으로 부르지 말자."입니다. 기분이 나빠지면 서로 사이좋게 지내기가 어려워지기 때문입니다.

친구들과 사이좋게 지내기 위해 실천해야 할 일에 대한 박태영 친구의 의견

사회자 좋은 의견입니다. 다른 의견이 더 있습니까? 이희정 친구가 의견을 발표해 주십시오.

이희정 저는 고운 말을……

강찬우 (끼어들며) 잠깐만. "심한 장난을 하지 말자."가 좋겠습니다. 왜냐하면 장난이 심해져서 싸우는 경우가 많기 때문입니다.

친구들과 사이좋게 지내기 위해 실천해야 할 일에 대한 강찬우 친구의 의견

사회자 강찬우 친구, 좋은 의견 감사합니다. 하지만 다른 사람이 의견을 발표할 때 끼어드는 것은 잘못입니다. 다음부터는 꼭 손을 들어 말할 기회를 얻고 나서 발표해 주시기 바랍니다. 이희정 친구는 계속 발표해 주십시오.

이희정 네, 제 의견은 "고운 말을 사용하자."입니다. 친구들이 나쁜 말을 주고받으면 사이가 안 좋아지는 것을 자주 봤기 때문입니다.

친구들과 사이좋게 지내기 위해 실천해야 할 일에 대한 이희정 친구의 의견

읽기 팁

학급 회의를 할 때 회의 참여자들이 예절을 지키지 않은 부분에 주의하며 글을 읽어 보고, 회의 주제와 회의에서 결정한 실천 내용을 정리해 보세요.

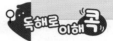

12 학급 회의에서 먼저 (회의 주제, 실천 내용)을/를 정했다.

13 회의에서 가장 먼저 말할 기회를 얻은 친구는 고경희 친구이다. (○, ×)

14 회의 주제는 (   )의 원칙에 따라 정했다.

15 이희정 친구가 실천 내용으로 제안한 의견은 "(   )을/를 사용하자."이다.

낱말풀이

제안합니다 안이나 의견으로 내놓습니다.
다수결 회의에서 많은 사람의 의견에 따라 안건의 찬성과 반대를 결정하는 일.
원칙 어떤 행동 등에서 한결같이 지켜야 하는 기본적인 규칙이나 법칙.
실천해야 생각한 것을 실제 행동으로 옮겨야. 예 방학 계획을 세우면 그것을 실천해야 한다.

교과서 문제

16 이 회의에서 정한 회의 주제로 알맞은 것에 ○표 하시오.

(1) 교실을 깨끗이 사용하자.　　　　　　　(　　　　)

(2) 친구들과 사이좋게 지내자.　　　　　　(　　　　)

17 이 회의에서 사회자가 한 일이 <u>아닌</u> 것은 무엇입니까? (　　　　)

① 회의의 시작을 알렸다.

② 회의 참여자들에게 말할 기회를 주었다.

③ 말할 기회를 얻고 자신의 의견을 발표했다.

④ 회의 주제에 대한 실천 방안을 발표해 달라고 말했다.

⑤ 회의 주제를 정하기 위해 각 의견에 찬성하는 사람의 수를 헤아렸다.

중요

18 이희정 친구가 의견을 발표하다가 멈춘 까닭으로 알맞은 것의 기호를 쓰시오.

⑦ 갑자기 목이 메었기 때문이다.

⑭ 중간에 할 말이 생각나지 않았기 때문이다.

⑮ 말하는 도중에 강찬우 친구가 끼어들었기 때문이다.

（　　　　　　　　　　）

이희정 친구가
"저는 고운 말을"까지 말하고
말을 중단한 까닭이
무엇인지 찾아봐요.

서술형

19 강찬우 친구가 회의할 때 지켜야 할 예절을 쓰시오.

_____

이미지로 보는 📷 사전

#다수결 #다수결의 원칙 #민주 사회 #의사 결정 방식

어떤 안건에 대해 모든 사람의 의견이
하나로 모아지기 어렵기 때문에
다수결의 원칙을 적용해요.

다수결의 원칙은 민주 사회에서
의사를 결정하는 방식이에요.

그렇지만 다수의 의견이 항상 옳은 것은 아니므로
다수는 소수의 의견도 존중해야 해요.

고경희 (비아냥거리며) 쳇, 친할 때 그런 말로 장난치는 것도 모르나?

이희정 (짜증 내며) 너는 그래서 날마다 친구들과 다투냐?

사회자 모두 조용히 해 주십시오. 말할 기회도 얻지 않고 높임말도 사용하지 않은 고경희 친구 그리고 마찬가지로 말할 기회를 얻지 않고 거친 말을 사용한 이희정 친구에게 '주의'를 한 번씩 드립니다.

(효과음) 칠판에 쓰는 소리

┌ 학급 회의 절차 중 '표결'
사회자 지금부터 주제에 대한 실천 내용을 정하도록 하겠습니다. **표결**을 하기 전에 **추가**로 의견을 이야기할 친구는 발표해 주시기 바랍니다. 김찬민 친구가 의견을 발표해 주십시오.

김찬민 (자신 없게) 고운 말? 뭐였지? 아무튼 그 의견보다는 '이름 부르지 않기'로 정하면 좋겠습니다. 왜냐하면 우리 반 모두가 싫어할 것 같기 때문입니다.

사회자 "고운 말을 사용하자."는 의견이 있었고, 이름이 아니라 "듣기 싫은 별명으로 부르지 말자."라는 의견이 있었습니다. 다른 사람 의견을 잘 들어 주시면 고맙겠습니다. 표결을 시작하겠습니다. 먼저, "듣기 싫은 별명으로 부르지 말자."를 실천 내용으로 정하는 것에 찬성하시는 분은 손을 들어 주십시오. 29명 가운데에서 20명이 찬성했습니다. 다음, "심한 장난을 하지 말자."를 실천 내용으로 정하는 것에 찬성하시는 분은 손을 들어 주십시오. 29명 가운데에서 6명이 찬성했으므로 실천 내용으로 정하지 않겠습니다. 마지막으로, "고운 말을 사용하자."를 실천 내용으로 정하는 것에 찬성하시는 분은 손을 들어 주십시오. 29명 가운데에서 10명이 찬성했으므로 실천 내용으로 정하지 않겠습니다.

(효과음) 칠판에 쓰는 소리

┌ 학급 회의 절차 중 '결과 발표'와 '폐회'
사회자 오늘 회의 주제는 "친구들과 사이좋게 지내자."이고 실천 내용
          ‾‾‾‾‾‾‾‾‾‾‾‾‾‾‾‾‾‾‾‾‾‾‾‾
                회의 주제
은 "듣기 싫은 별명으로 부르지 말자."로 정했습니다. 결정한 실천 내
  ‾‾‾‾‾‾‾‾‾‾‾‾‾‾‾‾‾‾‾‾‾‾‾‾‾
        결정한 실천 내용
용을 모두 잘 지켜 주시기 바랍니다. 이상으로 학급 회의를 마칩니다.

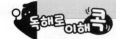
낱말풀이

비아냥거리며 은근히 비웃는 태도로 얄밉게 자꾸 놀리며. 예 토끼가 비아냥거리며 놀리자, 거북이가 달리기 경주를 하여 승부를 겨루자고 했다.

표결 회의에서 어떤 안건에 대하여 찬성과 반대 의사를 표시하여 결정함.

추가 나중에 더 보탬. 예 주문한 음식이 모자라 추가로 더 주문했다.

20 말할 기회를 얻지 않고 의견을 말한 친구 두 명의 이름을 쓰시오.

( )

중요
21 다음은 **20**에서 답한 두 친구에게 회의할 때 지켜야 할 예절에 대해 충고하는 내용입니다. ( ) 안에서 알맞은 말을 골라 ○표 하시오.

> 회의를 할 때에는 먼저 손을 들어 말할 기회를 얻은 뒤 (1)(높임말, 거친 말)을 사용하여 말해야 하고, (2)(높임말, 거친 말)을 사용해서는 안 됩니다.

고경희, 이희정 친구의 말이 끝난 다음에 사회자가 한 말을 살펴봐요.

서술형
22 김찬민 친구가 회의를 할 때 예절에 어긋나게 행동한 부분을 쓰시오.

_____

김찬민 친구가 자신 없게 "고운 말? 뭐였지?"라고 말한 까닭을 생각해 봐요.

23 이 회의에서 회의 주제와 실천 방안을 결정한 방법은 무엇입니까? ( )

① 사회자가 판단하여 정했다.
② 가장 먼저 나온 의견으로 정했다.
③ 가장 많은 사람이 찬성한 의견으로 정했다.
④ 가장 많은 사람이 반대한 의견으로 정했다.
⑤ 친구들이 말한 의견을 제외하고 새로운 의견으로 정했다.

교과서 문제
24 이 회의에서 결정한 실천 내용은 무엇입니까? ( )

① 고운 말을 사용하자.
② 이름을 부르지 말자.
③ 심한 장난을 하지 말자.
④ 친구들과 사이좋게 지내자.
⑤ 듣기 싫은 별명으로 부르지 말자.

지혜가 친구들과 나눈 온라인 대화

활동 팁

친구들이 사용한 대화명, 줄임 말, 그림 말을 살펴보고 온라인 대화를 할 때 지켜야 할 예절을 생각하며 글을 읽어 보세요.

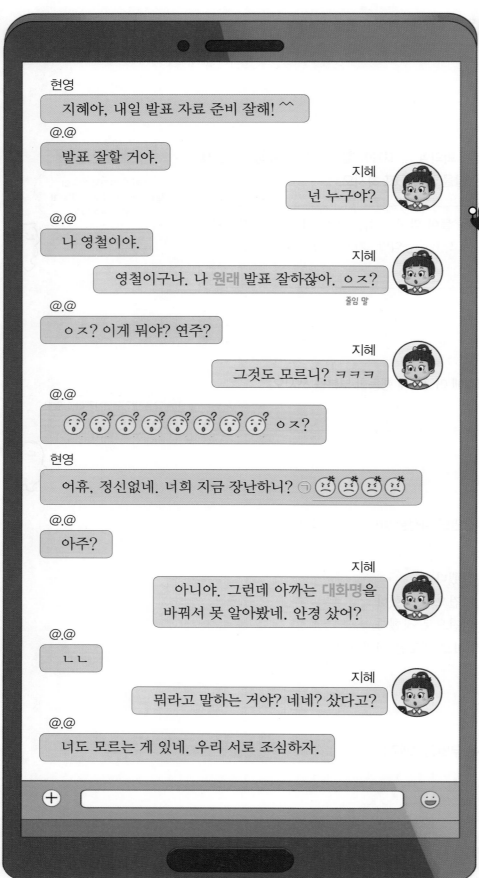

현영
지혜야, 내일 발표 자료 준비 잘해! ^^

@.@
발표 잘할 거야.

지혜
넌 누구야?

@.@
나 영철이야.

지혜
영철이구나. 나 원래 발표 잘하잖아. ㅇㅈ?
줄임 말

@.@
ㅇㅈ? 이게 뭐야? 연주?

지혜
그것도 모르니? ㅋㅋㅋ

@.@
😲😲😲😲😲😲😲😲 ㅇㅈ?

현영
어휴, 정신없네. 너희 지금 장난하니? ㉠😡😡😡😡

@.@
아주?

지혜
아니야. 그런데 아까는 대화명을 바꿔서 못 알아봤네. 안경 샀어?

@.@
ㄴㄴ

지혜
뭐라고 말하는 거야? 네네? 샀다고?

@.@
너도 모르는 게 있네. 우리 서로 조심하자.

독해로
이해 콕

20 친구들은 현영이에게 내일 발표 자료 준비를 잘하라고 이야기했다. (○ , ×)

21 '@.@'는 (   )(이)의 대화명이다.

22 친구들은 모두 'ㅇㅈ'의 뜻을 알고 있었다. (○ , ×)

23 현영이는 화가 난 기분을 (😲 , 😡)로 표현했다.

낱말풀이

원래 맨 처음부터. 또는 근본부터. 예 나는 원래 거짓말을 할 줄 모른다.

대화명 온라인에서 대화를 할 때 원래의 이름 대신 자신의 개성을 드러내기 위해서 임시로 정한 이름.

25 지혜가 영철이를 못 알아본 까닭은 무엇입니까? (   )

① 대화명을 쓰지 않아서

② 대화명을 여러 번 바꾸어서

③ 대화명을 이름이 아닌 다른 것으로 써서

④ 대화명에 이름만 쓰고 성은 쓰지 않아서

⑤ 자신의 대화명 대신 다른 친구의 대화명을 써서

26 영철이가 'ㅇㅈ'을 이해하지 못한 까닭으로 알맞은 것에 ○표 하시오.

(1) 처음 보는 줄임 말이라 뜻을 모르기 때문이다.   (   )

(2) 요즈음에는 잘 사용하지 않는 옛말이기 때문이다.   (   )

교과서 문제

27 ㉠에 대한 설명으로 알맞은 것을 두 가지 고르시오. (   )

① 그림말이다.   ② 줄임 말이다.

③ 화가 난 기분을 나타낸다.   ④ 궁금하다는 뜻을 나타낸다.

⑤ 온라인 대화에서는 많이 쓸수록 좋다.

중요

28 온라인 대화를 할 때 지켜야 할 예절을 바르게 말한 친구의 이름을 쓰시오.

> 영철: 대화명은 내가 누구인지 드러나지 않도록 지어야 해.
>
> 지혜: 유행하는 줄임 말을 배워서 많이 사용하는 것이 좋아.
>
> 현영: 그림말은 꼭 필요한 경우에만 적절하게 사용하는 것이 좋겠어.

(   )

> 온라인 대화를 할 때 사용하는 대화명, 줄임 말, 그림말을 어떻게 사용해야 예절을 지킬 수 있을지 생각해 봐요.

서술형

29 온라인 대화를 할 때 'ㅇㅈ', 'ㅋㅋㅋ', 'ㄴㄴ'과 같은 줄임 말을 지나치게 사용하면 어떤 일이 일어날지 생각하여 쓰시오.

_____

_____

3 바르고 공손하게

01 대화 예절을 지켜 말한 것을 두 가지 고르시오.
(　　　　)

① 아버지, 이건 제가 할게요.
② 할머니, 내가 도와드리겠습니다.
③ 어머니, 심부름은 내가 다녀올게요.
④ 아저씨, 교통 봉사 활동을 해 주셔서 고맙습니다.
⑤ 아주머니, 교통 봉사 활동을 하시느라 수고했어요.

중요

03 ㉠을 대화 예절에 맞게 고쳐 말한 것은 무엇입니까?
(　　　　)

① 아주머니, 음식이 모자라요.
② 음식이 제 입에는 맞지 않네요.
③ 진짜로 직접 이 음식을 다 하셨어요?
④ 아주머니, 음식 준비하시느라 수고했어요. 잘 먹겠습니다.
⑤ 아주머니, 맛있는 음식을 준비해 주셔서 고맙습니다. 맛있게 먹겠습니다.

02~03 다음 글을 읽고, 물음에 답하시오.

> 가 (효과음) 딩동딩동
> (효과음) 문 열리는 소리
> 신유 어머니　(밝은 목소리로) 안녕? 어서 와라. 신유 친구들이구나. 반갑다.
> 나 현관(집에 들어갈 때)
> 지혜　(성급하게) 안녕하세요? 그런데 신유는 어디 갔나요? 어? 신유야, 생일 축하해!
> 원우　야! 신유야, 생일 축하해! 하하하.
> (효과음) 삐링삐링
> 다 식탁(음식을 먹을 때)
> 신유 어머니　(따뜻한 목소리로) 이렇게 신유의 생일을 축하하러 우리 집에 와 줘서 고맙구나. 손 씻고 식탁에 앉으렴.
> 원우, 지혜, 현영　㉠야, 맛있겠다!
> 원우　내가 닭 다리 먹어야지!
> (효과음) 삐링삐링

02 신유네 집에 들어갈 때 친구들이 지켜야 할 대화 예절로 알맞은 것에 ○표 하시오.

(1) 웃어른께 귓속말로 인사한다. (　　　)
(2) 웃어른께 바른 자세로 인사한다. (　　　)
(3) 웃어른께 최대한 큰 소리로 인사한다.
(　　　)

04~05 다음 장면을 보고, 물음에 답하시오.

04 토끼 역할을 한 친구의 기분으로 알맞은 것의 기호를 쓰시오.

> ㉮ 존중받는 기분이다.
> ㉯ 배려받는 기분이다.
> ㉰ 무시당하는 기분이다.

(　　　　)

서술형

05 ㉠을 대화 예절에 맞게 고쳐 쓰시오.

_____

_____

06~09 다음 글을 읽고, 물음에 답하시오.

가 **사회자** 이희정 친구가 의견을 발표해 주십시오.
이희정 저는 고운 말을……
강찬우 (끼어들며) 잠깐만. "심한 장난을 하지 말자."가 좋겠습니다. 왜냐하면 장난이 심해져서 싸우는 경우가 많기 때문입니다.
사회자 강찬우 친구, 좋은 의견 감사합니다. 하지만 다른 사람이 의견을 발표할 때 끼어드는 것은 잘못입니다. 다음부터는 꼭 손을 들어 말할 기회를 얻고 나서 발표해 주시기 바랍니다. 이희정 친구는 계속 발표해 주십시오.
이희정 네, 제 의견은 "고운 말을 사용하자."입니다. 친구들이 나쁜 말을 주고받으면 사이가 안 좋아지는 것을 자주 봤기 때문입니다.
고경희 (비아냥거리며) 쳇, 친할 때 그런 말로 장난치는 것도 모르나?
이희정 (짜증 내며) 너는 그래서 날마다 친구들과 다투냐?
사회자 모두 조용히 해 주십시오. 말할 기회도 얻지 않고 높임말도 사용하지 않은 고경희 친구 그리고 마찬가지로 말할 기회를 얻지 않고 거친 말을 사용한 이희정 친구에게 '주의'를 한 번씩 드립니다.
나 **사회자** 김찬민 친구가 의견을 발표해 주십시오.
김찬민 (자신 없게) 고운 말? 뭐였지? 아무튼 그 의견보다는 '이름 부르지 않기'로 정하면 좋겠습니다. 왜냐하면 우리 반 모두가 싫어할 것 같기 때문입니다.
사회자 "고운 말을 사용하자."는 의견이 있었고, 이름이 아니라 "듣기 싫은 별명으로 부르지 말자."라는 의견이 있었습니다. 다른 사람 의견을 잘 들어 주시면 고맙겠습니다.

06 이 회의에서 다음과 같은 역할을 한 친구는 누구인지 쓰시오.

> 회의 참여자들에게 말할 기회를 주고, 예절에 어긋난 행동을 했을 때 '주의'를 주었다.

( )

07 다음 친구가 제안한 의견을 알맞게 선으로 이으시오.

(1) 강찬우 • • ㉮ 고운 말을 사용하자.

(2) 이희정 • • ㉯ 심한 장난을 하지 말자.

08 강찬우 친구가 예절에 어긋나게 행동한 일은 무엇입니까? ( )

① 거친 말을 사용했다.
② 높임말을 사용하지 않았다.
③ 의견만 말하고 까닭을 말하지 않았다.
④ 말할 기회를 얻고도 발표하지 않았다.
⑤ 다른 사람이 의견을 발표할 때 끼어들었다.

중요

09 김찬민 친구가 회의할 때 지켜야 할 예절로 알맞은 것의 기호를 쓰시오.

> ㉮ 다른 사람의 의견을 경청한다.
> ㉯ 다른 사람의 의견을 비난하지 않는다.
> ㉰ 의견을 말할 때에는 손을 들고 차례를 기다린다.

( )

서술형

10 회의할 때 예절을 더 잘 지키려면 어떤 노력을 해야 할지 한 가지 쓰시오.

_____

_____

11~15 다음 글을 읽고, 물음에 답하시오.

11 이 대화에서 영철이가 사용한 대화명을 쓰시오.

(   )

12 온라인 대화에서 사용하는 대화명에 대하여 <u>잘못</u> 말한 친구의 이름을 쓰시오.

> 주헌: 자신을 잘 표현하는 대화명이 좋겠어.
> 유진: 내 얼굴이라고 할 수 있으므로 나쁜 말은 사용하지 않는 것이 좋겠어.
> 하린: 글자를 조합한 새로운 말을 만들어 내가 누구인지 모르게 하는 대화명을 사용하는 것이 좋겠어.

(   )

13 'ㅇㅈ', 'ㅋㅋㅋ'과 같은 말에 대한 설명으로 알맞은 것은 무엇입니까? (   )

① 그림말이다.
② 의사소통에 도움이 된다.
③ 옛날부터 계속 사용해 온 말이다.
④ 누구나 뜻을 쉽게 이해할 수 있다.
⑤ 많이 사용하면 대화가 잘 안될 수 있다.

14 현영이가 사용한 그림말(😡)은 어떤 기분을 나타내는 것입니까? (   )

① 기쁘다.   ② 슬프다.
③ 부끄럽다.   ④ 화가 난다.
⑤ 당황스럽다.

서술형

15 현영이가 **14**에서 답한 것과 같은 기분이 든 까닭을 쓰시오.

_____

_____

중요

16 예절을 지키며 온라인 대화를 하는 방법으로 알맞지 <u>않은</u> 것은 무엇입니까? (   )

① 바른 말을 사용한다.
② 상대를 존중하고 예의를 지킨다.
③ 뜻을 모르는 표현도 사람들이 사용하면 같이 사용한다.
④ 상대의 얼굴이 보이지 않는다고 해서 함부로 말하지 않는다.
⑤ 상대가 보이지 않더라도 대화 전에 인사를 하고 끝날 때에도 인사한다.

17~18 다음 글을 읽고, 물음에 답하시오.

[5-1] 1단원 44쪽

3단원
9회

공부한 날

월

일

정인이의 고민

동욱 정인아, 무슨 걱정이 있니?

정인 (다소 힘없는 듯한 목소리로) 아니, 아무 일도 없는데.

동욱 (빈정거리는 말투로) 에이, 얼굴 표정을 보니 고민거리가 있는 것 같은데?
남을 은근히 비웃으며 자꾸 비꼬는 말을 하거나 놀리는.

정인 (약간 성가신 듯이) 고민은 무슨 고민? 아무 일 없다니까.
자꾸 못살게 굴어 괴롭고 귀찮은.

동욱 (궁금해하며) 그러지 말고 말해 봐. 무슨 일인데? 다른 사람한테 절대로 말하지 않을게.

정인 (조심스럽게) 음, 사실은 체육 시간에 뒤 구르기가 잘 안돼. 그래서 모둠끼리 여러 가지 동작을 꾸밀 때 방해가 되는 것 같아.
일이 제대로 되지 못하도록 간섭하고 막음.

동욱 (큰 소리로) 뭐, 네가 뒤 구르기를 못한다고? 그럼 선생님이나 친구들에게 도와 달라고 하면 되지, 뭘 그렇게 걱정해.

정인 (당황하며) 어떻게 그러니?

동욱 그럼 내가 말해 줄까?

정인 (황급히 큰 소리로) 아냐, 그러지 마! 내가 알아서 할게. 넌 그냥 못 들은 걸로 해.
몹시 어수선하고 매우 급하게.

동욱 네가 말을 못 하면 내가 말해 줄게.

정인 (화를 내며) 아냐. 내가 알아서 한다고.

동욱 (멋쩍어하며) 도와준다는데 왜 화를 내고 그러니?
어색하고 쑥스러워하며.

어떻게 읽을까?

1. 정인이가 동욱이에게 화를 낸 까닭을 생각해 보세요.
2. 대화 예절에 어긋난 부분을 찾아 밑줄을 그어 보세요.

● 동욱이가 대화 예절을 지키지 않은 부분

> 정인이가 말하고 싶지 않아 하는 ① □□ 을/를 말하라고 재촉함.
>
> +
>
> 정인이의 말을 제대로 듣지 않고 ② □□ 방법을 말함.
>
> +
>
> 정인이를 배려하고 존중하지 않고 자기 ③ □□ 대로 하려고 함.

● 정인이가 화를 낸 까닭

• 동욱이가 말한 해결 방법이 도움이 되지 않기 때문에
• 동욱이가 자신이 말한 해결 방법을 ④ □□ 했기 때문에

답 ① 고민 ② 해결 ③ 마음 ④ 강요

---

17 정인이의 고민으로 알맞은 것의 기호를 쓰시오.

> ㉮ 동욱이가 자신의 비밀을 소문낼 것 같다.
> ㉯ 체육 시간에 모둠 친구와 다투고 난 후 화해하지 못했다.
> ㉰ 체육 시간에 뒤 구르기 동작이 잘 안되어서 모둠끼리 여러 가지 동작을 꾸밀 때 방해가 되는 것 같다.

( )

18 동욱이가 정인이의 고민을 듣고 조언하는 과정에서 예절을 지키지 <u>않은</u> 점을 모두 고르시오.

( )

① 해결 방법을 말하지 않았다.
② 정인이의 고민을 제대로 듣지 않았다.
③ 정인이에게 높임말을 사용하지 않았다.
④ 정인이에게 고민을 말하라고 재촉했다.
⑤ 정인이에게 도움이 되지 않는 해결 방법을 강요했다.

단원 개념

어휘 확인

1 다음 빈칸에 들어갈 알맞은 낱말을 **보기** 에서 찾아 쓰시오.

> **보기**
>
> 제안   추가   표결

(1) 모둠 과제를 하는 데 필요한 자료를 [   ] (으)로 더 찾았다.

(2) 전교 학생회 회의에서 [   ] 을/를 통해 결정된 안건들을 게시판에 공지했다.

(3) 주말에 온 가족이 등산을 가자는 아버지의 [   ] 에 가족 아무도 찬성하지 않았다.

어휘 적용

2 다음 문장에서 밑줄 그은 낱말과 바꾸어 쓸 수 있는 말이 **아닌** 것에 ×표 하시오.

(1) 영주는 참 밝고 <u>쾌활하다</u>.

명랑하다	우울하다	활발하다

(2) 올해는 농사가 잘되어 몹시 <u>흐뭇하다</u>.

기쁘다	흡족하다	불만스럽다

(3) 중요한 일을 <u>성급하게</u> 결정하면 안 된다.

빠르게	느긋하게	조급하게

어법

3 **보기** 를 참고하여 다음 문장에서 표기가 올바른 것에 ○표 하시오.

> **보기**
>
> 저: 말하는 이가 윗사람이나 그다지 가깝지 아니한 사람을 상대하여 자기를 낮추어 가리키는
> 말로, 조사 '가'가 붙으면 '제'가 된다.
>   **예** <u>저</u>는 이만 가 보겠습니다. / <u>제</u>가 그 일을 하겠습니다.

(1) 선생님, 이 문제는 [저가 / 제가] 풀어 보겠습니다.

(2) 할머니, 시키실 일이 있으시면 [저를 / 제를] 부르세요.

4 다음 글과 그림을 보고, <u>살은 쏘고 주워도 말은 하고 못 줍는다</u> 와 뜻이 비슷한 속담으로 알맞은 것에 ○표 하시오.

공부한 날

월

일

살은 쏘고 주워도 말은 하고 못 줍는다

화살은 쏘고 나서 다시 찾을 수 있으나 말은 다시 거두어 정돈할 수 없다는 뜻으로, 말을 조심해야 한다는 말.

활을 쏠 때 사용하는 화살은 쏘고 난 뒤에 주울 수 있지만, 말은 하고 나면 그 말을 하기 전으로 되돌릴 수 없어요. 그러니 말을 함부로 하지 않도록 항상 조심해야겠지요?

안 주워지네······.

(1) 말이 씨가 된다

(   )

(2) 쌀은 쏟고 주워도 말은 하고 못 줍는다

(   )

(3) 말은 해야 맛이고 고기는 씹어야 맛이다

(   )

4

이야기 속 세상

무엇을 배울까요?

인물, 사건, 배경을
생각하며 이야기 읽기

인물의 성격을
짐작하며 이야기 읽기

사건의 흐름을
생각하며 이야기 읽기

단원에 대한 공부 계획을 세우고, 공부한 내용을
얼마나 이해했는지 스스로 평가해 보세요.

★★★ 잘함.   ★★ 보통임.   ★ 아쉬움.

그림으로 개념 탄탄

Q 이야기에서 인물, 사건, 배경은 무엇일까요?

A
❀ 인물은 이야기에서 어떤 일을 겪는 사람이나 사물이에요.

❀ 사건은 이야기에서 일어나는 일이에요.

❀ 배경은 이야기가 펼쳐지는 시간과 장소예요.

❀ 인물, 사건, 배경은 이야기를 구성하는 데 꼭 필요한 요소예요.

Q 이야기를 읽을 때 인물의 성격을 짐작하는 방법은 무엇일까요?

A
❀ 인물이 한 말을 살펴보며 인물의 성격을 짐작해요.

❀ 인물의 행동을 살펴보며 인물의 성격을 짐작해요.

 사건의 흐름을 생각하며 이야기를 읽는 방법은 무엇일까요?

오리 친구가 집중해서 그림을 그리고 있었어요.	그런데 친구들이 장난을 치다가 그림을 망쳤어요.	오리 친구는 어떻게 반응했을까요? 뒷이야기를 상상해 봐요.

❋ 사건이 일어난 차례를 살펴봐요.

❋ 인물의 성격에 따라 인물의 행동이 어떻게 달라지는지 살펴봐요.

❋ 인물의 행동에 따라 이어질 이야기가 어떻게 달라질지 예측하며 읽어요.

 다음 그림을 보고, 빈칸에 들어갈 이야기의 구성 요소를 알맞게 쓰시오.

금도끼 은도끼

(1)(　　　): 나무꾼, 산신령

(2)(　　　): 어느 날 낮, 연못

(3)(　　　): 도끼를 연못에 빠뜨린 나무꾼 앞에 산신령이 나타났다.

답 (1) 인물 (2) 배경 (3) 사건

사라, 버스를 타다 윌리엄 밀러 글, 박찬석 옮김

1 아침마다 사라는 어머니와 함께 버스를 탔습니다. 언제나 백인들이 앉는 자리와 구분된 뒷자리에 앉았습니다. 고개를 돌려 자기를 쳐다보는 백인 아이들에게 사라는 얼굴을 찡그렸습니다. 백인 아이들도 얼굴을 찡그리며 웃어 댔습니다. 그러다가 어머니들에게 **잔소리**를 들은 뒤에야 바로 앉았습니다.

"지금까지 언제나 이래 왔단다. 자리에 앉을 수 있는 것만으로도 만족해야지."

어머니께서는 두 손을 **깍지** 낀 채 이렇게 말씀하시고는 했습니다.

어머니께서는 사라보다 먼저 버스에서 내리셨습니다. 사라는 혼자서 학교로 가고, 어머니께서는 백인 가정의 부엌에서 일을 하셨습니다. 어머니를 생각하면 사라는 마음이 아팠습니다. <u>어머니께서는 주말도 없이 하루 종일 일하셨지만, 신발 한 켤레, 옷 한 벌 사 입으실 **형편**이 못 되었습니다.</u>
사라네 가정 형편이 어려웠음.

중심 내용 사라와 어머니는 버스를 탈 때 언제나 백인들이 앉는 자리와 구분된 뒷자리에 앉았습니다.

2 ㉠어느 날 아침, 사라는 ㉡버스 앞쪽 자리가 얼마나 좋은 곳인지 알아보기로 마음먹었습니다. 사라는 자리에서 일어나 좁은 **통로**로 걸어 나갔습니다. 별다른 것도 없어 보였습니다. 창문은 똑같이 지저분했고, 버스의 시끄러운 소리도 똑같았습니다. 앞쪽 자리가 뭐가 그리 대단하다는 것일까요? / 한 백인 아주머니께서 물으셨습니다.

"왜 그리 두리번거리니, 꼬마야?"
눈을 크게 뜨고 자꾸 여기저기를 살펴보니.
"뭐 특별한 게 있는지 알아보고 싶어서요."

아주머니께서 말씀하셨습니다.

"네 자리로 돌아가는 게 좋겠구나." / 모두가 사라를 쳐다보았습니다.
버스 뒷자리
사라는 계속 나아갔습니다. 앞쪽 끝까지 가서 운전사 옆자리에 앉았습니다. 사라는 운전사가 **기어**를 바꾸고 두 손으로 커다란 핸들을 돌리는 것을 지켜보았습니다. 운전사가 성난 얼굴로 사라를 쏘아보았습니다.

"꼬마 아가씨, 뒤로 가서 앉아라. 너도 알다시피 늘 그래 왔잖니?"

사라는 그대로 앉은 채 마음속으로 말했습니다.

'㉢뒷자리로 돌아갈 아무런 이유가 없어!'

독해로 이해 쏙

1 글 **1**에 나오는 인물은 사라와 (백인 신사, 사라의 어머니)이다.

2 사라는 버스를 타면 (앞자리, 뒷자리)에 앉아야 했다.

3 글 **2**에서 일이 일어난 장소는 (버스 안, 버스 정류장)이다.

4 사라는 버스의 앞자리와 뒷자리가 별로 다르지 않다고 생각했다. (○, ×)

낱말풀이

잔소리 필요 이상으로 듣기 싫은 말을 하며 꾸짖거나 참견함. 또는 그런 말.

깍지 두 손의 손가락들을 서로 엇갈리게 해서 꼭 잡은 상태.

형편 살림살이의 상태나 처지.

통로 통하여 다니는 길.

기어 자동차나 기계 등의 속도나 운동 방향을 바꾸는 장치.

01 글 **1**에서 알 수 있는 사실로 알맞지 <u>않은</u> 것은 무엇입니까? (　　　)

① 사라는 어머니와 함께 버스를 탔다.
② 사라네 집은 형편이 넉넉하지 못했다.
③ 사라의 어머니는 백인 가정의 부엌에서 일을 했다.
④ 지금은 이전보다 흑인과 백인의 차별이 더 심해졌다.
⑤ 백인이 아닌 사람은 버스에서 뒷자리에 앉아야 했다.

> ①~⑤의 내용이 글 **1**의 내용과 일치하는지 하나씩 확인해 봐요.

4 단원
10 회

공부한 날

월

일

교과서 문제
02 글 **1**과 **2**에 나오는 인물이 <u>아닌</u> 것은 누구입니까? (　　　)

① 사라
② 운전사
③ 사라의 어머니
④ 백인 아주머니
⑤ 사라의 아버지

중요
03 ㉠~㉢ 중 시간을 나타내는 표현으로 알맞은 것의 기호를 쓰시오.

(　　　　　　)

> 시간을 나타내는 표현은 '언제'에 해당하는 말이에요. ㉠~㉢ 중에서 일이 일어난 때를 알 수 있는 표현을 찾아봐요.

서술형
04 글 **2**에서 사라가 버스 앞자리로 간 까닭은 무엇인지 쓰시오.

_____

_____

05 글 **2**에서 사라가 버스 앞자리에 앉자 사람들은 어떻게 했습니까? (　　　)

① 버스에서 내리라고 했다.
② 아무런 관심을 갖지 않았다.
③ 그대로 앉아 있으라고 했다.
④ 버스 뒷자리로 돌아가라고 했다.
⑤ 운전사의 옆자리에 앉으라고 했다.

운전사는 뭐라고 중얼거리더니 브레이크를 밟았습니다. 버스가
'끼익' 소리를 내며 갑자기 멈춰 섰습니다.

"규칙을 따르지 못하겠다면 이제부터는 걸어가거라."

운전사가 '덜컹' 소리를 내며 문을 당겨 열었습니다. 사라는 외롭고 무
서웠습니다. 사라 생각에 버스에서 내리는 것도, 학교까지 걸어가는 것도
그리 어려운 일은 아니었습니다. 하지만 걷기에는 꽤 먼 길이었습니다.

　┌ 사라는 작지만 **당당한** 목소리로 말했습니다.
ㄱ│
　└ "문 닫으셔도 돼요. 저는 학교까지 타고 가겠어요."
　　　　자신의 뜻을 굽히지 않음.

운전사는 자리에서 일어나 쿵쾅거리며 버스 계단을 내려갔습니다. 버
스 안에 있던 백인들이 화를 내며 소리쳤습니다.

"빨리 가자고! 이러다 지각하겠어."

중심 내용 사라가 버스 앞자리에 앉자 화가 난 운전사가 사라에게 걸어가라고 했습니다.

3 잠시 뒤, 운전사는 경찰관과 함께 돌아왔습니다.

경찰관이 물었습니다.

"오늘, 무슨 일이 있니?"

<u>사라는 가슴이 **콩닥거렸습니다**.</u>
　　　무섭고 불안한 마음이 듦.

"아무 일도 없어요."

"법이 뭔지 너도 알 거다. 그렇지?"

"그럼요. 학교에서 배웠어요."

경찰관이 살짝 웃으며 말했습니다.

"아무렴. 법에는 말이다. ㉡ 너희 같은 사람은 버스 뒷자리에 앉아야 한
다고 나와 있단다. 그래서 말인데, 법을 **어기고** 싶지 않다면 네 자리로
돌아가거라."

밖에 사람들이 모여들기 시작했습니다. 사람들이 흥분하여 사라에게
큰 소리를 질렀지만, 몇몇은 사라를 응원했습니다.

한 아저씨께서 소리치셨습니다.

"일어나지 마라. 그 자리는 네 피부색과 아무 상관이 없어."

경찰관이 안타깝다는 듯 고개를 절레절레 흔들더니 사라를 번쩍 안아
올렸습니다. 그러고는 사람들 사이를 지나 경찰서로 향했습니다.

사라는 울기 시작했습니다. / "절 **감옥**으로 보내실 건가요?"
　　　　　　　　　　　　　　죄인을 가두어 두는 곳.

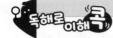

5 사라는 운전사에게 (　　　　　)까지 버
스를 타고 가겠다고 말했다.

6 사라가 규칙을 따르지 않자 운전사는
(　　　　　)을/를 데리고 왔다.

7 경찰관은 사라에게 (　　　　　)에 따라
원래의 자리로 돌아갈 것을 요구했다.

8 사람들은 모두 사라의 행동이 옳지 못하
다고 생각했다. (○, ×)

낱말풀이

당당한 남 앞에 내세울 만큼 모습이나 태
도가 떳떳한. 예 수지는 자신의 의견을
당당한 말투로 말했다.

콩닥거렸습니다 충격을 받아 가슴이 자
꾸 세차게 뛰었습니다.

어기고 규칙, 명령, 약속, 시간 따위를 지
키지 않고. 예 형은 나와의 약속을 어기
고 컴퓨터 게임을 계속했다.

중요

06 이 글에서 일어난 일로 알맞은 것은 무엇입니까? (   )

① 사라가 학교까지 걸어갔다.
② 경찰관이 사라를 응원했다.
③ 운전사가 사라를 안아 올렸다.
④ 사라가 버스 뒷자리로 돌아가지 않았다.
⑤ 사라가 경찰관에게 법에 대해 물어보았다.

이야기에서 일어난 일은
곧 '사건'을 뜻해요. 이 글에서
중심이 되는 사건을
생각해 봐요.

교과서 문제

07 이 글에서 사라가 했을 생각으로 알맞은 것에 ○표 하시오.

(1) 버스 뒷자리로 돌아갈 이유가 없어.   (   )
(2) 운전사가 말하는 규칙이 무엇인지 모르겠어.   (   )
(3) 버스에서 내려서 집까지 걸어가기에는 너무 멀어.   (   )

08 ㉠으로 보아 사라는 어떤 성격의 아이입니까? (   )

① 용감한 아이   ② 부지런한 아이
③ 성격이 급한 아이   ④ 양보심이 많은 아이
⑤ 부끄러움이 많은 아이

09 ㉡이 가리키는 사람을 두 글자로 쓰시오.

(   )

서술형

10 경찰관이 사라를 경찰서로 데려간 까닭을 쓰시오.

_____

_____

운전사가 경찰관을
데리고 온 까닭과 연관 지어
생각해 봐요.

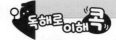

경찰관은 아무 말도 하지 않았습니다. 하지만 사람들은 더 크게 소리를 질렀습니다.

한 아주머니께서 소리치셨습니다.

㉠ "용기를 내!"

그러자 다른 사람이 **되받아쳤습니다**.

㉡ "법을 어기면 어떻게 되는지 확실히 알게 해 줘!"

<u>중심 내용</u> 사라는 버스 앞자리에 앉았다는 이유로 경찰관과 함께 경찰서에 갔습니다.

4 경찰관이 어머니께 전화를 하는 동안, 사라는 커다란 책상 앞에 앉아 있었습니다. 키가 큰 아저씨께서 사진기를 들고 와 사라를 찍으셨습니다.
<small>신문 기자</small>

"신문사에서 왔단다. 용기 있는 행동을 한 사람에 대한 기사를 쓰고 있어."

아저씨의 말씀에 경찰관이 크고 거친 손으로 사라의 등을 **토닥이며** 대꾸했습니다.

"꼬맹이가 잠시 헷갈렸을 뿐이오."
<small>사라</small>

사라의 이야기는 빠르게 퍼져 나갔습니다. 많은 사람이 여기저기에서 사라를 보러 왔습니다. 누구인가 사라에게 초콜릿 과자를 가져다주었습니다. 사라는 과자를 한 입 베어 물고 나서야 자기가 얼마나 배가 고픈지 깨달았습니다.

과자를 반쯤 먹었을 때 어머니께서 오셨습니다. 어머니께서 손을 내밀며 말씀하셨습니다.

"가자, 경찰관들이 진짜 **범죄자**들을 잡으러 가야 할 때인 것 같구나."

경찰관이 사라와 어머니의 뒤에 대고 소리쳤습니다.

"앞으로 당신 딸이 어디에 앉아야 하는지 단단히 **일러** 주시오!"
<small>버스 뒷자리에 앉아야 한다고 생각함.</small>

밖으로 나오자, 신문 기자가 사라의 사진을 좀 더 찍은 뒤에 잘 가라고
<small>경찰서 밖</small>
손을 흔들어 주었습니다. 사라가 어머니와 함께 사람들 사이를 **헤치고** 나가며 말했습니다.

"죄송해요, 어머니. 말썽을 일으키려던 것은 아니었어요. 그냥 뭐가 그
<small>문제를 일으키는 말이나 행동.</small>
리 특별한지 알고 싶었을 뿐이에요."

"괜찮다. 넌 아무것도 잘못한 게 없어."

사라와 어머니는 아무 말 없이 집으로 걸어갔습니다.

<u>중심 내용</u> 기자가 경찰서에 있는 사라의 사진을 찍어 갔고 사라의 이야기는 빠르게 퍼져 나가 많은 사람이 사라를 보러 왔습니다.

낱말풀이

되받아쳤습니다 남의 행동이나 말에 양보하지 않고 대들었습니다.

토닥이며 물체를 가볍게 두드리는 소리를 내며. 예 엄마께서 내 어깨를 토닥이며 칭찬해 주셨다.

범죄자 법을 어기는 죄를 저지른 사람.

일러 잘 알아듣도록 말해. 예 약사는 약을 먹을 때 주의할 점을 일러 주었다.

헤치고 앞을 가로막는 것을 뚫고 지나가고.

→ 바른답·알찬풀이 11쪽

교과서 문제

11 사라의 행동에 대해 ㉠과 ㉡은 어떤 입장을 드러내는지 알맞게 선으로 이으시오.

(1) | ㉠ | •

(2) | ㉡ | •

• ㉮ | 사라의 행동에 찬성하는 입장

• ㉯ | 사라의 행동에 반대하는 입장

중요

12 글 3과 4에서 일이 일어난 장소는 어떻게 변화했습니까? (   )

① 버스 안 → 경찰서
② 경찰서 → 버스 안
③ 사라의 집 → 경찰서
④ 버스 안 → 사라의 집
⑤ 경찰서 → 사라의 학교

> 글 3과 4에서 사건이 일어난 장소를 찾고, 사라가 어디로 이동했는지 살펴봐요.

13 글 4에서 일어난 일이 <u>아닌</u> 것은 무엇입니까? (   )

① 많은 사람이 사라를 보러 왔다.
② 기자가 사라의 사진을 찍어 갔다.
③ 경찰관이 사라의 어머니께 전화를 했다.
④ 누구인가 사라에게 초콜릿 과자를 가져다주었다.
⑤ 사라의 어머니께서 사라 대신 경찰관에게 사과를 했다.

14 사라의 어머니께서 경찰서에 오신 때는 언제인지 쓰시오.

사라가 (   ) 먹었을 때

> 글 4의 마지막 부분에서 사라가 죄송하다고 하자 어머니께서 어떻게 말씀하셨는지 살펴봐요.

서술형

15 사라의 어머니께서는 사라의 행동에 대해 어떻게 생각하시는지 쓰시오.

_____

5 그날 밤, 어머니께서는 사라의 방으로 들어와 사라를 안아 주셨습니다.

"사라야, 엄마는 너한테 화나지 않았어. 너는 세상의 어떤 백인 아이 못지않게 착한 아이란다. 너는 특별한 아이야."

사라는 몹시 **혼란스러웠습니다.**

"그런데 왜 저는 버스 앞자리에 타면 안 되나요?"

"법이 그렇기 때문이야. 법이라고 다 좋은 것은 아니지만 말이다."

사라가 어머니의 피곤한 눈을 올려다보며 물었습니다.

"법은 절대 바뀌지 않나요?"

어머니께서 부드럽게 대답하셨습니다. / "언젠가는 바뀌겠지."

중심 내용 사라의 어머니께서는 혼란스러워하는 사라를 따뜻하게 위로해 주셨습니다.

6 이튿날 아침, 어머니께서 사라에게 버스를 타는 대신 걸어가는 것이 어떻겠느냐고 물으셨습니다. 어머니께서는 웃으려고 애를 쓰셨지만, 사라는 어머니의 눈에 고인 눈물을 보았습니다.

"어쨌든 날씨가 그리 춥지는 않구나. 하느님은 우리에게 낡은 버스가 아니라 두 다리를 주셨어. 그렇지?"

"그럼요, 어머니. 저는 걷는 것이 좋아요. 얼마든지요."

사라와 어머니는 버스 정류장을 천천히 지나갔습니다. 사람들이 고개를 돌려 **수군거렸습니다.** 사라 또래의 남자아이 하나가 <u>신문과 연필을 가지고 뛰어왔습니다.</u>
_{사라에게 사인을 받으려고}

"사인 좀 해 줄래? 오랫동안 **간직하고** 싶어."

어머니께서는 소년한테서 신문을 받아 들고 **싱긋** 웃으셨습니다.
_{눈과 입을 슬며시 움직이며 소리 없이 가볍게 웃는 모양.}

"우리 딸이 영웅이라도 된 것 같구나."

사라는 신문 첫 장에 난 자신의 사진을 보고 몹시 쑥스러웠습니다.

"어머니, 얼른 가요."

사라가 어머니를 **재촉했지만** 이미 늦은 뒤였습니다. 흑인이고 백인이고 할 것 없이 많은 사람이 몰려와 사라에게 악수를 청했습니다. 신문 기자가 또다시 사진을 찍으려고 왔습니다. ㉠<u>사람들은 사라를 뒤따라 걸었습니다.</u>

사라는 마음이 **뿌듯했습니다.**

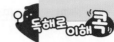
독해로 이해 콕

13 사라의 어머니께서는 (   )(으)로 들어와 딸을 위로해 주셨다.

14 사라의 어머니께서는 법은 절대 바뀌지 않을 것이라고 말씀하셨다. (○, ×)

15 이튿날, (   ) 첫 장에 사라의 사진이 실렸다.

16 사람들이 자신에게 악수를 청하고 자신을 뒤따라 걷자 사라는 (뿌듯한, 두려운) 마음이 들었다.

낱말풀이

혼란스러웠습니다 보기에 뒤죽박죽이 되어 어지럽고 질서가 없는 데가 있었습니다.

수군거렸습니다 남이 알아듣지 못하도록 낮은 목소리로 자꾸 가만가만 이야기했습니다.

간직하고 물건을 어떤 장소에 잘 보호하거나 보관하고. 예 내 동생은 친구들에게 받은 편지를 소중하게 간직하고 있다.

재촉했지만 어떤 일을 빨리하도록 졸랐지만.

뿌듯했습니다 기쁨이나 감격이 마음에 가득 차서 벅찼습니다.

교과서 문제

16 글 **5**에서 사라가 혼란스러워한 까닭으로 알맞은 것의 기호를 쓰시오.

> ㉮ 어머니께서 자신을 백인과 비교하셨기 때문에
> ㉯ 잘못한 것이 없는데도 어머니께서 꾸중을 하셨기 때문에
> ㉰ 자신이 착하고 특별한 아이라면 버스 앞자리에 타면 안 될 이유가 없기 때문에

(   )

서술형

17 글 **5**에서 일어난 일을 정리하여 쓰시오.

_____

_____

사라의 방에서 누가, 어떤 일을 했는지 생각하며 사건을 정리해 봐요.

중요

18 글 **5**와 **6**에서 일이 일어난 시간이 어떻게 변화했는지 빈칸에 알맞은 말을 쓰시오.

그날 밤 → (   )

글 **5**와 **6**에서 시간을 나타내는 표현을 찾아봐요.

19 글 **6**에서 사라와 어머니가 버스를 타지 않고 걸어간 까닭으로 알맞은 것을 두 가지 고르시오. (   )

① 버스를 탈 돈이 없어서
② 낡은 버스를 타고 싶지 않아서
③ 법을 어겨 버스를 탈 수 없게 되어서
④ 사라에게 또 나쁜 일이 생기지 않도록 하기 위해서
⑤ 백인과 흑인을 차별하는 법이 잘못되었다는 것을 알리기 위해서

20 ㉠의 행동에 담겨 있는 사람들의 생각을 (   ) 안에서 골라 ○표 하시오.

버스를 타지 않기로 한 사라의 행동에 (찬성, 반대)한다.

독해로 이해 콕

17 '그날', '그다음 날'은 공간적 배경을 나타내는 말이다. (○, ×)

18 사람들이 버스를 타지 않자 버스 회사도, (   )도 당황했다.

19 글 7 에서 일이 일어난 장소는 (버스 안, 버스 회사)이다.

20 사라의 어머니께서는 사라를 (부끄럽게, 자랑스럽게) 생각하셨다.

어머니께서 말씀하셨습니다. / "웃어도 괜찮아. 넌 특별한 아이잖니?"

㉠ 그날은 어떤 흑인도 버스를 타지 않았습니다. 그다음 날도 마찬가지였습니다. 버스 회사는 당황했습니다. 시장도 어쩔 줄 몰라 했습니다. 그리하여 사람들은 마침내 법을 바꾸었습니다.

중심 내용 사라는 버스를 타지 않기로 했고, 사람들이 사라를 따라 버스를 타지 않자 마침내 법이 바뀌었습니다.

7 운전사가 문을 열어 주며 말했습니다.

"타시죠, 꼬마 아가씨."

사라는 자리에 앉기 전에 뒤돌아서 어머니를 쳐다보았습니다. 평소와 똑같은 외투와 똑같은 신발이었습니다. 그런데 오늘 어머니께서는 무엇인가 달라 보이셨습니다. 자랑과 행복이 두 눈에 가득했습니다.
　　　　　　　　　　　　사라 때문에 법이 바뀌었으므로
어머니께서 말씀하셨습니다.

"사라야, 왜 머뭇거리니? 그 자리에 앉을 자격이 있는 사람은 바로 우리
　　　　　　　　　　　버스의 앞자리
딸인데……."

운전사가 사라를 쳐다보았습니다. 버스에 있는 모든 사람이 사라를 쳐다보았습니다.

"아니에요, 어머니. 이 자리는 바로 어머니의 자리예요! 앞으로 어머니께서 계속 앉으실 수 있어요."

어머니께서 활짝 웃으셨습니다. 사라와 어머니는 함께 자리에 앉았습니다.

버스가 도시를 가로지르며 달리기 시작했습니다.

중심 내용 사라는 어머니와 함께 당당하게 버스 앞자리에 앉을 수 있게 되었습니다.

낱말풀이

머뭇거리니 말이나 행동을 선뜻 하지 못하고 자꾸 망설이니.

자격 일정한 신분이나 지위. 예 수지는 반장이 될 자격이 있다.

가로지르며 어떤 곳을 가로 등의 방향으로 질러서 지나며.

교과서 문제

21 흑인들이 ㉠과 같이 행동한 까닭으로 알맞은 것에 ○표 하시오.

(1) 잘못된 법을 따르고 싶지 않았기 때문에 ( )

(2) 흑인에게만 버스 요금을 더 비싸게 받았기 때문에 ( )

(3) 흑인들은 모두 버스를 타지 못하도록 법이 바뀌었기 때문에 ( )

22 ㉠의 결과로 일어난 일의 기호를 쓰시오.

> ㉮ 법이 바뀌지 않아 백인들만 버스를 타게 되었다.
> ㉯ 법이 바뀌었지만 사라는 계속 사람들과 걸어 다녔다.
> ㉰ 법이 바뀌어 흑인들도 버스 앞자리에 앉을 수 있게 되었다.

( )

중요

23 이 글 전체의 배경에 대해 바르게 말하지 <u>못한</u> 친구의 이름을 쓰시오.

> 주원: 공간적 배경은 미국, 사라가 사는 마을이야.
> 민찬: 시간적 배경은 사라가 버스를 타지 않기로 한 날부터 법이 바뀐 뒤 사라가 버스를 다시 탄 날까지야.

( )

이 글이 언제부터 언제까지, 어디에서 일어난 일을 쓴 것인지 살펴봐요.

서술형

24 이 글 전체를 읽고 어떤 생각이 들었는지 쓰시오.

_____

_____

등장인물의 행동이나 성격, 일어난 일 등에 대해 어떤 생각을 했는지 써 봐요.

이미지로 보는 사전

#마틴 루터 킹 #흑인 해방 운동가 #노벨 평화상

마틴 루터 킹(1929~1968)은 미국의 목사이자 인권 운동가예요.

인도의 마하트마 간디의 영향을 받아 비폭력 저항을 강조했어요.

흑인 차별에 맞서 '버스 안 타기 운동'을 이끌었어요.

흑인들의 인권 운동을 위해 노력한 공로를 인정받아 1964년에 노벨 평화상을 받았어요.

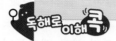

읽기 팁

인물이 한 말, 생각, 행동을 통해 인물의 성격을 짐작하며 읽어 보세요.

1 교실에 들어서니 나 말고도 다섯 명의 친구가 있었어요. 그중에는 윤아도 있었어요. 윤아와 나는 선생님이 오기 전까지 공기놀이를 하기로 했어요.

한참을 신나게 놀고 있는데 뒷문이 드르륵 열렸어요. 우진이예요.

"너희 뭐 해? 또 공기놀이하는구나."

우진이가 생글생글 웃으며 우리끼리 노는 데 **참견했어요.** 내가 놀
눈과 입을 살며시 움직이며 소리 없이 정답게 웃는 모습.
고 있으면 우진이가 꼭 구경하러 오더라고요. 어쩌면 우진이도 나랑
짝이 되고 싶은지도 모르겠어요.
'나'는 우진이와 짝이 되고 싶어 함.

"우아, 윤아 공기 되게 잘한다!"

아이참, 정말 이상해요. 조금 전까지만 해도 윤아보다 내가 훨씬 더 잘했는데, 우진이가 나타나자마자 자꾸만 실수하는 거예요. ㉠우진이 칭찬을 듣고 **헤벌쭉** 웃는 윤아가 참 얄미웠어요.

"나 공기놀이 그만할래." / 나는 공기 알들을 **주섬주섬** 챙기며 일어섰어요. 공기 알 주인도 나고, 공기놀이도 내가 훨씬 더 잘하는데 윤아만 기분이 좋은 것 같아 **심통**이 난 거죠, 뭐.

그런데 그때 우진이가 내 옷자락을 잡으며 말렸어요.

"승연아, 우리 셋이 공기놀이하자. 나도 공기놀이할 줄 알거든."
'나'의 이름
"어? 그, 그래." / 우진이가 커다란 눈을 끔뻑이며 부탁하는데 어떻게 안 들어줄 수 있겠어요?

중심 내용 '나'는 윤아, 우진이와 함께 공기놀이를 하기로 했어요.

독해로 이해 콕

21 이 글에 나오지 않는 인물은 ('나', 윤아, 우진, '나'의 어머니)(이)다.

22 '나'와 윤아가 공기놀이를 하고 있을 때 (   )(이)가 와서 참견했다.

23 '나'는 우진이 칭찬을 듣고 웃는 윤아를 보고 (미안한, 얄미운) 마음이 들었다.

24 윤아가 손등에 공기 알 네 개를 올렸을 때 '나'는 그 공기 알이 떨어지기를 바랐다. (○, ✕)

2 나는 다시 자리에 앉아 공기 알을 바닥에 내려놓았어요. 우리는 가위바위보를 해서 순서를 정했죠. 우진이와 함께 공기놀이를 한다고 생각하니 가슴이 두근거렸어요.

가장 먼저 윤아가 공기 알을 잡았어요. 윤아는 입을 **앙다물고** 무척 침착하게 공기 알을 던지고 잡기를 계속했어요. 웬일인지 다른 때보다 훨씬 잘하는 것 같았어요. 어느새 윤아는 손등에 공기 알 네 개를 올려 두고 가느다란 손가락을 꼼지락거리며 공기 알을 잡으려고 했지요.

'떨어져라, 떨어져라, 떨어져라……'

낱말풀이

참견했어요 자기와 관계가 없는 일이나 말 따위에 끼어들어 쓸데없이 아는 체하거나 말했어요.

헤벌쭉 입이나 구멍 따위가 속이 들여다보일 정도로 넓게 벌어진 모양.

주섬주섬 여기저기 널려 있는 물건을 하나하나 주워 거두는 모양. 예 교과서를 주섬주섬 가방에 넣었다.

심통 마땅치 않게 여기는 나쁜 마음.

앙다물고 힘을 주어 꽉 다물고.

25 언제 어디에서 일어난 일입니까? (   )

① 수업 중에 교실에서
② 학교가 끝나고 운동장에서
③ 수업 시작 전에 교실에서
④ 수업 시작 전에 운동장에서
⑤ 학교가 끝나고 윤아네 집에서

26 '나'는 윤아와 무엇을 했는지 쓰시오.

(   )

중요

27 ㉠을 통해 알 수 있는 '나'의 성격은 어떠합니까? (   )

① 다정하다.
② 당당하다.
③ 영리하다.
④ 꾀가 많다.
⑤ 샘이 많다.

'나'가 우진이의 칭찬을
듣고 웃는 윤아를 얄밉다고
말한 것에서 '나'의 성격을
짐작해 봐요.

서술형

28 자신이 '나'였다면 다음 상황에서 어떻게 행동했을지 자신의 성격과 관련지어 쓰시오.

> 우진이가 윤아에게 공기를 잘한다고 칭찬해 주자 '나'는 공기놀이를 그만하겠다며 심통을 부렸다.

먼저 자신의 성격이
어떠한지 생각해 보고,
주어진 상황에서 자신이
'나'의 입장이었다면 어떻게
행동했을지 상상해 봐요.

_____

_____

교과서 문제

29 우진이와 공기를 하게 되었을 때 '나'는 어떤 마음이 들었습니까? (   )

① 고마운 마음
② 미안한 마음
③ 머뭇거리는 마음
④ 불만스러운 마음
⑤ 두근거리는 마음

나도 모르게 마음속으로 빌고 있는데 갑자기 윤아가 앞으로 폭 **고꾸라지지** 뭐예요. 장난꾸러기 창훈이가 다른 아이들이랑 장난치며 뛰다가 윤아와 부딪친 거죠. 그 바람에 윤아 손등에 있던 공기 알이 와르르 떨어져 두 개는 책상 밑으로, 한 개는 우진이 다리 밑으로, 나머지 한 개는 사물함 밑으로 굴러 들어갔어요. / "김창훈! 너 때문에 죽었잖아!"

"김창훈! 너 때문에 내 공기 알이 사물함 밑으로 들어갔잖아!"

윤아는 공기 알을 못 잡은 게 억울해서, 나는 사물함 밑으로 굴러 들어간 내 공기 알이 걱정돼서 소리쳤어요. 우리 목소리에 놀랐는지 창훈이는 온몸을 **움찔하더라고요**. 그것도 잠시뿐, 창훈이는 미안하다는 소리 대신 혀만 쏙 내밀고는 휙 도망가 버리는 거 있죠.
_{장난이 심하고 배려심이 없는 창훈이의 성격이 드러난 행동}

중심 내용 '나'와 윤아, 우진이가 공기놀이를 하고 있는데 장난꾸러기 창훈이가 윤아와 부딪쳐 공기 알 한 개가 사물함 밑으로 굴러 들어갔어요.

3 윤아와 나는 교실 바닥에 엎드려 사물함 밑을 들여다봤지만, 사물함 밑은 너무 깜깜해서 아무것도 보이지 않았어요.

"손을 넣어 볼까?"

㉠"싫어. 그러다가 벌레라도 손에 닿으면 어떡해?"

나는 윤아 입에서 '벌레'라는 말이 나오자마자 사물함 밑으로 반쯤 넣었던 손을 얼른 **뺐어요**.

윤아와 나는 서로 **울상**이 되어 마주 보았어요. / "이걸로 꺼내 보자."

우진이는 어디서 가져왔는지 기다란 자를 들고 나타났어요. 그러고는 바닥에 납작 엎드려 자로 사물함 밑을 더듬거렸어요. 사물함 밑에서 자
_{적극적인 우진이의 성격이 드러난 행동}
가 **빠져나올** 때마다 먼지 뭉치가 잔뜩 붙은 10원짜리 동전, 연필, 지우개들이 따라 나왔어요. 자가 다섯 번째쯤 사물함 밑을 더듬거리다가 나왔을 때에야 윤아와 내가 손뼉 치며 소리쳤어요. / "어! 나왔다!"

자 끝에는 분홍색 꽃 모양의 작은 공기 알이 살짝 걸려 있었어요. 작은 물방울무늬가 있는 빨간색 나비 핀도요. 우진이는 공기 알과 나비 핀을 손에 들고 먼지를 툴툴 털어 냈어요. 그러고는 우리에게 공기 알과 나비 핀을 쑥 내밀었어요. / ㉡"여기 공기 알. 그리고 이 핀 가질래?"

나는 **선뜻** 손을 내밀지 못했어요. 어떻게 하면 좋을지 몰랐거든요.

그때 윤아가 얼굴을 찡그리며 말했어요.

"아유, 더러워! 그 핀을 어떻게 쓰냐?"

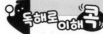

25 '나'는 사물함 밑으로 굴러 들어간 내 (　　　　　)이/가 걱정돼서 창훈이에게 소리쳤다.

26 윤아와 부딪친 창훈이는 윤아에게 사과를 했다. (○ , ✕)

27 '나'는 사물함 밑에 손을 넣었다가 벌레가 손에 닿아 얼른 뺐다. (○ , ✕)

28 ('나', 윤아)는 우진이가 건넨 나비 핀을 더럽다고 생각했다.

낱말풀이

고꾸라지지 몸이 앞으로 구부러지면서 쓰러지지.

움찔하더라고요 깜짝 놀라 갑자기 몸을 움츠리더라고요.

울상 울려고 하는 얼굴 표정. 예 비가 와서 밖에 나가 놀지 못하게 되자 재원이가 울상을 지었다.

선뜻 동작이 빠르고 시원스러운 모양.

교과서 문제

30 윤아의 손등에 있던 공기 알이 사물함 밑으로 들어간 까닭은 무엇입니까? (　　　)

① 우진이가 윤아 손등을 쳐서
② 윤아가 공기 알을 잡다가 놓쳐서
③ '나'가 공기 알을 잡다가 떨어뜨려서
④ 창훈이가 공기 알을 사물함 밑에 집어넣어서
⑤ 창훈이가 장난치며 뛰다가 공기놀이하던 윤아와 부딪쳐서

31 윤아가 창훈이에게 소리친 까닭을 (　　) 안에서 골라 ○표 하시오.

('나'의 손, 공기 알)을 못 잡은 것이 억울해서

중요

32 ㉠에서 알 수 있는 윤아의 성격으로 알맞은 것을 두 가지 고르시오. (　　　)

① 깔끔하다.　　　　　② 용감하다.
③ 적극적이다.　　　　④ 조심성이 많다.
⑤ 배려심이 없다.

벌레가 손에 닿는 것을 걱정하는 말과 관계있는 성격을 찾아봐요.

서술형

33 '나'는 공기 알을 어떻게 찾을 수 있었는지 쓰시오.

_____

_____

34 ㉡에서 알 수 있는 우진이의 성격을 알맞게 말한 친구의 이름을 쓰시오.

우진이는 다정다감한 성격이야.

민유

우진이는 배려심이 없는 성격이야.

주원

우진이는 겁도 많고 걱정도 많은 성격이야.

현지

(　　　　　　　　)

그러자 우진이는 공기 알만 나에게 건네주고 나비 핀은 쓰레기통에 넣어 버렸어요. / "그래, 더러울 거야."

우진이의 목소리에는 부끄러운 마음이 묻어 있었어요. 마음 같아서는 윤아를 한 대 콩 쥐어박고 싶었지만 참았어요. 그런데 그때, 창훈이가 다시 나타나 윤아와 나를 또 밀치고 지나가는 거예요. 윤아와 나는 하마터면 같이 넘어질 뻔했지요. 그런데 우진이가 갑자기 창훈이 팔을 팍 잡아채더니 윤아와 내 앞으로 창훈이를 돌려세웠어요.

우진이의 성의를 무시하고 면박을 준 윤아가 얄미워서

"너 왜 자꾸 여자애들 괴롭혀? 아까 일도, 지금 일도 얼른 사과해."

우진이는 작정한 듯이 굳은 얼굴로 창훈이를 다그쳤고, 창훈이는 싱글싱글 웃으며 우진이 손을 억지로 떼어 내려 했어요. 하지만 키가 한 뼘이나 더 큰 우진이를 창훈이가 어떻게 이겨 낼 수 있겠어요?

표정이나 태도 등이 어둡거나 딱딱한.
손가락을 힘껏 벌렸을 때 엄지손가락에서부터 새끼손가락까지의 거리.

"너 지금 사과 안 하면 선생님한테 다 이를 거야."

중심 내용 우진이는 공기 알을 꺼내 주었고, 창훈이를 다그치며 '나'와 윤아에게 사과하라고 했어요.

4 일이 이쯤 되자 창훈이는 슬슬 웃기기 작전을 쓰기 시작했어요. 보일 듯 말 듯한 작은 새우 눈으로 눈웃음을 살살 지으며, 콧구멍을 벌름거리고 입을 펭귄처럼 쭉 내밀고는, "우진아, 한 번만 봐줘잉. 난 선생님이 제일 무서워." 하고 콧소리를 내며 말하는 거지요. 아무리 화난 사람도 창훈이의 이런 우스꽝스러운 얼굴을 보면 웃지 않고는 못 견딜 거예요. 나와 윤아도 웃지 않으려고 억지로 참았지만 쿡쿡 웃음이 새어 나오고 말았어요.

결국 우진이도 웃는 바람에 손에 힘이 풀려 창훈이를 놓아주었어요. 창훈이는 기다렸다는 듯이 엉덩춤을 실룩실룩 추더니 휭 하고 자리를 떴어요. 그러고는 또다시 친구들이랑 어울려 장난치며 놀기 시작했지요.

우진이는 우리를 돌아보고 씩 웃고는 자리로 가 앉았어요. 윤아와 나도 자리로 돌아와 앉았고요.

나는 아까 우진이가 주려고 했던 머리핀이 자꾸만 생각났어요.

㉠'우진이는 나한테 주고 싶었을까, 윤아한테 주고 싶었을까? 윤아만 아니면 내가 그냥 가졌을 텐데…….' / 우진이는 생각하면 할수록 참 멋진 아이예요. 이런 우진이를 어떻게 안 좋아할 수 있겠어요? 이런 우진이와 어떻게 짝이 되고 싶지 않을 수 있겠어요?

중심 내용 창훈이가 웃기기 작전을 써서 자리를 떴고, '나'는 우진이를 멋진 아이라고 생각했어요.

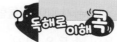

독해로 이해 콕

29 우진이는 (공기 알, 나비 핀)을 쓰레기통에 버렸다.

30 우진이가 창훈이를 다그치자 창훈이는 (   ) 작전을 쓰기 시작했다.

31 창훈이가 (놀리는, 웃기는) 바람에 우진이는 창훈이를 놓아주었다.

32 우진이가 창훈이를 놓아준 뒤로 창훈이는 더 이상 친구들과 장난을 치며 놀지 않았다. (○, ×)

낱말풀이

하마터면 조금만 잘못했더라면. ⑩ 버스를 놓쳐서 하마터면 지각할 뻔했다.

잡아채더니 재빠르게 잡아서 세게 당기더니.

작정한 일을 어떻게 하기로 결정한. ⑩ 나는 한번 작정한 일은 끝까지 하는 편이다.

다그쳤고 일이나 행동 등을 요구하여 몰아붙였고.

벌름거리고 자꾸 부드럽고 크게 벌어졌다 오므라졌다 하고.

서술형

35 이 글에서 우진이의 성격을 알 수 있는 말이나 행동을 찾아 쓰고, 우진이의 성격을 짐작하여 쓰시오.

말이나 행동	(1)
우진이의 성격	(2)

중요

36 창훈이의 성격을 알맞게 짐작한 친구의 이름을 쓰시오.

> 하늬: 괴롭힘을 당하는 친구를 대신해 맞서는 것으로 보아, 용감한 것 같아.
> 영주: 애교를 부려 문제를 해결하려는 것으로 보아, 장난을 좋아하는 것 같아.
> 지호: 친구의 기분을 풀어 주기 위해 노력하는 것으로 보아, 정이 많은 것 같아.

창훈이의 말과 행동을 통해 창훈이의 성격을 짐작해 봐요.

(   )

37 자리로 돌아온 '나'는 자꾸만 무엇이 생각났는지 쓰시오.

(   )

38 ㉠에 담긴 '나'의 마음으로 알맞은 것을 두 가지 고르시오. (   )

① 부러운 마음　　　　　　② 궁금한 마음
③ 아쉬운 마음　　　　　　④ 미안한 마음
⑤ 고마운 마음

교과서 문제

39 우진이에 대한 '나'의 생각으로 알맞은 것을 모두 고르시오. (   )

① 우진이가 좋다.
② 우진이에게 관심이 없다.
③ 우진이와 짝이 되고 싶다.
④ 생각하면 할수록 멋진 아이이다.
⑤ 우진이와 다시는 놀고 싶지 않다.

1 우봉이는 가방에서 책을 꺼내 책상에 탁 올려놓았어요.

이때 드르륵 문 열리는 소리가 났어요. 선생님이 웬 여자아이를 데리고 교실로 들어왔어요. 우봉이는 여자아이에게서 눈을 떼지 못했어요. 약간 **가무잡잡한** 피부색 때문이 아니었어요. 크고 맑은 눈! 우봉이는 여자아이 눈이 참 예쁘다고 생각했어요.

"우리 반에 새로 전학 온 친구가 있어요. 자기 이름을 직접 소개해 보겠어요?"

선생님이 여자아이의 어깨를 한 손으로 가볍게 감싸 주었어요.

"안녕? 나는, 아니 아니, 내 성은 김해 김씨이고 이름은 주은이야. 김해 김씨, 김주은. 잘 부탁해."

주은이가 **또랑또랑** 말했어요. '김해 김씨'를 말할 때는 목에 힘까지 주었어요. 아이들이 "김해 김씨?" 하며 고개를 **갸웃했어요.** 그러다 누군가가 "아아, 김해 김치!"라고 하자 깔깔거렸어요.

"조용! 여러분, 주은이 친구하고 사이좋게 지내도록 해요. 가만있자, 주은이가 어디 앉으면 좋을까? 아, 저기, 우봉이 옆에 가 앉을래?"

중심 내용 우봉이네 반에 주은이가 전학을 왔고 우봉이는 주은이와 짝이 되었어요.

2 할아버지가 방바닥에 접시 두 개를 놓았어요. 하나는 빈 접시, 다른 하나는 바둑알들이 담긴 접시였어요.

"그러니까 초급은 나무젓가락으로 삼십 초 안에 바둑알을 다섯 개 옮기면 합격이다, 그 말인겨?"

"네. 그리고 중급은 삼십 초 안에 일곱 개고요."

우봉이는 손에 쥔 나무젓가락 끝을 오므렸다 폈다 하며 대답했어요.

할아버지가 손목시계를 보며 준비하라는 눈짓을 했어요. 우봉이는 알았다고 고개를 끄덕였어요.

"준비, 시작!"

우봉이는 나무젓가락으로 바둑알을 집어 옆 접시로 옮기기 시작했어요. 하나, 둘, 셋, 넷, 그리고 다섯 개째 옮기려고 할 때 할아버지 목소리가 들렸어요.

읽기 팁

우봉이에게 일어난 일을 차례대로 정리하며 읽어 보세요.

독해로 이해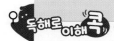

33 글 **1** 에서 일이 일어난 곳은 (교실, 우봉이네 집)이다.

34 우봉이는 전학 온 여자아이를 보고 (눈, 코)이/가 참 예쁘다고 생각했다.

35 우봉이네 반에 전학 온 여자아이의 이름은 (   )(이)다.

36 글 **2** 에서 우봉이는 (   )의 도움을 받아 젓가락질 연습을 했다.

낱말풀이

가무잡잡한 색이 약간 짙고 검은.

또랑또랑 조금도 흐리지 않고 아주 밝고 똑똑한 모양. 예 내 동생은 또랑또랑 빛나는 눈을 가졌다.

갸웃했어요 고개나 몸을 한쪽으로 조금 기울였어요.

초급 가장 처음이거나 가장 낮거나 쉬운 등급이나 단계.

40 글 **1**에서 우봉이가 만났거나 함께한 사람을 두 명 고르시오. (　　　)

① 주은 　　　② 선생님 　　　③ 아버지
④ 어머니 　　　⑤ 할아버지

글 **1**에 나오는 인물이
누구누구인지 살펴봐요.

교과서 문제
41 주은이는 자기를 어떻게 소개했는지 알맞은 것의 기호를 쓰시오.

> ㉮ 당당한 목소리로 자신의 가족에 대해 소개했다.
> ㉯ 부끄러운 표정으로 전학 온 소감을 간단히 말했다.
> ㉰ 또랑또랑한 목소리로 성은 김해 김씨이고 이름은 주은이라며 잘 부탁
> 한다고 말했다.

(　　　　　　　　)

서술형
42 글 **1**에서 우봉이에게 일어난 일을 쓰시오.

_____

중요
43 우봉이가 젓가락질 연습을 한 방법으로 알맞은 것은 무엇입니까? (　　　)

① 젓가락으로만 밥을 먹었다.
② 나무젓가락으로 접시를 쌓았다.
③ 할아버지께 젓가락질 하는 방법을 배웠다.
④ 할아버지와 시간을 재며 바둑알 집기 연습을 했다.
⑤ 주은이와 나무젓가락으로 콩을 집는 연습을 했다.

글 **2**에서 우봉이가
젓가락질 연습을 어떻게
했는지 살펴봐요.

44 우봉이는 초급에 합격하려면 어떻게 해야 한다고 했는지 빈칸에 알맞은 말을 각
각 쓰시오.

> 초급은 나무젓가락으로 (1)(　　　　　　　　) 초 안에 바둑알
> 을 (2)(　　　　　　　　) 개 옮겨야 한다.

"땡!"

"벌써 삼십 초가 지났어요? 하나만 더 옮겼으면 초급 합격인데."

우봉이가 몹시 아쉬워했어요.

할아버지가 우봉이 등을 **다독이며** 말씀하셨어요.

"우리 우봉이 아주 잘하는구먼. 젓가락을 바르게 사용할 줄 아니까, 조금만 더 연습하면 **거뜬하겠구먼**."

우봉이는 할아버지 말씀에 용기가 났어요. 할아버지는 접시 한쪽에 바둑알을 <u>수북이</u> 놓았어요. ㉠<u>우봉이는 나무젓가락으로 바둑알을 집어 빈</u>
_{쌓이거나 담긴 물건 등이 불룩하게 많이.}
<u>접시로 옮기는 연습을 계속했어요.</u> 그러면서 문득 생각했어요.

'더 잘하려면 나도 **권법**이나 **수법** 같은 게 있어야 해. 뭐로 하면 좋을까?'

_{중심 내용} 우봉이는 할아버지의 도움을 받아 젓가락질 연습을 열심히 했어요.

3 "엄마 심부름 좀 해 줄래? 두부 사는 걸 깜빡했어."

엄마가 시장바구니에서 물건들을 꺼내다 말고 말씀하셨어요. 할아버지랑 바둑알로 알 까기를 하던 우봉이가 "네." 하고 자리에서 일어났어요.

"나도 바람 좀 쐬고 싶구먼."

<u>우봉이는 할아버지랑 집을 나섰어요. 우봉이는 집 가까운 마트로 가려</u>
_{공간적 배경이 우봉이네 집에서 시장으로 바뀜.}
<u>고 했어요. 그런데 할아버지가 시장에 가자고 했어요.</u>

우봉이는 시장 골목으로 들어갔어요. 할아버지는 구경하느라 느릿느릿 걸으며 가다 서다를 반복했어요. 우봉이는 할아버지보다 앞서가며 눈을 굴렸어요. 두부 가게가 어디 있나 하고요.

'어, 주은이잖아!'

주은이가 채소 ㉡가게 안에서 젓가락질 연습을 하고 있었어요. 나무젓
_{비슷한말: 야채}
가락으로 강낭콩을 들었다 놓았다 하고 있었어요. 주은이 옆에는 한 아줌마가 있었는데 생김새가 좀 남달랐어요. 얼굴도 가무잡잡했어요. 아줌마가 대나무로 만든 작은 그릇에서 뭔가를 꺼내 **조몰락조몰락했어요**.

㉢<u>"그렇게 먹지 마. 정말 싫어."</u>

주은이가 아줌마에게 화를 내듯 크게 말했어요.

"카오리아오는 이렇게 쏜으로 먹는 꺼야. 우리 꼬향에선 다 끄래."

아줌마는 목소리도 컸어요. 그렇다고 주은이처럼 화난 건 아니었어요. 웃고 있었으니까요.

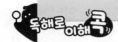
독해로
이해 쏙

37 우봉이는 젓가락질을 더 잘하려면 권법이나 수법 같은 게 있어야 한다고 생각했다. (◯ , ✕)

38 우봉이는 엄마 심부름으로 (   )을/를 사러 시장에 갔다.

39 주은이는 채소 가게 안에서 나무젓가락으로 (   )을/를 들었다 놓았다 하며 젓가락질 연습을 하고 있었다.

40 주은이 어머니께서는 한국말을 전혀 하지 못하셨다. (◯ , ✕)

낱말풀이

다독이며 아기를 재우거나 달래거나 귀여워할 때 몸을 가만가만 두드리며.

거뜬하겠구먼 다루기가 간편하거나 손쉽겠구먼.

권법 주먹으로 치거나 발로 차거나 하는 기술을 주로 하는 무술.

수법 수단과 방법을 아울러 이르는 말.

조몰락조몰락했어요 자꾸 작은 동작으로 물건 따위를 주물렀어요. **예** 아기는 과자는 먹지 않고 <u>조몰락조몰락했어요</u>.

공부한 날

월

일

45 ㉠에서 짐작할 수 있는 우봉이의 성격으로 알맞은 것을 두 가지 고르시오.

( )

① 짓궂다.　　　　　　② 성실하다.
③ 승부욕이 강하다.　　④ 부끄러움이 많다.
⑤ 잘난 척을 잘한다.

서술형

46 ㉠과 같은 우봉이의 행동에 대한 자신의 생각을 쓰시오.

＿＿＿＿＿＿＿＿＿＿＿＿＿＿＿＿＿＿＿＿＿＿

＿＿＿＿＿＿＿＿＿＿＿＿＿＿＿＿＿＿＿＿＿＿

> 우봉이가 젓가락 달인 대회에서 우승하기 위해 계속 젓가락질 연습을 하는 것에 대해 어떻게 생각하는지 써 봐요.

중요

47 우봉이가 시장에서 우연히 본 모습을 두 가지 고르시오. ( )

① 주은이 어머니께서 두부를 사는 것
② 주은이가 어머니 일을 도와드리는 것
③ 주은이가 젓가락질 연습을 하고 있는 것
④ 주은이 어머니께서 손으로 음식을 드시는 것
⑤ 주은이 어머니께서 주은이에게 화를 내시는 것

> 우봉이가 시장에서 본 사람은 누구인지, 또 그 사람이 어떤 행동을 하고 있었는지 찾아봐요.

교과서 문제

48 ㉡과 뜻이 비슷한 낱말을 모두 고르시오. ( )

① 골목　　　　　② 시장　　　　　③ 상점
④ 점방　　　　　⑤ 점포

49 ㉢으로 보아 주은이는 어머니를 어떻게 생각했습니까? ( )

① 창피하다.　　　　② 미안하다.
③ 용감하다.　　　　④ 안쓰럽다.
⑤ 이해심이 많다.

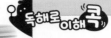

그런데 말투가 이상했어요. 사투리도 아닌데 아주 어색하게 들렸어요.

㉠아줌마가 조몰락조몰락하던 것을 입에 쏙 넣었어요. 밥 덩어리 비슷했어요.

'왝! 저걸 먹다니!'

우봉이는 속이 메스꺼웠어요.

"아유, 정말 창피해." / 주은이가 콩 집던 나무젓가락을 아줌마한테 얼른 내밀었어요. 그러고는 주위를 두리번거렸어요.

지켜보던 우봉이는 다른 사람 뒤로 얼른
_{자신이 보고 있다는 것을 주은이에게 들킬까 봐}
몸을 숨겼어요.

중심 내용 엄마 심부름을 하러 간 우봉이는 시장에서 손으로 음식을 드시는 주은이 어머니를 우연히 보게 되었어요.

4 저녁때 우봉이는 반찬으로 콩장과 메추리알과 묵만 먹었어요.

"우봉아, 김치랑 콩나물도 좀 먹어 봐."

엄마가 우봉이에게 말씀하셨어요.

"그래, 젓가락 달인도 좋지만 골고루 먹어야지."

아빠도 우봉이에게 한마디 하셨어요. 그래도 우봉이는 젓가락 연습이 되는 것만 골라서 반찬으로 먹었어요. 엄마, 아빠가 "정말 못 말려." 하는 표정을 지었어요. / 메추리알을 집으려던 우봉이는 문득 생각난 게 있어서 젓가락질을 멈췄어요.

"궁금한 게 있는데요, 손으로 밥을 조몰락조몰락해서 먹는 건 나쁜 거죠? 그런 사람 야만인이죠? 원시인이죠?"

우봉이가 묻자 아빠가 말씀하셨어요.

"왜? 아는 사람 중에 그런 사람이라도 있어?"
_{손으로 음식을 먹는 사람}

"아, 아니요. 그냥 어디서 봤는데, 우리나라 사람은 아니에요."

"손으로 밥 먹는 사람들도 있긴 있지. 인도라는 나라 알지? 그 나라에도 그냥 맨손으로 밥을 먹는 사람들이 있어."

"정말요? 인도는 내가 좋아하는 카레의 나라인데. 그런 나라에 야만인이 많다니."

낱말풀이

메스꺼웠어요 먹은 것이 되넘어 올 것같이 속이 몹시 울렁거리는 느낌이 있었어요. 예 차를 오래 타서 그런지 속이 메스꺼웠어요.

달인 어떠한 분야에서 남달리 뛰어난 재능을 가진 사람.

야만인 미개하여 문화 수준이 낮은 사람.

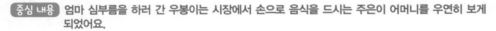

50 ㉠의 행동에 대한 우봉이의 생각으로 알맞은 것을 두 가지 고르시오.

(   )

① 더럽다.   ② 안타깝다.
③ 신기하다.   ④ 나쁜 것이다.
⑤ 본받고 싶다.

교과서 문제
51 글 **4**에서 우봉이가 한 일로 알맞은 것의 기호를 쓰시오.

> ㉮ 가족에게 음식을 맛있게 먹는 방법을 소개했다.
> ㉯ 가족과 손으로 음식을 먹는 것에 대해 이야기했다.
> ㉰ 아버지께 젓가락 달인이 되는 방법을 여쭈어보았다.

(   )

52 우봉이가 반찬을 골고루 먹지 <u>않은</u> 까닭은 무엇입니까? (   )

① 젓가락질을 하기 싫어서
② 좋아하는 반찬이 없어서
③ 젓가락질 연습이 되는 것만 골라 먹어서
④ 계속 젓가락질 연습을 하느라 입맛이 없어서
⑤ 시장에서 본 주은이 어머니의 모습이 떠올라서

중요
53 우봉이의 융통성 없는 성격 때문에 일어난 일로 알맞은 것에 ○표 하시오.

(1) 저녁을 먹다가 궁금한 것을 물어보았다.   (   )
(2) 주은이 어머니께 나무젓가락을 선물해 드렸다.   (   )
(3) 손으로 음식을 드시는 주은이 어머니를 야만인이라고 생각했다. (   )

형편이나 경우에 따라서
일을 잘 처리하지 못할 때
융통성이 없다고 해요. 이러한
우봉이의 성격이 드러난
말이나 행동을 찾아봐요.

서술형
54 우봉이가 다른 문화에 대한 편견이 없는 개방적인 성격이었다면 어떻게 행동했을
지 쓰시오.

_____

_____

뜻밖이어서 우봉이는 고개를 갸우뚱했어요. 그걸 보고 할아버지가 말씀하셨어요.

"손으로 먹는 걸 두고 나쁘다고, 또 야만인이라고 해서는 안 되는겨. 그게 그 나라 **풍습**이고 **문화**인겨. 할아버지가 된장찌개 좋아하는데, 외국 사람이 냄새나는 된장 먹는다고 나를 야만인이라고 부르면 기분 나쁠겨. 할아버지 말 알아듣겠능겨?"

㉠"그래도 맨손으로 밥을 조몰락거리는 건 더러워요. 병 걸릴 것 같아요."

<u>중심 내용</u> 저녁때 우봉이는 손으로 음식을 먹는 것에 대해 가족과 이야기를 했어요.

5 우봉이는 물을 마시고 화장실로 가서 오줌을 누었어요. 긴장이 돼서 오줌이 쫄쫄 나왔어요.

교실로 돌아왔을 때, 책상이 칠판 앞으로 옮겨져 있었어요. 주은이 책상도 마찬가지였어요. 그 두 책상 사이에는 교탁이 있었고, 교탁 위에는 스티커가 가득 든 유리병과 상품권이 든 파란 봉투가 놓여 있었어요.

"젓가락왕을 가리는 거니까 아이들이 잘 봐야겠지? 그래서 옮겼어."

선생님 말씀을 듣고 우봉이는 앞으로 나가 앉았어요. 주은이도 자기 책상을 찾아가 앉았어요.

"박우봉, 너 무슨 권법이냐? 내 <u>악어 입 탁탁을 대체 뭐로 이긴 거야?</u>"
성규가 우봉이에게 졌음을 알 수 있음.
성규가 뒤통수를 **긁적이며** 우봉이에게 물었어요.

"구리구리 딱따구리 권법."

우봉이는 좀 큰 소리로 대답했어요.

"그럼 주은이 너는? 너는 도대체 무슨 수법이니?"

이번에는 <u>민지가 주은이에게 억울하다는 듯 물었어요.</u> 우봉이도 궁금
민지가 주은이에게 졌음을 알 수 있음.
해서 주은이 쪽으로 고개를 돌렸어요.

"쏙쏙 족집게 수법." / 주은이가 비밀을 말하듯이 **대꾸했어요.**

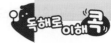

낱말풀이

풍습 풍속과 습관을 아울러 이르는 말.

문화 사람에게만 있는 생각과 행동 방식 중 사회 구성원들로부터 배우고 전달받은 모든 것들.

긁적이며 손톱이나 뾰족한 물건 등으로 몸의 일부를 긁으며.

대꾸했어요 남의 말을 듣고 반응하여 짧게 대답했어요. 예 생일잔치에 오라는 친구의 말에 알겠다고 대꾸했어요.

55 손으로 음식을 먹는 것에 대한 할아버지의 생각은 무엇입니까? (   )

① 기분 나쁜 행동이다.
② 손을 깨끗이 씻으면 괜찮다.
③ 더럽고 병에 걸릴 만한 행동이다.
④ 그것이 그 나라의 풍습이고 문화이다.
⑤ 손으로 음식을 먹으면 절대로 안 된다.

서술형
56 ㉠과 같은 말을 한 우봉이에게 어떤 말을 해 주고 싶은지 쓰시오.

_____

중요
57 글 **5**에 대해 바르게 말하지 **못한** 친구의 이름을 쓰시오.

> 승진: 공간적 배경은 교실이야.
> 정연: 우봉이가 만난 인물은 선생님과 주은이뿐이야.
> 민혁: 시간적 배경은 젓가락왕을 가리는 결승 대회가 있던 날이야.

(   )

글 **5**에 나온 이야기의 구성 요소를 바르게 파악하지 못한 친구를 찾아봐요.

교과서 문제
58 글 **5**에서 일어난 사건으로 알맞은 것은 무엇입니까? (   )

① 선생님께서 우봉이와 주은이를 칭찬하셨다.
② 주은이가 젓가락질 대회에서 성규를 이겼다.
③ 우봉이가 주은이의 비밀을 친구들에게 말했다.
④ 우봉이와 주은이가 책상을 칠판 앞으로 옮겼다.
⑤ 우봉이와 주은이가 젓가락 달인 결승전에서 겨루게 되었다.

59 다음 인물이 사용한 권법이나 수법을 알맞게 선으로 이으시오.

(1) 우봉 ・   ・㉮ 쏙쏙 족집게 수법

(2) 주은 ・   ・㉯ 악어 입 탁탁 권법

(3) 성규 ・   ・㉰ 구리구리 딱따구리 권법

우봉이는 속으로 생각했어요.

'그랬구나. 쏙쏙 족집게 수법. 하지만 어쩔 수 없어. 상품권은 딱 하나고, 나는 왕딱지를 사고 싶어. 구리구리 딱따구리 권법을 쓸 수밖에 없어.'

우봉이와 주은이는 서로 눈이 마주쳤어요. <u>우봉이는 당황해서 눈을 깜박거렸어요. 주은이는 긴장한 채 살짝 웃음을 지었어요.</u>

<small>젓가락 달인 결승전을 앞두고 긴장한 우봉이와 주은이의 모습이 나타난 부분</small>

"자, 그럼 똑같이 콩 열두 개씩 옮긴 주은이와 우봉이가 한 번 더 젓가락질 솜씨를 <u>뽐내</u> 보세요. 그런데 이번에는 삼십 초가 아니라 일 분으로 하겠어요."

<small>자신의 능력 등을 남에게 보라는 듯이 자랑해.</small>

선생님이 우봉이와 주은이 접시에 콩을 각각 한 주먹씩 더 올려놓았어요.

이때 성규가 "구리구리 딱따구리 권법 파이팅!" 하고 소리쳤어요. 그러자 이에 질세라 민지가 "김해 김씨 김주은, 쏙쏙 족집게 수법 짱!" 하고 **맞받아쳤어요.** 두 패로 갈린 아이들은 '딱따구리'와 '족집게'를 각각 목 터져라 응원했어요. 교실은 금세 후끈 **달아올랐어요.**

"자, 이제 그만."

선생님이 손을 들자 응원 소리가 **잠잠해졌어요.**

"준비…… 시작."

주은이와 우봉이는 동시에 쇠젓가락을 집어 들었어요.

우봉이가 콩을 세 개 옮겼을 때, 귓바퀴에 저번처럼 감기는 말이 있었어요.

<small>할아버지의 말씀이 자꾸 생각이 났어요.</small>

'더 좋은 것은 따로 있는디. 그냥 달인만 되는 거. 동무들 이길 생각일랑 말고.'

우봉이는 무시하듯 콩을 더 **빨리** 집어 옮겼어요. ㉠그러자 할아버지 말씀이 귓바퀴에 더 칭칭 감겼어요. 그뿐만이 아니었어요. 주은이 일기도 눈앞에서 **아른거리기** 시작했어요. 상품권을 타서 젓가락과 머리핀을 사고 싶다던.

'아, 싫은데. 져 주기 싫은데…….'

우봉이는 젓가락질을 하면서 다른 손으로 옆통수를 벅벅 긁었어요.

중심 내용 우봉이와 주은이가 젓가락 달인 결승전에서 겨루게 되었어요.

독해로 이해 콩

49 젓가락 달인 결승전을 앞둔 우봉이는 주은이와 눈이 마주쳤을 때 당황하는 마음이 들었다. (○, ×)

50 민지는 (우봉이, 주은이)를 응원했다.

51 우봉이는 결승전에서 콩을 세 개 옮겼을 때 (   )의 말씀이 떠올랐다.

52 주은이는 상품권으로 (   )과/와 머리핀을 사고 싶어 했다.

낱말풀이

맞받아쳤어요 남의 말이나 행동에 곧바로 대응하여 나섰어요.

달아올랐어요 분위기나 상태가 몹시 고조되었어요.

잠잠해졌어요 분위기나 활동 따위가 소란하지 않고 조용해졌어요. 예 시끄럽게 쿵쾅거리던 소리가 저녁이 되자 잠잠해졌어요.

아른거리기 무엇이 희미하게 보이다 말다 하기. 예 어제 본 옷이 머릿속에서 아른거리기 시작했다.

60 우봉이가 젓가락왕이 되어 하고 싶은 일은 무엇인지 빈칸에 알맞은 말을 쓰시오.

상품으로 받은 상품권으로 (   )을/를 사고 싶다.

61 이 글의 내용으로 보아, 할아버지께서 우봉이에게 하신 말씀으로 알맞은 것을 두 가지 고르시오. (   )

① 주은이를 반드시 이기라는 것
② 젓가락 달인만 되면 된다는 것
③ 경기의 규칙을 반드시 지키라는 것
④ 동무를 이길 생각은 하지 말라는 것
⑤ 콩을 빨리 집어 옮겨야 이길 수 있다는 것

교과서 문제
62 우봉이가 결승전에서 머뭇거린 까닭은 무엇입니까? (   )

① 콩을 잘 집을 수가 없어서
② 반 친구들이 주은이만 응원해서
③ 쇠젓가락이 손에 익숙하지 않아서
④ 져 달라는 주은이의 부탁이 생각나서
⑤ 할아버지의 말씀과 주은이의 일기가 생각나서

중요
63 ㉠에서 짐작할 수 있는 우봉이의 성격으로 알맞은 것을 두 가지 고르시오.
(   )

① 영리하다.   ② 사려 깊다.
③ 이기적이다.   ④ 욕심이 많다.
⑤ 인정이 많다.

> 친구를 생각하는 우봉이의 속마음과 관계있는 표현을 찾아봐요.

서술형
64 우봉이의 성격을 떠올리며 이 글 뒤에 이어질 결과를 상상하여 쓰시오.

_____

_____

01~04 다음 글을 읽고, 물음에 답하시오.

가 운전사가 성난 얼굴로 사라를 쏘아보았습니다.

"꼬마 아가씨, 뒤로 가서 앉아라. 너도 알다시피 늘 그래 왔잖니?"

사라는 그대로 앉은 채 마음속으로 말했습니다.

'뒷자리로 돌아갈 아무런 이유가 없어!'

운전사는 뭐라고 중얼거리더니 브레이크를 밟았습니다. 버스가 '끼익' 소리를 내며 갑자기 멈춰 섰습니다.

"규칙을 따르지 못하겠다면 이제부터는 걸어가거라."

나 경찰관이 살짝 웃으며 말했습니다.

"아무렴. 법에는 말이다, 너희 같은 사람은 버스 뒷자리에 앉아야 한다고 나와 있단다. 그래서 말인데, 법을 어기고 싶지 않다면 네 자리로 돌아가거라."

밖에 사람들이 모여들기 시작했습니다. 사람들이 흥분하여 사라에게 큰 소리를 질렀지만, 몇몇은 사라를 응원했습니다.

한 아저씨께서 소리치셨습니다.

"일어나지 마라. 그 자리는 네 피부색과 아무 상관이 없어."

경찰관이 안타깝다는 듯 고개를 절레절레 흔들더니 사라를 번쩍 안아 올렸습니다. 그러고는 사람들 사이를 지나 경찰서로 향했습니다.

다 경찰관이 어머니께 전화를 하는 동안, 사라는 커다란 책상 앞에 앉아 있었습니다. 키가 큰 아저씨께서 사진기를 들고 와 사라를 찍으셨습니다.

"신문사에서 왔단다. 용기 있는 행동을 한 사람에 대한 기사를 쓰고 있어."

아저씨의 말씀에 경찰관이 크고 거친 손으로 사라의 등을 토닥이며 대꾸했습니다.

"꼬맹이가 잠시 헷갈렸을 뿐이오."

사라의 이야기는 빠르게 퍼져 나갔습니다.

01 이 글에 나오지 <u>않는</u> 인물은 누구입니까? (   )

① 사라   ② 기자   ③ 운전사
④ 경찰관   ⑤ 소설가

02 글 **가**~**다**의 공간적 배경을 알맞게 선으로 이으시오.

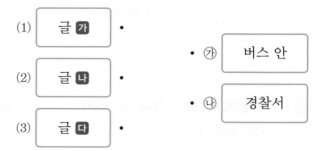

(1) 글 **가**   •

(2) 글 **나**   •   • ㉮ 버스 안

(3) 글 **다**   •   • ㉯ 경찰서

03 글 **가**에서 사라가 버스 뒷자리로 돌아가지 <u>않은</u> 까닭은 무엇입니까? (   )

① 법을 어기고 싶지 않아서
② 뒷자리가 더 위험한 것 같아서
③ 버스에서 내려 걸어가고 싶어서
④ 운전사가 갑자기 브레이크를 밟아서
⑤ 뒷자리로 돌아갈 이유가 없다고 생각해서

서술형

04 사라가 어긴 법은 무엇인지 쓰시오.

_____

_____

05 이야기의 구성 요소에 대한 설명으로 알맞은 것은 무엇입니까? (   )

① 공간적 배경은 '언제'에 해당하는 것을 말한다.
② 시간적 배경은 '어디에서'에 해당하는 것을 말한다.
③ 이야기가 펼쳐지는 시간과 장소를 '사건'이라고 한다.
④ 이야기에서 어떤 일을 겪는 사람이나 사물을 '인물'이라고 한다.
⑤ 이야기를 구성하는 데 인물, 사건, 배경이 꼭 필요한 것은 아니다.

06~10 다음 글을 읽고, 물음에 답하시오.

가 "손을 넣어 볼까?"

"싫어. 그러다가 벌레라도 손에 닿으면 어떡해?"

나는 윤아 입에서 '벌레'라는 말이 나오자마자 사물함 밑으로 반쯤 넣었던 손을 얼른 뺐어요.

윤아와 나는 서로 울상이 되어 마주 보았어요.

"이걸로 꺼내 보자."

우진이는 어디서 가져왔는지 기다란 자를 들고 나타났어요. 그러고는 바닥에 납작 엎드려 자로 사물함 밑을 더듬거렸어요.

나 자 끝에는 분홍색 꽃 모양의 작은 공기 알이 살짝 걸려 있었어요. 작은 물방울무늬가 있는 빨간색 나비 핀도요. 우진이는 공기 알과 나비 핀을 손에 들고 먼지를 툴툴 털어 냈어요. 그러고는 우리에게 공기 알과 나비 핀을 쑥 내밀었어요.

"여기 공기 알. 그리고 이 핀 가질래?"

나는 선뜻 손을 내밀지 못했어요. 어떻게 하면 좋을지 몰랐거든요.

그때 윤아가 얼굴을 찡그리며 말했어요.

"아유, 더러워! 그 핀을 어떻게 쓰냐?"

그러자 우진이는 공기 알만 나에게 건네주고 나비 핀은 쓰레기통에 넣어 버렸어요.

"그래, 더러울 거야."

우진이의 목소리에는 부끄러운 마음이 묻어 있었어요. ㉠마음 같아서는 윤아를 한 대 콩 쥐어박고 싶었지만 참았어요. 그런데 그때, 창훈이가 다시 나타나 윤아와 나를 또 밀치고 지나가는 거예요. 윤아와 나는 하마터면 같이 넘어질 뻔했지요.

┌ 그런데 우진이가 갑자기 창훈이 팔을 팍 잡아채더니 윤아와 내 앞으로 창훈이를 돌려세
㉡ 웠어요.
│ "너 왜 자꾸 여자애들 괴롭혀? 아까 일도,
└ 지금 일도 얼른 사과해."

06 사물함 밑에 들어간 공기 알을 꺼낸 인물은 누구입니까? (　　　)

① '나'　　② 윤아　　③ 우진
④ 창훈　　⑤ 선생님

07 우진이가 나비 핀을 쓰레기통에 버린 까닭으로 알맞은 것에 ○표 하시오.

(1) 나비 핀이 망가져 있어서 (　　　)

(2) 먼지가 너무 많이 묻어 있어서 (　　　)

(3) 윤아가 나비 핀이 더럽다고 해서 (　　　)

08 ㉠에 담긴 윤아에 대한 '나'의 마음으로 알맞은 것은 무엇입니까? (　　　)

① 답답한 마음　　② 얄미운 마음
③ 미안한 마음　　④ 귀찮은 마음
⑤ 고마운 마음

서술형

09 자신이 우진이였다면 ㉡과 같은 상황에서 어떻게 행동했을지 자신의 성격과 관련지어 쓰시오.

_____

_____

중요

10 이 글에 나온 인물의 성격을 바르게 짐작하여 말한 친구의 이름을 쓰시오.

> 지호: 윤아가 벌레라도 손에 닿으면 어떻게 하냐고 한 말에는 샘이 많은 윤아의 성격이 잘 나타나 있어.
>
> 승재: '나'가 윤아 입에서 '벌레'라는 말이 나오자마자 사물함 밑에 있던 손을 뺀 것으로 보아, '나'는 소심한 성격인 것 같아.

(　　　　　　　)

11~14 다음 글을 읽고, 물음에 답하시오.

가 우봉이는 시장 골목으로 들어갔어요. 할아버지는 구경하느라 느릿느릿 걸으며 가다 서다를 반복했어요. 우봉이는 할아버지보다 앞서가며 눈을 굴렸어요. 두부 가게가 어디 있나 하고요.

'어, 주은이잖아!'

주은이가 ㉠채소 ㉡가게 안에서 젓가락질 연습을 하고 있었어요. 나무젓가락으로 강낭콩을 들었다 놓았다 하고 있었어요. 주은이 옆에는 한 아줌마가 있었는데 생김새가 좀 남달랐어요. 얼굴도 가무잡잡했어요. 아줌마가 대나무로 만든 작은 그릇에서 뭔가를 꺼내 조몰락조몰락했어요.

"그렇게 먹지 마. 정말 싫어."

주은이가 아줌마에게 화를 내듯 크게 말했어요.

"카오리아오는 이렇게 쏜으로 먹는 꺼야. 우리 꼬향에선 다 끄래."

나 "궁금한 게 있는데요, 손으로 밥을 조몰락조몰락해서 먹는 건 나쁜 거죠? 그런 사람 야만인이죠? 원시인이죠?"

우봉이가 묻자 아빠가 말씀하셨어요.

"왜? 아는 사람 중에 그런 사람이라도 있어?"

"아, 아니요. 그냥 어디서 봤는데, 우리나라 사람은 아니에요."

"손으로 밥 먹는 사람들도 있긴 있지. 인도라는 나라 알지? 그 나라에도 그냥 맨손으로 밥을 먹는 사람들이 있어."

"정말요? 인도는 내가 좋아하는 카레의 나라인데. 그런 나라에 야만인이 많다니."

뜻밖이어서 우봉이는 고개를 갸우뚱했어요. 그걸 보고 할아버지가 말씀하셨어요.

"손으로 먹는 걸 두고 나쁘다고, 또 야만인이라고 해서는 안 되는겨. 그게 그 나라 풍습이고 문화인겨. 할아버지가 된장찌개 좋아하는데, 외국 사람이 냄새나는 된장 먹는다고 나를 야만인이라고 부르면 기분 나쁠겨. 할아버지 말 알아듣겠능겨?"

"그래도 맨손으로 밥을 조몰락거리는 건 더러워요. 병 걸릴 것 같아요."

11 이 글에서 우봉이에게 일어난 일을 정리하여 빈칸에 쓰시오.

	일어난 일
글 **가**	우봉이가 시장에서 주은이 어머니께서 손으로 음식 드시는 것을 우연히 보게 됨.
글 **나**	

12 ㉠, ㉡과 뜻이 비슷한 낱말을 **보기**에서 찾아 각각 쓰시오.

보기

곡식	서점	야채	점포

(1) ㉠ 채소: (   )

(2) ㉡ 가게: (   )

13 손으로 음식을 먹는 것에 대한 우봉이의 생각으로 알맞지 <u>않은</u> 것은 무엇입니까? (   )

① 나쁜 행동이다.

② 더러운 행동이다.

③ 병에 걸릴 만한 행동이다.

④ 그 나라의 풍습이고 문화이다.

⑤ 야만인이나 원시인이 하는 행동이다.

중요

14 이 글에 드러난 우봉이의 성격은 어떠합니까?

(   )

① 용감하다.　　　② 적극적이다.

③ 부지런하다.　　④ 융통성이 없다.

⑤ 승부욕이 강하다.

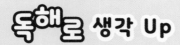 생각 Up

➜ 바른답·알찬풀이 15쪽

해설 강의

4 단원
15 회

공부한 날

월

일

15~16 다음 글을 읽고, 물음에 답하시오.

[6-1] 5단원 156쪽

독장수구구 임덕연

가 하루는 독장수가 지게에 큰독 세 개를 지고 독을 팔러 나섰습니다.

그러나 하루 종일 지고 다녀도 독은 팔리지 않고 어깨만 빠지도록 아팠습니다. 땀이 목덜미를 타고 내려 등줄기를 적셨습니다.

나 독장수는 고갯길을 힘겹게 올랐습니다. 숨을 헐떡거리며 높은 고개턱을 겨우 올라왔습니다. 혹시라도 몸을 잘못 가누면 독이 굴러떨어져 산산조각이 나고 맙니다. 독장수는 너무 힘들어 눈앞이 핑핑 돌 지경이었습니다.
아주 잘게 깨어진 여러 조각.

"아이고, 저 나무 밑에서 좀 쉬었다 가야겠다."

독장수는 고개를 다 오르고는 나무 그늘 밑에다 지겟작대기로 지게를 받쳐 세워 놓았습니다.

다 독장수는 지게 옆에 벌렁 누웠습니다.

"야, 정말 시원하구나. 저 독 둘은 팔아 빚을 갚는 데 쓰고, 나머지 독을 팔면 다른 독 두 개는 살 수 있겠지? 그 독 둘을 다시 팔면 독 네 개를 살 수 있고, 넷을 팔면 가만있자, 이 이는 사, 이 사 팔. 그래 여덟 개를 살 수 있구나. 그다음에 여덟 개를 팔면, 가만있자……."

라 "야, 이렇게 계산해 보니 며칠 안 가 독이 천만 개나 되겠는걸. 그럼 그 돈으로 논과 밭을 사는 거야. 그러고 남는 돈으로는 고래 등 같은 기와집을 짓는 거야."

독장수는 너무 기쁜 나머지 팔을 번쩍 들었습니다. 그러다가 팔로, 지게를 받치던 지겟작대기를 밀어 버렸습니다. 지게는 기우뚱하더니 옆으로 팍 쓰러졌습니다. 지게에 있던 독들도 와장창 깨지고 말았습니다.

"아이고, 망했다. 이걸 어쩐다?"

 읽을까?

1. 독장수에게 일어난 일을 차례대로 정리하며 읽어 보세요.
2. 이야기가 주는 교훈을 생각하며 읽어 보세요.

● 일어난 일

① ☐ ☐ ☐ 이/가 지게에 큰독을 지고 독을 팔러 나섬.

↓

고개를 다 올라간 독장수가 ② ☐ ☐ ☐ 밑에 지게를 받쳐 세워 놓고 쉼.

↓

독장수는 독을 많이 팔았을 때의 모습을 상상하며 즐거워함.

↓

독장수가 팔로 지겟작대기를 밀어 버려 ③ ☐ ☐ 이/가 쓰러지면서 지게에 있던 독들이 모두 깨짐.

● 이야기가 주는 교훈

헛된 ④ ☐ ☐ 은/는 손해를 가져옴.

답 ① 독장수 ② 나무 그늘 ③ 지게
④ 욕심

단원 개념

15 이 글에서 일이 일어난 차례대로 기호를 쓰시오.

> ㉮ 독장수가 독을 팔러 나섰다.
> ㉯ 독장수가 지겟작대기를 밀어 독이 깨졌다.
> ㉰ 독장수는 쉬면서 독을 많이 팔았을 때의 모습을 상상했다.

( ) → ( ) → ( )

16 이 글을 통해 전하려는 교훈으로 알맞은 것은 무엇입니까? ( )

① 꿈을 크게 갖자.
② 헛된 욕심을 부리지 말자.
③ 꿈을 이루기 위해 노력하자.
④ 작고 하찮은 것도 쓸모 있음을 알자.
⑤ 힘들고 어려운 일이라도 쉽게 포기하지 말자.

어휘 확인

1 다음 빈칸에 들어갈 알맞은 낱말을 **보기**에서 찾아 쓰시오.

> **보기**
>
> 선뜻   헤벌쭉   하마터면

(1) 게임을 하다 [   ] 약속 시간에 늦을 뻔했다.

(2) 언니가 서점에 같이 가 주겠다고 [   ] 나섰다.

(3) 형은 무슨 좋은 일이 있는지 아까부터 입이 [   ] 벌어졌다.

어휘 적용

2 다음 문장에서 밑줄 그은 낱말과 뜻이 반대인 낱말을 찾아 선으로 이으시오.

(1) 선생님께 발표를 잘했다고 <u>칭찬</u>을 들었다. •

(2) 엄마께 사실대로 말할 <u>용기</u>가 나지 않았다. •

(3) 나는 친구들 사이에서 구슬치기의 <u>달인</u>이라고 불린다. •

• ㉮   겁

• ㉯   꾸중

• ㉰   초보자

어법

3 **보기**를 참고하여 (   ) 안에서 알맞은 낱말을 골라 ○표 하시오.

> **보기**
>
> -꾸러기: '그것이 심하거나 많은 사람.'의 뜻을 더하는 말.

(1) 주아는 아침마다 (늦잠꾸러기, 욕심꾸러기) 오빠를 깨운다.

(2) (엄살꾸러기, 장난꾸러기)인 내 짝은 날마다 아이들을 괴롭힌다.

사자성어

4 다음 글과 그림을 보고, 건곤일척 을 사용할 수 있는 상황으로 알맞은 것에 ○표 하시오.

공부한 날

월

일

건곤일척

(乾 하늘 건, 坤 땅 곤, 一 한 일, 擲 던질 척)
자신의 운명을 걸고 단 한 판에 승부를 낸다.

하늘과 땅에 운명을 맡겨 주사위를 한번 던진다는 뜻이에요. 천하를 거는 것과 같은 커다란 승부를 겨룰 때 이 말을 사용해요.

(1) 아끼던 연필을 잃어버린 다음 날 자도 잃어버린 상황

( )

(2) 날마다 줄넘기 연습을 하여 실력이 크게 발전한 상황

( )

(3) 올림픽에서 금메달을 두고 두 선수가 승부를 겨루는 상황

(○)

5

의견이 드러나게
글을 써요

무엇을 배울까요?

문장의 짜임에 맞게
말하거나 의견 표현하기

자신의 의견을
제시하는 글 쓰기

단원에 대한 공부 계획을 세우고, 공부한 내용을
얼마나 이해했는지 스스로 평가해 보세요.

★★★ 잘함.　★★ 보통임.　★ 아쉬움.

그림으로 개념 탄탄

Q 문장의 짜임은 어떻게 이루어질까요?

A
❋ 문장을 '누가/무엇이' 부분과 '무엇이다/어찌하다/어떠하다' 부분으로 나누어요.

❋ '누가/무엇이+어찌하다'에서 '어찌하다'는 '달리다, 먹는다'와 같이 움직임을 나타내요.

❋ '누가/무엇이+어떠하다'에서 '어떠하다'는 '누가/무엇이'의 성질이나 상태를 나타내는데

'빨갛다, 둥글다' 따위가 이에 해당해요.

Q 문장의 짜임을 알면 어떤 점이 좋을까요?

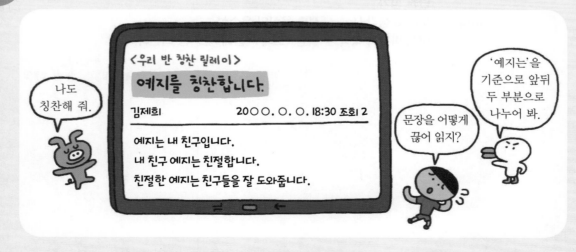

A
❋ 문장을 두 부분으로 끊어 읽을 수 있어 이해하기 쉬워요.

❋ 문장을 두 부분으로 나누어서 앞뒤 연결이 자연스러운지 생각하며 글을 쓸 수 있어요.

❋ 문장의 뒷부분을 살피면서 앞부분을 보면 어색한 문장을 자연스럽게 고칠 수 있어요.

 자신의 의견을 제시하는 글을 쓰는 방법은 무엇일까요?

🌐 '지구 환경 살리기'를 주제로 의견 제시하기

일회용품 사용을 줄여요. 일회용품을 쓰면 쓰레기가 많아지기 때문이에요.

비닐봉지 대신 장바구니를 사용해요. 비닐 쓰레기를 줄여야 하기 때문이에요.

외출하기 전에는 전등을 꺼요. 그렇게 하면 이산화 탄소를 줄일 수 있어요.

A ✲ 문제 상황이 잘 드러나게 자세히 써요.

✲ 자신의 의견과 의견을 뒷받침하는 까닭을 분명하게 드러내요.

✲ 글을 읽는 사람을 생각하며 예의를 지켜서 써요.

✲ '누가/무엇이'와 '무엇이다/어찌하다/어떠하다'의 연결이 자연스러운 문장을 써요.

 확인 문제

❓ '사과'를 넣어 다음 문장의 짜임에 맞게 문장을 만들어 쓰시오.

(1) 무엇이 + 무엇이다
(   )

(2) 무엇이 + 어떠하다
(   )

(3) 무엇이 + 어찌하다
(   )

답 (1) 예 사과는 과일이다. (2) 예 사과가 빨갛다. (3) 예 사과가 굴러간다.

목홧값을 누가 물어야 하나?

1 옛날 어느 마을에 목화 장수 네 사람이 살았다. 그들은 싼 목화가 있 으면 함께 사서 큰 광 속에 보관해 두었다가 값이 오르면 팔았다. 그런데 그 광에는 쥐가 많아 목화를 어지럽히기도 하고 오줌을 싸기도 했다. 목 화 장수들은 궁리 끝에 광에 고양이를 기르기로 하고 똑같이 돈을 내어 고양이를 샀다. 그러고는 공동 책임을 지려고 고양이의 다리 하나씩을 각자 몫으로 정하고 고양이를 보살피기로 했다.

각 사람에게 주어지는 역할이나 임무.

중심 내용 목화 장수 네 사람이 광을 어지럽히는 쥐 때문에 고양이를 산 뒤, 각자 고양이의 다리 하 나씩을 맡아 고양이를 보살피기로 했다.

2 어느 날, 고양이가 다리 하나를 다쳤다. 그 다리를 맡은 목화 장수는 고양이 다리에 산 초기름을 발라 주었다. 그런데 마침 추운 겨 울철이라, 아궁이 곁에서 불을 쬐던 고양이의 다리에 불이 붙고 말았다. 고양이는 얼른 시 원한 광 속으로 도망을 쳐서 목화 더미 위에서 굴렀다. 순식간에 목화 더 미에 불이 번져 광 속의 목화가 몽땅 타 버리고 말았다.

고양이의 아픈 다리

중심 내용 다리 하나를 다친 고양이에게 그 다리를 맡은 목화 장수가 산초기름을 발라 주었는데, 그만 고양 이 다리에 불이 붙자 고양이가 광으로 도망쳐서 목화가 몽땅 불에 타 버렸다.

3 목화 장수 네 명은 뜻하지 않게 큰 손해를 보게 되었다. 그러자 고양이 의 성한 다리를 맡았던 목화 장수 세 명이 투덜투덜 불평을 늘어놓았다.

돈이나 재산을 잃어 밑지거나 해를 입음.   큰 손해를 보게 되자

"이번 불은 순전히 고양이의 아픈 다리를 맡았던 저 사람 때문이야. 하 필이면 불이 잘 붙는 산초기름을 발라 줄 게 뭐야?"

"맞아, 그러니 목홧값을 그 사람에게 물어 달라고 하자."

세 사람은 고양이의 아픈 다리를 맡았던 사람에게 목홧값을 물어내라 고 했다. 억울한 그 목화 장수는 절대 목홧값을 물어 줄 수 없다며 큰 싸 움을 벌였다.

"불이 붙은 고양이가 광으로 도망칠 때는 성한 세 다리로 도망쳤잖아? 그러니까 광에 불이 난 것은 순전히 너희가 맡은 세 다리 때문이야."

아무리 싸워도 해결이 나지 않자, 네 사람은 고을 사또를 찾아가 판결 을 해 달라고 부탁했다.

중심 내용 목화 장수들은 목홧값을 누가 물어야 하는지 싸우다가 해결이 나지 않자, 고을 사또를 찾아갔다.

독해로 이해 쏙

1 목화 장수 네 사람은 목화를 함께 사서 큰 (광, 함) 속에 보관해 두었다가 값이 오르면 팔았다.

2 고양이가 다리 하나를 다치자 그 아픈 다 리를 맡은 목화 장수가 고양이 다리에 (   )을/를 발라 주었다.

3 고양이 다리에 붙은 (   )이/가 광 속의 목화를 몽땅 태웠다.

4 목화 장수 네 사람은 누가 (   ) 을/를 물어야 하는지에 대한 의견을 말했 다.

낱말 풀이

광 살림살이에 필요한 여러 가지 물건을 넣어 두는 곳.

궁리 마음속으로 이리저리 따져 깊이 생 각함. 또는 그런 생각.

산초기름 산초나무 열매로 짠 기름.

▲ 산초나무 열매

판결 옳고 그름이나 좋고 나쁨을 판단하 여 결정함. 예 나와 동생이 싸울 때마다 엄마는 공정한 판결을 내리셨다.

5 단원
16 회

01 목화 장수 네 사람이 고양이를 산 까닭은 무엇입니까? (   )

① 고양이를 기르고 싶어서   ② 값이 오르면 팔기 위해서

③ 고양이가 목화를 좋아해서   ④ 광 속의 목화를 지키기 위해서

⑤ 광에 불이 나지 않게 하기 위해서

교과서 문제

02 글 ③에서 일어난 일을 '누가+어찌하다'로 바르게 나눈 것에 ○표 하시오.

(1) 목화 장수들은 + 고양이 때문에 큰 손해를 입어 투덜거렸다. (   )

(2) 목화 장수들은 고양이 때문에 + 큰 손해를 입어 투덜거렸다. (   )

(3) 목화 장수들은 고양이 때문에 큰 손해를 입어 + 투덜거렸다. (   )

> '누가'는 보통 '이/가', '은/는'에 해당하고, '어찌하다'는 움직임을 나타낸다는 것을 생각하며 문장을 두 부분으로 나누어요.

중요

03 고양이의 아픈 다리를 맡았던 목화 장수의 의견은 무엇입니까? (   )

① 사또가 고양이에게 벌을 내려야 한다.

② 네 사람이 똑같이 목홧값을 물어야 한다.

③ 고양이를 판 사람이 목홧값을 물어야 한다.

④ 광 속에 목화 대신 다른 것을 보관해야 한다.

⑤ 광에 불이 난 것은 고양이의 성한 세 다리 때문이다.

> 고양이의 아픈 다리를 맡은 사람이 고양이의 성한 다리를 맡은 세 사람에게 한 말을 살펴봐요.

04 이 글에서 일어난 일의 차례대로 기호를 쓰시오.

> ㉮ 목화 장수들은 서로 자기 잘못이 아니라고 싸웠다.
> ㉯ 목화 장수들은 고을 사또를 찾아가 판결을 부탁했다.
> ㉰ 목화 장수들이 고양이를 사서 다리 하나씩을 맡아 보살폈다.
> ㉱ 다리에 불이 붙은 고양이가 광으로 도망쳐서 목화가 모두 불탔다.

(   ) → (   ) → (   ) → (   )

서술형

05 누가 목홧값을 물어야 한다고 생각하는지 사또가 되어 판결을 내리고, 그 까닭을 쓰시오.

(1) 목홧값은 ＿＿＿＿＿＿＿＿＿＿＿＿＿＿＿ 이/가 물어야 한다.

(2) 왜냐하면 ＿＿＿＿＿＿＿＿＿＿＿＿＿＿＿

＿＿＿＿＿＿＿＿＿＿＿＿＿＿＿＿＿ 때문이다.

가 댐 건설 기관 담당자님께
_{읽는 사람}
안녕하세요?

㉠저는 산 깊고 물 맑은 상수리에 사는 김효은입니다. 우리 마을은 앞으로 만강이 흐르고, 뒤로는 우뚝 솟은 산봉우리들이 **병풍**처럼 둘러싸여 한 폭의 그림처럼 아름답습니다.

숲에는 천연기념물인 황조롱이, 까막딱따구리 같은 새들과 하늘다람쥐가 삽니다. 그리고 ㉡만강에는 쉬리나 배가사리, 금강모치 같은 우리나라의 **토종** 물고기가 많이 삽니다.

그런데 어제 만강에 댐을 건설할 수 있는지 알아보려고 담당자들께서 우리 마을을 방문하셨습니다. ㉢담당자들께서는 작년에 비가 많이
_{강이나 내의 아래쪽 부분.}
와서 만강 하류에 있는 도시에 물난리가 났다고 말씀하셨습니다. 그래서 홍수를 막으려면 우리 마을에 댐을 건설해야 한다고 하셨습니다.

하지만 저는 댐을 건설하는 것에 반대합니다. 우리 상수리에 댐을 건설하면 숲에 사는 동물들이 살 곳을 잃고, 우리는 만강의 물고기들을 다시는 볼 수 없게 될 것입니다. 그리고 마을 어른들께서는 평생 살아온 고향을 떠나야 한다고 말씀하십니다. 우리 마을에 댐을 건설하기로 한 계획을 취소해 주시기를 부탁합니다.

20○○년 10월 ○○일

김효은 올림
_{쓴 사람}

나 김효은 학생에게
_{읽는 사람}
안녕하세요? / 김효은 학생의 편지를 잘 읽었습니다.

㉣아름다운 상수리가 댐 건설로 겪게 될 어려움을 잘 압니다. 하지만 ㉤상수리 주변에 사는 주민들이 홍수로 겪는 정신적·물질적 피해는 해마다 늘어나고 있습니다.

만강에 댐을 건설하면 여름철에 **폭우**로 생기는 문제를 막을 수 있습니다. 비가 내리는 대로 내버려 두면, 강 하류에서는 강물이 넘쳐서 논밭이 빗물에 잠기기도 합니다.

그리고 집과 길이 부서지고 심지어 사람이 목숨까지 잃을 만큼 위험합니다. 하지만 댐을 건설하면 홍수로 인한 이런 피해를 막을 수 있습니다.

상수리에 댐을 건설해야 합니다. 우리는 상수리 마을 주민들에게 피해가 가지 않도록 주민들이 이사하는 데 모든 **지원**을 아끼지 않을 것입니다.

읽기 팁

글 **가**는 효은이가 댐 건설에 대한 의견을 쓴 편지이고, 글 **나**는 이에 대해 댐 건설 관리자가 쓴 편지예요. 각 글에 담긴 글쓴이의 의견과 그렇게 생각하는 까닭을 파악하며 읽어 보세요.

독해로 이해 콕

5 글 **가**와 **나** 모두 의견을 제시하는 (기사문, 편지글)이다.

6 효은이는 마을에 (   )을/를 건설하는 일에 대한 자신의 의견을 썼다.

7 상수리의 숲에는 천연기념물에 해당하는 새들이 살고, 만강에는 토종 물고기가 산다. (○, ×)

8 댐 건설 기관 담당자는 상수리 주변에 사는 주민들이 (홍수, 태풍)(으)로 겪는 피해가 해마다 늘어나고 있다고 했다.

낱말풀이

병풍 방 안에 세워 놓는, 직사각형으로 짠 나무틀에 종이를 바르고 그 위에 수를 놓거나 그림을 그려 만든 물건.

토종 본디부터 그곳에서 나는 종자. 예 토종 동물들이 사라지지 않도록 보호해야 한다.

폭우 갑자기 세차게 쏟아지는 비.

지원 지지하여 도움. 예 정부는 지진으로 집을 잃은 사람들을 위한 지원 대책을 마련했다.

➜ 바른답·알찬풀이 17쪽

댐 건설에는 상수리 마을 주민들의 **협조**가 필요합니다. 김효은 학생도 이러한 점을 잘 이해해 주시기를 바랍니다.

20○○년 10월 ○○일

<u>댐 건설 기관 담당자</u> 드림
쓴 사람

낱말풀이

협조 힘을 보태어 도움.

5 단원
17 회

공부한 날

월

일

06 ㉠~㉤ 중 글 **가**와 **나**에 나타난 문제 상황으로 알맞은 것의 기호를 쓰시오.

(1) 글 **가**: (　　　　　　　　　　)

(2) 글 **나**: (　　　　　　　　　　)

중요

07 효은이와 댐 건설 기관 담당자의 의견을 알맞게 선으로 이으시오.

(1)	효은이	•		•	㉮	상수리에 댐을 건설해야 한다.
(2)	댐 건설 기관 담당자	•		•	㉯	상수리에 댐을 건설하는 것을 반대한다.

> 효은이와 댐 건설 기관 담당자가 상수리에 댐을 건설하는 일에 대해 어떻게 생각하는지 살펴봐요.

교과서 문제

08 댐 건설 기관 담당자의 의견을 뒷받침하는 까닭은 무엇입니까? (　　　　)

① 가뭄을 막을 수 있다.
② 더 깨끗한 물을 마실 수 있다.
③ 홍수로 인한 피해를 막을 수 있다.
④ 평생 살아온 고향을 떠나지 않을 수 있다.
⑤ 물고기들의 보금자리를 마련해 줄 수 있다.

서술형

09 댐 건설에 대한 자신의 의견과 그렇게 생각하는 까닭을 쓰시오.

나는 댐 건설에 (1)＿＿＿＿＿＿＿ 한다. 왜냐하면 (2)＿＿＿＿＿＿＿＿＿＿＿

＿＿＿＿＿＿＿＿＿＿＿＿＿＿＿＿＿＿＿＿＿＿＿＿＿＿＿＿＿＿＿ 때문이다.

> 자신은 댐을 건설하는 일에 찬성하는지, 반대하는지를 생각해 보고, 그렇게 생각한 까닭을 정리해 봐요.

01 다음 문장은 어떤 짜임으로 이루어졌습니까?

(　　)

> 내 친구 예지는 친절합니다.

① 누가 + 무엇이다
② 누가 + 어찌하다
③ 누가 + 어떠하다
④ 무엇이 + 무엇이다
⑤ 무엇이 + 어떠하다

02~05 다음 글을 읽고, 물음에 답하시오.

가 목화 장수들은 궁리 끝에 광에 고양이를 기르기로 하고 똑같이 돈을 내어 고양이를 샀다. 그러고는 공동 책임을 지려고 고양이의 다리 하나씩을 각자 몫으로 정하고 고양이를 보살피기로 했다.

나 어느 날, 고양이가 다리 하나를 다쳤다. 그 다리를 맡은 목화 장수는 고양이 다리에 산초기름을 발라 주었다. 그런데 마침 추운 겨울철이라, 아궁이 곁에서 불을 쬐던 고양이의 다리에 불이 붙고 말았다. 고양이는 얼른 시원한 광 속으로 도망을 쳐서 목화 더미 위에서 굴렀다. 순식간에 목화 더미에 불이 번져 광 속의 목화가 몽땅 타 버리고 말았다.

다 고양이의 성한 다리를 맡았던 목화 장수 세 명이 투덜투덜 불평을 늘어놓았다.

"이번 불은 순전히 고양이의 아픈 다리를 맡았던 저 사람 때문이야. 하필이면 불이 잘 붙는 산초기름을 발라 줄 게 뭐야?"

"맞아, 그러니 목홧값을 그 사람에게 물어 달라고 하자."

세 사람은 고양이의 아픈 다리를 맡았던 사람에게 목홧값을 물어내라고 했다. 억울한 그 목화 장수는 절대 목홧값을 물어 줄 수 없다며 큰 싸움을 벌였다.

"불이 붙은 고양이가 광으로 도망칠 때는 성한 세 다리로 도망쳤잖아? 그러니까 광에 불이 난 것은 순전히 너희가 맡은 세 다리 때문이야."

02 글 **가**에서 일어난 일을 정리한 다음 문장을 문장의 짜임에 맞게 나누어 쓰시오.

> 목화 장수들이 고양이를 샀다.

누가	어찌하다
(1)	(2)

서술형
03 고양이가 다리 하나를 다치자, 아픈 다리를 맡은 목화 장수가 한 일은 무엇인지 쓰시오.

＿＿＿＿＿＿＿＿＿＿＿＿＿＿＿＿＿＿＿

＿＿＿＿＿＿＿＿＿＿＿＿＿＿＿＿＿＿＿

중요
04 고양이의 성한 다리를 맡은 세 목화 장수의 의견으로 알맞은 것에 ○표 하시오.

(1) 자신들이 목홧값을 물어야 한다. (　　)
(2) 네 사람이 목홧값을 똑같이 나누어 물어야 한다. (　　)
(3) 고양이의 아픈 다리를 맡은 목화 장수가 목홧값을 물어야 한다. (　　)

05 고양이의 아픈 다리를 맡은 목화 장수가 목홧값을 물어 줄 수 없다고 한 까닭은 무엇입니까?

(　　)

① 자신만 아픈 고양이를 돌보았기 때문에
② 아직 사또의 판결이 나지 않았기 때문에
③ 자신이 제일 손해를 많이 보았기 때문에
④ 고양이가 성한 세 다리로 도망쳤기 때문에
⑤ 불이 붙은 고양이가 광으로 도망쳤기 때문에

06~09 다음 글을 읽고, 물음에 답하시오.

댐 건설 기관 담당자님께
안녕하세요?

㉠저는 산 깊고 물 맑은 상수리에 사는 김효은입니다. 우리 마을은 앞으로 만강이 흐르고, 뒤로는 우뚝 솟은 산봉우리들이 병풍처럼 둘러싸여 한 폭의 그림처럼 아름답습니다.

숲에는 천연기념물인 황조롱이, 까막딱따구리 같은 새들과 하늘다람쥐가 삽니다. 그리고 만강에는 쉬리나 배가사리, 금강모치 같은 우리나라의 토종 물고기가 많이 삽니다.

그런데 어제 만강에 댐을 건설할 수 있는지 알아보려고 담당자들께서 우리 마을을 방문하셨습니다. 담당자들께서는 ㉡작년에 비가 많이 와서 만강 하류에 있는 도시에 물난리가 났다고 말씀하셨습니다. 그래서 ㉢홍수를 막으려면 우리 마을에 댐을 건설해야 한다고 하셨습니다.

하지만 ㉣저는 댐을 건설하는 것에 반대합니다. 우리 상수리에 댐을 건설하면 숲에 사는 동물들이 살 곳을 잃고, 우리는 만강의 물고기들을 다시는 볼 수 없게 될 것입니다. 그리고 ㉤마을 어른들께서는 평생 살아온 고향을 떠나야 한다고 말씀하십니다. 우리 마을에 댐을 건설하기로 한 계획을 취소해 주시기를 부탁합니다.

20○○년 10월 ○○일
김효은 올림

06 효은이가 댐 건설 기관 담당자에게 편지를 쓴 까닭은 무엇입니까? (   )

① 상수리에 대해 소개하기 위해서
② 홍수를 막을 수 있는 방법이 궁금해서
③ 만강에 댐을 건설할 수 있는지를 알아보기 위해서
④ 주민들이 이사하는 데 지원해 달라는 부탁을 하기 위해서
⑤ 상수리에 댐을 건설하려는 계획을 취소해 달라는 부탁을 하기 위해서

07 효은이가 사는 마을에 대한 설명으로 알맞지 않은 것은 무엇입니까? (   )

① 산이 깊고 물이 맑다.
② 한 폭의 그림처럼 아름답다.
③ 숲에는 천연기념물 새들이 산다.
④ 마을 앞으로 산봉우리들이 둘러싸고 있다.
⑤ 만강에 우리나라의 토종 물고기가 많이 산다.

중요

08 ㉠~㉤ 중 효은이의 의견이 드러난 부분은 무엇입니까? (   )

① ㉠   ② ㉡   ③ ㉢
④ ㉣   ⑤ ㉤

서술형

09 효은이의 의견을 뒷받침하는 까닭을 쓰시오.

(1) _____

_____

(2) _____

_____

(3) _____

_____

10 의견을 제시하는 글을 쓰는 방법으로 알맞지 않은 것의 기호를 쓰시오.

㉮ 자신의 의견을 제시한다.
㉯ 문제 상황은 쓰지 않는다.
㉰ 의견을 뒷받침하는 까닭을 쓴다.

(   )

11~14 다음 글을 읽고, 물음에 답하시오.

> 김효은 학생에게
> 안녕하세요?
> 김효은 학생의 편지를 잘 읽었습니다.
> 아름다운 상수리가 댐 건설로 겪게 될 어려움을 잘 압니다. 하지만 상수리 주변에 사는 주민들이 홍수로 겪는 정신적·물질적 피해는 해마다 늘어나고 있습니다.
> 만강에 댐을 건설하면 여름철에 폭우로 생기는 문제를 막을 수 있습니다. 비가 내리는 대로 내버려 두면, 강 하류에서는 강물이 넘쳐서 논밭이 빗물에 잠기기도 합니다.
> 그리고 집과 길이 부서지고 심지어 사람이 목숨까지 잃을 만큼 위험합니다. 하지만 댐을 건설하면 홍수로 인한 이런 피해를 막을 수 있습니다.
> 상수리에 댐을 건설해야 합니다. 우리는 상수리 마을 주민들에게 피해가 가지 않도록 주민들이 이사하는 데 모든 지원을 아끼지 않을 것입니다. 댐 건설에는 상수리 마을 주민들의 협조가 필요합니다. 김효은 학생도 이러한 점을 잘 이해해 주시기를 바랍니다.
>
> 20○○년 10월 ○○일
> 댐 건설 기관 담당자 드림

11 이 편지를 쓴 사람과 읽는 사람이 누구인지 쓰시오.

_____

_____

12 상수리 주변에 사는 주민들이 여름철에 겪는 어려움을 모두 고르시오. (   )

① 집과 길이 부서진다.
② 사람이 목숨을 잃을 수도 있다.
③ 해마다 주민들이 이사를 가야 한다.
④ 가뭄이 심해져 먹을 것이 부족하다.
⑤ 강물이 넘쳐서 논밭이 빗물에 잠긴다.

13 이 편지를 쓴 사람의 의견은 무엇입니까? (   )

① 만강에 다리를 놓아야 한다.
② 상수리에 댐을 건설해야 한다.
③ 상수리의 자연을 보호해야 한다.
④ 상수리에 있는 댐을 없애야 한다.
⑤ 상수리가 유명 관광지가 되도록 홍보해야 한다.

14 이 편지를 읽고 댐 건설에 대한 자신의 의견을 다음과 같이 정리할 때, 빈칸에 알맞은 내용은 무엇입니까? (   )

> 나는 댐 건설에 찬성한다. 왜냐하면 _____ _____ 때문이다.

① 깨끗한 물을 마실 수 있기
② 상수리 마을이 더욱 아름다워질 수 있기
③ 폭우나 홍수로 인한 피해를 막는 것이 중요하기
④ 상수리 마을에 사는 동물들을 보호하는 것이 가장 중요하기
⑤ 상수리 마을 주민들이 다른 곳으로 이사를 가지 않아도 되기

15 의견을 제시하는 글을 평가하는 기준으로 알맞지 않은 것은 무엇입니까? (   )

① 문제 상황을 제시했는가?
② 의견에 대한 까닭은 한 가지만 썼는가?
③ 읽는 사람을 생각하여 예의 바르게 썼는가?
④ 읽는 사람이 들어줄 수 있는 의견을 썼는가?
⑤ '누가/무엇이'와 '어찌하다/어떠하다/무엇이다'의 짜임이 자연스러운 문장을 썼는가?

16~17 다음 글을 읽고, 물음에 답하시오.

[6-1] 4단원 124쪽

전통 음식의 우수성

가 ㉠요즘에 우리 전통 음식보다 외국에서 유래한 햄버거나 피자와 같은 음식을 더 좋아하는 어린이를 쉽게 볼 수 있습니다. 이러한 음식은 지나치게 많이 먹으면 건강이 나빠지기도 합니다. 그에 비해 우리 전통 음식은 오랜 세월에 걸쳐 전해 오면서 우리 입맛과 체질에 맞게 발전해 왔기 때문에 여러 가지 면에서 우수합니다. 우리 전통 음식을 사랑합시다.
_{날 때부터 지니고 있는 몸의 바탕.}

나 첫째, ㉡우리 전통 음식은 건강에 이롭습니다. 우리가 날마다 먹는 밥은 담백해 쉽게 싫증이 나지 않으며 어떤 반찬과도 잘 어우러져 균형 잡힌 영양분을 섭취하기 좋습니다.

다 둘째, ㉢우리 전통 음식을 가까이하면 계절과 지역에 따라 다양한 맛을 즐길 수 있습니다. 우리 조상은 생활 주변에서 나는 여러 가지 재료를 이용해 계절에 맞는 다양한 음식을 만들어 왔습니다. 주변 바다와 산천에서 나는 풍부하고 다양한 해산물과 갖은 나물이나 채소와 같은 재료에는 각각 고유한 맛이 있습니다. 이러한 재료를 이용해 만든 여러 가지 음식은 지역 특색을 살린 독특한 맛을 냅니다.
_{산과 내를 아울러 이르는 말.}

라 셋째, ㉣우리 전통 음식에서 우리 조상의 슬기와 문화를 경험할 수 있습니다. 우리 조상은 겨울을 나려고 김장을 하고, 저장 온도와 저장 기간을 조절해 겨울철에도 신선하게 채소를 먹을 수 있도록 했습니다.

마 우리 조상의 넉넉한 마음과 삶에서 배어 나온 지혜가 담긴 우리 전통 음식은 그 맛과 멋과 영양의 삼박자를 모두 갖추고 있습니다. ㉤우리는 우리 전통 음식의 과학성과 우수성을 알고 우리 전통 음식에 관심을 가지고 우리 전통 음식을 사랑해야겠습니다.

어떻게 읽을까?

1. 각 문단의 중심 문장을 찾아 밑줄을 그어 보세요.
2. 문제 상황에 대한 글쓴이의 의견과 그 까닭을 파악하며 읽어 보세요.

공부한 날

월

일

● 문제 상황

우리 전통 음식보다 ①☐☐에서 유래한 음식을 더 좋아하는 어린이를 쉽게 볼 수 있음.

● 글쓴이의 의견과 그 까닭

글쓴이의 의견
우리 ②☐☐☐☐을/를 사랑합시다.

의견을 뒷받침하는 까닭
• 우리 전통 음식은 ③☐☐에 이로움.
• 우리 전통 음식을 가까이 하면 계절과 ④☐☐에 따라 다양한 맛을 즐길 수 있음.
• 우리 전통 음식에서 조상의 슬기와 문화를 경험할 수 있음.

답 ① 외국 ② 전통 음식 ③ 건강
④ 지역

16 글쓴이의 의견은 무엇입니까? (   )

① 음식을 골고루 먹자.
② 우리 전통 음식을 사랑하자.
③ 음식을 지나치게 많이 먹지 말자.
④ 우리 전통 음식의 우수성을 세계에 널리 알리자.
⑤ 어린이들의 건강을 위해 다양한 음식을 개발하자.

17 단원 개념
㉠~㉤ 중 글쓴이의 의견을 뒷받침하는 까닭으로 알맞은 것을 모두 고르시오. (   )

① ㉠   ② ㉡   ③ ㉢
④ ㉣   ⑤ ㉤

어휘 확인

1 다음 밑줄 그은 낱말의 뜻을 찾아 선으로 이으시오.

(1) 짝은 아까부터 청소를 안 할 궁리만 하고 있었다. •

(2) 어려운 형편 때문에 밥을 굶는 아이들에 대한 지원이 필요하다. •

(3) 층간 소음이 일어나지 않도록 주민들끼리 협조를 해야 한다. •

• ㉮ 지지하여 도움.

• ㉯ 힘을 보태어 도움.

• ㉰ 마음속으로 이리저리 따져 깊이 생각함. 또는 그런 생각.

어휘 적용

2 다음 문장의 밑줄 그은 낱말과 뜻이 비슷한 낱말을 찾아 ○표 하시오.

(1) 공장에 불이 나서 회사에 큰 손해가 났다.

이익	피해	보상

(2) 놀이터 앞에 있는 사과 장수에게서 사과를 샀다.

상인	고객	장사

(3) 선생님은 학생을 올바른 길로 이끌어야 할 책임이 있다.

원인	믿음	의무

어법

3 다음 낱말의 뜻을 보고, ( ) 안에 들어갈 알맞은 낱말에 ○표 하시오.

• 붙다: 불이 옮아 타기 시작하다.
• 붓다: 액체나 가루 따위를 다른 곳에 담다.

(1) 자루에 고춧가루를 (붙다, 붓다).
(2) 젖은 나무보다 마른 나무에 불이 잘 (붙는다, 붓는다).

속담

4 다음 글과 그림을 보고, 고래 싸움에 새우 등 터진다 를 사용할 수 있는 상황으로 알맞은 것에 ○표 하시오.

(1) 짝과 떠들다가 선생님께 혼이 난 상황 ( )

(2) 술래잡기를 하다가 친구들끼리 다툰 상황 ( )

(3) 부모님이 다투시는 바람에 가족 여행을 가지 못한 상황 ( )

6

본받고 싶은 인물을
찾아봐요

단원에 대한 공부 계획을 세우고, 공부한 내용을
얼마나 이해했는지 스스로 평가해 보세요.

	공부할 내용	스스로 평가
19회	**그림으로 개념 탄탄** **독해로 교과서 쏙쏙 ❶** • 「김만덕」	☆☆☆
20회	**독해로 교과서 쏙쏙 ❷** • 「정약용」	☆☆☆
21회	**독해로 교과서 쏙쏙 ❸** • 「헬렌 켈러」	☆☆☆
22회	**단원 평가** **독해로 생각 Up** → 「유관순」 **어휘 마무리 뚝딱** → 사자성어 〈괄목상대〉	☆☆☆

★★★ 잘함.　　★★ 보통임.　　★ 아쉬움.

그림으로 개념 탄탄

Q '전기문'이란 무엇일까요?
傳(전할 전), 記(기록할 기), 文(글월 문)

A
* 전기문은 인물의 삶을 사실대로 기록한 글이에요.
* 전기문에는 인물이 살았던 시대 상황, 인물이 한 일 따위가 사실에 근거해 기록되어 있어요.

Q 전기문의 특성에는 어떤 것들이 있을까요?

A
* 전기문에는 인물이 살았던 시대 상황이 나타나요.
* 전기문에는 인물이 한 일과 인물의 가치관이 나타나요.
  사람이 어떤 행동이나 일을 선택하고 실천하는 데 바탕이 되는 생각.

 Q 전기문의 특성을 생각하며 글을 읽는 방법은 무엇일까요?

A

❈ 인물이 살았던 시대 상황을 생각하며 읽어요.

❈ 인물이 언제, 어떤 일을 했는지 파악하며 읽어요.

❈ 인물의 생각과 인물이 한 일에서 인물의 가치관을 짐작하며 읽어요.

확인 문제

 ? 다음 빈칸에 들어갈 알맞은 말을 쓰시오.

(1) 전기문은 어떤 인물의 삶을 사실에 근거하여 (   )한 글이다.

(2) 전기문에는 인물이 살았던 (   )이/가 나타난다.

(3) 전기문을 읽을 때에는 인물이 한 일에서 인물의 (   )을/를 짐작하며 읽는다.

답 (1) 기록 (2) 시대 상황 (3) 가치관

김만덕 신현배

1 "사또, 부탁드릴 있어 왔습니다. 저는 본디 양민의 딸이었습니다. 그런데 어린 나이에 부모를 여의고 친척 집에 맡겨졌다가 어쩔 수 없이 기생이 되었습니다. 사또께서는 제 억울한 사정을 헤아리시어 저를 양민의 신분으로 되돌려 주시기 바랍니다."

> 신분제 사회에서 지배 계급이 아닌 일반인을 뜻하는 말.

김만덕은 눈물을 흘리며 제주 목사에게 간절히 말하였다. 제주 목사는 김만덕의 말이 사실인지 관리를 불러 조사하게 하였다. 그리고 김만덕의 억울한 사정이 밝혀지자 명을 내렸다.

> 조선 시대에 지방에 파견했던 행정 관리.

"만덕의 이름을 기안에서 지우고 양민의 신분으로 되돌려 주어라."

> 관아에서 기생의 이름을 기록해 두던 책.

김만덕은 뛸 듯이 기뻤다. 이제 자유의 몸이 되어 새로운 인생을 살게 된 것이다. / 김만덕은 1739년에 제주도의 가난한 선비 집안에서 태어났다. 비록 가난하였으나 사랑과 정이 깊은 부모님 밑에서 자랐다. 그러나 열두 살이 되던 해에 심한 흉년과 전염병 때문에 부모님을 차례로 여의고 말았다. 친척 집을 이리저리 옮겨 다니며 살던 김만덕은 기생의 수양딸이 되었다가 스물세 살이 되던 해에 드디어 기생의 신분에서 벗어났다.

> 김만덕의 부모님이 돌아가신 까닭

중심 내용 김만덕은 스물세 살이 되던 해에 기생의 신분에서 벗어나 양민의 신분을 되찾았다.

2 자유의 몸이 된 김만덕은 제주도의 포구에 객줏집을 열었다. 객줏집은 상인의 물건을 맡아 팔기도 하고 물건을 사고파는 데 흥정을 붙이기도 하며, 상인들을 먹여 주고 재워 주기도 하는 집을 말하였다. 육지에서 온 상인들은 김만덕의 객줏집에서 묵어갈 뿐만 아니라 김만덕에게 육지의 물건을 맡기기도 하였다. / "쌀, 무명이오. 좋은 값에 팔아 주시오."

> 객줏집이 하는 일

김만덕은 육지의 물건을 제주도 사람들에게 팔아 이익을 남길 수 있었다. 또 김만덕은 녹용, 약초, 귤, 미역, 전복 같은 제주도의 특산물에 눈길을 돌렸다. 이러한 물건들을 제주도 사람들에게 사들여 육지 상인들에게 팔았다. 육지 상인들은 제주도의 특산물을 적당한 가격에 사들일 수 있어 김만덕의 객줏집으로 몰려들었다.

> 어느 지역에서 특별히 생산되는 물건.

김만덕은 장사를 하면서 세 가지 원칙을 지켰다. 첫째는 이익을 적게 남기고 많이 판다. 둘째는 적당한 가격에 물건을 사고판다. 그리고 셋째는 반드시 신용을 지키고 정직한 거래를 한다. 이러한 세 가지 원칙을 철저히 지켰기 때문에 김만덕의 사업은 나날이 번창하였다.

> 장사 원칙 ①
> 장사 원칙 ②
> 장사 원칙 ③

읽기 팁

조선 시대 상인인 김만덕의 전기문이에요. 김만덕이 살았던 시대 상황, 인물이 한 일과 한 말 등을 살펴보며 읽어 보세요.

독해로 이해 콕

1 김만덕은 (강원도, 제주도)에서 태어났다.

2 기생의 신분에서 벗어난 김만덕은 제주도의 포구에 (   )을/를 열었다.

3 김만덕은 육지의 물건을 제주도 사람들에게 팔아 이익을 남겼다. (○, ×)

4 김만덕은 세 가지 (   )을/를 지키며 장사를 했다.

낱말풀이

여의고 부모나 사랑하는 사람이 죽어서 이별하고.

수양딸 남의 자식을 데려다가 제 자식처럼 기른 딸.

포구 배가 드나드는 강이나 내에 바닷물이 드나드는 곳의 어귀. 예 동해의 조그만 포구 근처로 여행을 떠났다.

흥정 물건을 사거나 팔기 위하여 품질이나 가격 따위를 의논함.

번창하였다 기세가 크게 일어나 잘 뻗어 나갔다.

서술형

01 글 **1**에서 김만덕이 제주 목사에게 부탁한 일을 쓰시오.

_____

_____

02 김만덕에 대한 설명으로 알맞지 <u>않은</u> 것은 무엇입니까? (   )

① 열두 살 때 부모를 여의었다.

② 스스로 원해서 기생이 되었다.

③ 가난한 선비 집안에서 태어났다.

④ 스물세 살 때 기생의 신분에서 벗어났다.

⑤ 자유의 몸이 된 후에는 객줏집을 열었다.

03 육지 상인들이 김만덕의 객줏집으로 몰려든 까닭으로 알맞은 것의 기호를 쓰시오.

> ㉮ 김만덕의 객줏집 시설이 매우 좋아서
> ㉯ 김만덕이 제주도에서 가장 큰 부자라서
> ㉰ 제주도의 특산물을 적당한 가격에 사들일 수 있어서

(   )

교과서 문제

04 다음은 김만덕이 지킨 장사의 원칙 세 가지입니다. 빈칸에 알맞은 말을 글에서 각각 찾아 쓰시오.

> • 첫째, (1)(   )을/를 적게 남기고 많이 판다.
> • 둘째, 적당한 (2)(   )에 물건을 사고판다.
> • 셋째, 반드시 (3)(   )을/를 지키고 정직한 거래를 한다.

중요

05 이와 같은 전기문의 특성으로 알맞지 <u>않은</u> 것에 ×표 하시오.

(1) 인물이 살았던 시대 상황이 나타난다.   (   )

(2) 인물이 한 일과 인물의 가치관이 나타난다.   (   )

(3) 인물의 삶을 사실과는 관련 없이 꾸며 쓴 글이다.   (   )

김만덕이 조선 시대에 살았던 실제 인물임을 생각하면 답을 쉽게 찾을 수 있어요.

몇십 년이 흘렀다. 김만덕은 제주도에서 손꼽히는 큰 상인이 되었
다. 많은 돈을 벌어들여 '제주도 부자 김만덕' 하면 모르는 사람이 없
을 정도였다. 그러나 김만덕은 돈이 많다고 하여 함부로 돈을 낭비하지
않았다. 오히려 더 절약하고 검소한 생활을 하였다.

여럿 중에서 다섯 손가락 안에 들 만큼 뛰어나게 여겨지는.

㉠"풍년에는 흉년을 생각하여 더욱 절약해야 돼. 그리고 편안히 사는
사람은 어렵게 사는 사람을 생각하여 하늘의 은혜에 감사하며 검소하
게 살아야 하고…….."

김만덕은 주위 사람들에게 늘 이렇게 말하였다.

중심 내용 김만덕은 객줏집을 열고 사업을 하여 많은 돈을 벌었지만 검소한 생활을 했다.

3 1790년부터 4년 동안 제주도에는 흉년이 계속되었다. 그 바람에 양
식이 없어 굶주리는 사람들이 늘어났다. 제주도 사람들은 모두 굶어 죽
게 되었다며 근심에 잠겼다. 그러나 다행스럽게도 이듬해에는 농사가 잘
되었다. 때맞추어 비가 내려 들판에는 곡식이 익어 갔다. 이대로라면 그
해 농사는 대풍년이었다. 그런데 수확을 앞두고 제주도에 태풍이 몰려왔
다. 그동안 애써 가꾸어 놓은 농산물이 모두 심한 피해를 입어 제주도 사
람들은 이제 꼼짝없이 굶어 죽을 지경에 이르렀다. 제주 목사는 그해 9월
에 이러한 사정을 편지로 써서 조정에 알렸다.

태풍으로 올해 농사를 망쳐 제주도 사람 모두가 굶어 죽을 위기에
처했습니다. 곡식 이만 석을 급히 보내 주십시오.

정조 임금은 이 편지를 받고 신하들과 회의를 하였다. 그리고 곡식 이
만 석을 보내 제주도 사람들을 살리기로 결정하였다. 임금의 명으로 신

곡식을 보내 달라는 제주 목사의 편지

하들은 곡식을 여러 배에 나누어 실어 제주도로 보냈다. 하지만 그 배들

명령.

은 제주도에 닿지 못하였다. 갑자기 태풍이 불어닥쳐 배가 모두 바닷속으
로 가라앉아 버린 것이다. 배가 침몰하였다는 소식을 들은 제주도 사람들
은 이제는 굶어 죽을 수밖에 없

물속에 가라앉음.

다며 절망에 빠졌다. 이것을 보
고 김만덕은 생각하였다.

㉡'제주도 사람들을 굶어 죽
게 내버려 둘 수는 없다. 내가
나서서 그들을 살려야겠다.'

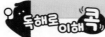
5 김만덕은 제주도에서 손꼽히는 큰 상인
이 되었다. (○, X)

6 김만덕은 풍년에는 흉년을 생각하여 더
욱 (절약, 소비)해야 된다고 했다.

7 제주 목사는 (   )을/를 써서 제
주도의 어려운 상황을 조정에 알렸다.

8 정조 임금은 제주도에 곡식 (   )
을/를 보내기로 결정했다.

낱말풀이

검소한 사치하지 않고 꾸밈없이 수수한.
예 부모님은 항상 검소한 옷차림을 하
셨다.

양식 살기 위해 필요한 사람의 먹을거리.

근심 좋지 않은 일이 생길지도 모른다는
두렵고 불안한 마음.

이듬해 바로 다음의 해.

조정 임금이 나라의 정치를 신하들과 의
논하거나 집행하는 곳.

석 부피의 단위. 곡식, 가루, 액체 따위의
부피를 잴 때 쓴다.

교과서 문제

06 글 ❸에 나타난 시대 상황으로 알맞은 것을 두 가지 고르시오. (   )

① 김만덕보다 더 큰 부자가 나타났다.
② 수확을 앞두고 제주도에 태풍이 몰려왔다.
③ 김만덕이 운영하는 객줏집이 문을 닫았다.
④ 1790년부터 제주도에 4년 동안 흉년이 들었다.
⑤ 농사가 대풍년이라 제주도에 곡식이 남아돌았다.

서술형

07 제주 목사가 쓴 편지의 내용으로 미루어 보아 당시에 제주도 사람들이 처한 상황을 쓰시오.

_____

_____

08 정조 임금이 보낸 배가 제주도에 닿지 못한 까닭은 무엇입니까? (   )

① 도적들이 배를 훔쳐 달아났기 때문이다.
② 임금이 배를 다른 곳으로 보냈기 때문이다.
③ 임금이 배를 다시 돌려 오라고 했기 때문이다.
④ 김만덕이 배가 들어오는 것을 반대했기 때문이다.
⑤ 태풍이 불어 배가 모두 바닷속으로 가라앉았기 때문이다.

중요

09 ㉠과 ㉡을 통해 알 수 있는 김만덕의 가치관으로 알맞은 것은 무엇입니까?

(   )

① 다른 사람들보다 자기 가족을 가장 소중하게 생각한다.
② 벼슬을 하여 관직에 나아가는 것을 중요하게 생각한다.
③ 장사를 하여 많은 돈을 모으는 것을 중요하게 생각한다.
④ 자신이 가진 것을 나누고 베푸는 삶을 중요하게 생각한다.
⑤ 배우고 익혀 많은 사람들을 이롭게 하는 것을 중요하게 생각한다.

> 김만덕이 어려운 상황에 처한 사람을 도와야겠다고 결심한 내용에서 어떤 가치관을 지녔는지 짐작해 봐요.

김만덕은 전 재산을 들여 육지에서 곡식을 사 오게 하였다. 그 곡식은 총 오백여 석이었다.

"제가 전 재산을 들여 육지에서 사들인 곡식입니다. 굶주린 사람들에게 나누어 주십시오."

제주 목사는 김만덕의 말을 듣고 깜짝 놀랐다.

'양반도 아닌 상인이 피땀 흘려 모은 재산을 제주도 사람들을 구하겠다
_{제주 목사가 김만덕의 말을 듣고 놀란 까닭}
고 모두 내놓다니 정말 어진 사람이구나.'

관청 마당에는 곡식이 산더미같이 쌓여 있었다. 제주 목사는 곡식을 풀어 굶주린 사람들에게 나누어 주었다. 그리하여 제주도 사람들은 목숨을 건질 수 있었다.

중심 내용 흉년이 들어 제주도 사람들이 굶어 죽을 위기에 처하자 김만덕은 전 재산을 들여 육지에서 곡식을 사와 사람들에게 나누어 주었다.

4 "그분이 없었다면 우리는 어떻게 되었을까?"
_{김만덕}

"모두 굶어 죽었겠지. 그분은 제주도 사람들의 은인이야."

제주도 사람들은 모이기만 하면 김만덕의 업적과 어진 덕을 칭찬하였다. 제주 목사는 임금에게 김만덕의 행동을 칭찬하는 글을 올렸다. 임금은 제주 목사의 편지를 받고 눈이 화등잔만 해졌다.
_{김만덕의 업적을 알리기 위해}

"제주도에 사는 여인이 전 재산을 내놓아 굶주린 사람들을 살렸다고? 참으로 고마운 일이로구나. 김만덕의 소원을 들어 주도록 하여라."

제주 목사가 김만덕에게 소원을 묻자, 김만덕은 임금의 용안을 뵙는 것과 금강산 구경을 말하였다. 임금은 김만덕에게 벼슬을 내려 임금을 만날 수 있게 해 주었다. 양민의 신분으로는 임금을 만날 수 없었기 때문이다. 그리고 제주도 여자는 제주도를 떠날 수 없었던 그 당시의 규범을 깨고 김만덕에게 금강산을 구경하도록 해 주었다.

김만덕은 일 년여 동안 서울에서 지낸 뒤에 다시 고향 제주도로 돌아왔다. 그리고 예전과 다름없이 장사를 하며 어려운 사람들을 도왔다. 김만덕은 자신만 풍요롭게 살기보다는 자신이 가진 것을 사람들과 나누며 함께 살았다. 김만덕의 삶은 이웃과 더불어 살며 나누고 베푸는 따뜻한 마음이 무엇인지 우리에게 잘 보여 준다.

중심 내용 김만덕은 임금으로부터 제주도 사람들을 구한 업적을 인정받아 두 가지 소원을 이루었고, 다시 제주도로 돌아온 뒤에는 예전처럼 어려운 사람들을 도우며 살았다.

독해로 이해 쏙

9 김만덕은 전 재산을 들여 오백여 석의 곡식을 샀다. (○ , ✕)

10 제주도 사람들은 김만덕 덕분에 목숨을 건질 수 있었다. (○ , ✕)

11 제주 목사는 (   )에게 김만덕의 행동을 칭찬하는 글을 올렸다.

12 김만덕은 양민의 신분이어서 결국 임금을 만나지 못했다. (○ , ✕)

낱말풀이

어진 마음이 너그럽고 착하며 슬기롭고 덕이 높은.

은인 자신에게 은혜를 베푼 사람. 예 주영이는 물에 빠진 선희를 구해 준 생명의 은인이다.

화등잔 놀라거나 두려워 커다래진 눈을 비유적으로 이르는 말.

용안 임금의 얼굴을 높여 이르는 말.

공부한 날

월

일

교과서 문제

10 김만덕이 제주도 사람들을 돕기 위해 한 일은 무엇입니까? (   )

① 음식을 해서 나누어 주었다.

② 다친 사람들을 돌보아 주었다.

③ 제주도 특산품을 싼값에 팔았다.

④ 전 재산을 들여 육지에서 곡식을 사 오게 했다.

⑤ 임금에게 직접 찾아가서 제주도의 힘든 상황을 알렸다.

11 김만덕이 제주 목사에게 말한 소원을 두 가지 고르시오. (   )

① 벼슬을 받는 것

② 금강산을 구경하는 것

③ 임금의 용안을 뵙는 것

④ 임금이 직접 쓴 편지를 받는 것

⑤ 제주도를 떠나 서울에서 사는 것

중요

12 김만덕이 살았던 시대 상황으로 알맞지 <u>않은</u> 것의 기호를 쓰시오.

> ㉮ 신분 차별이 있었다.
> ㉯ 양반보다 상인이 높은 지위에 있었다.
> ㉰ 제주도 여자는 제주도를 떠날 수 없었다.

김만덕에게 있었던 일을 살펴보면 당시 시대 상황을 알 수 있어요.

(   )

서술형

13 임금이 김만덕에게 벼슬을 내린 까닭은 무엇인지 쓰시오.

_____

_____

1 정약용은 <u>1762년 지금의 경기도 남양주에 있는 마재에서 태어났어</u>
<u>요.</u> 지방 관리였던 아버지 덕분에 정약용은 어릴 때부터 백성의 삶을 가
까이서 지켜볼 수 있었어요.

　백성은 이른 아침부터 해가 떨어질 때까지 **한시**도 쉬지 않고 일했지요.
그런데도 백성은 늘 배불리 먹지 못했어요. 세금을 내지 못해 남의 집 머
슴살이를 하는 사람도 많았어요. 어린 정약용의 눈에 그것은 참 이상한
일이었어요.

중심 내용 1762년, 마재에서 태어난 정약용은 지방 관리였던 아버지 덕분에 어릴 때부터 백성의 삶
을 가까이서 지켜봤어요.

2 열다섯 살 때, 아버지를 따라 한양으로 간 정약용은 많은 사람을 만나
학문을 배우고 익혔어요. 훗날 정약용에게 큰 영향을 준 <u>이익의 책을 처</u>
조선 영조 때의 학자. 실학의 대가로 천문, 지리, 의학 따위에 업적을 남김.
<u>음 본 것도</u> 이즈음이었지요. 그때까지 정약용은 사람이 바르게 사는 도
열다섯 살 때
리를 따지는 성리학을 주로 공부했어요. 그런데 이익이 사물에 폭넓게 관
심을 두고 **해박한** 지식을 쌓은 것을 보면서 정약용의 생각도 조금씩 달라
졌어요. 백성이 잘 사는 데 도움이 되는 **실학**에 관심을 갖게 된 거예요.

중심 내용 정약용은 열다섯 살 때, 한양으로 가서 학문을 배우고 익히다가 백성이 잘 사는 데 도움이 되는
실학에 관심을 갖게 되었어요.

3 1792년 진주 목사로 있던 정약용의 아버지가 돌아가셨어요. 정약용
은 벼슬을 그만두고 아버지의 무덤을 지키는 '시묘살이'를 했어요. 조선
시대에는 <u>부모님이 돌아가시면 삼 년간 그 무덤 앞에 움막을 짓고 살면</u>
시묘살이의 방법
<u>서 부모님의 **명복**을 빌었거든요.</u>

　　　　　　　　하지만 정조는 시묘를 살던
　　　　　　　　정약용을 가만히 내버려 두지
　　　　　　　　않았어요. 그즈음 정조는 수
　　　　　　　　원에 성을 크게 쌓을 계획을
　　　　　　　　세우고 있었어요. 정조는 정
　　　　　　　　약용에게 책을 보내며 좋은 방
　　　　　　　　법을 생각해 보라고 했어요.

"수원에 새로이 성을 지으려 하네. 성을 짓는 데 드는 돈을 줄이면서
백성의 수고도 덜 수 있는 방법을 찾아보게."

중심 내용 정약용은 1792년에 시묘살이를 했는데, 정조가 그런 정약용에게 책을 보내며 수원에 성을 짓는
좋은 방법을 생각해 보라고 했어요.

읽기 팁

조선 시대 학자인 정약용이 살아온 과
정을 차례대로 쓴 전기문이에요. 정약
용이 한 일을 통해 인물의 가치관을 짐
작하며 글을 읽어 보세요.

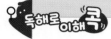
독해로 이해 콕

13 정약용은 (　　　　　)년 지금의 경기도
남양주에 있는 마재에서 태어났다.

14 정약용은 열다섯 살 때 아버지를 따라 한
양으로 갔다. (○ , ×)

15 정약용은 아버지가 돌아가시자 아버지의
무덤 앞에서 (　　　　　)을/를 했다.

16 당시 정조는 한양에 성을 크게 쌓을 계획
을 세우고 있었다. (○ , ×)

낱말풀이

한시 잠깐의 짧은 시간. 예 어머니는 아기
에게서 한시도 눈을 떼지 않으셨다.

해박한 여러 방면으로 학식이 넓은. 예 다
양한 분야의 해박한 지식을 가지려면
책을 많이 읽어야 한다.

실학 조선 시대에 실생활에 이롭거나 도
움이 되는 것을 목표로 한 새로운 학문
연구 경향.

명복 죽은 뒤 저승에서 받는 복.

14 정약용이 살았던 시대의 백성이 사는 모습으로 알맞지 <u>않은</u> 것에 ×표 하시오.

⑴ 새로운 학문을 배우려는 사람이 많았다. (　　　)

⑵ 하루 종일 쉬지 않고 일해도 배불리 먹지 못했다. (　　　)

⑶ 세금을 내지 못해 남의 집 머슴살이를 하는 사람이 많았다. (　　　)

공부한 날

월

일

교과서 문제

15 정약용이 열다섯 살 때 한양으로 가서 한 일은 무엇입니까? (　　　)

① 벼슬에 올랐다.

② 이익과 함께 공부했다.

③ 많은 사람을 만나 학문을 익혔다.

④ 정조를 만나 성을 쌓을 방법을 의논했다.

⑤ 임금에게 백성이 편안히 살 방법을 건의했다.

> 글 2에 정약용이 한양으로 가서 무슨 일을 했는지, 어떤 것에 관심을 가졌는지 나와 있어요.

16 정약용이 이익의 책을 보고 관심을 가진 학문은 무엇인지 빈칸에 알맞은 말을 쓰시오.

백성이 잘 사는 데 도움이 되는 (　　　　　　　　　　　)

서술형

17 정조가 시묘살이를 하던 정약용에게 명한 것은 무엇인지 쓰시오.

_____

_____

중요

18 정약용에 대한 설명으로 알맞지 <u>않은</u> 것의 기호를 쓰시오.

> ㉮ 벼슬을 그만두고 아버지의 시묘를 살 정도로 효심이 컸다.
> ㉯ 고집이 세서 임금의 명이어도 자기 뜻에 맞지 않으면 거절했다.
> ㉰ 어릴 때부터 백성의 삶을 가까이서 지켜보며 백성의 삶에 관심을 가졌다.

> 인물이 한 말이나 한 일을 통해 인물이 어떤 사람인지 알 수 있어요.

(　　　　　　　　　　　)

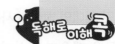

4 정약용은 정조가 보내 준 책들을 **꼼꼼히** 읽으며 고민에 빠졌어요. 정약용이 생각하기에 성을 쌓을 때 가장 큰 문제는 돌을 옮기는 일이었어요. 힘을 덜 들이고 크고 무거운 돌을 옮길 방법을 찾던 정약용은 서른한 살 되던 해, 마침내 **거중기**를 만들었어요. 도르래의 원리를 이용해 작은 힘으로도 무거운 물건을 들 수 있도록 만든 기계였지요.

거중기 덕분에 백성은 성을 짓는 일에 자주 나오지 않아도 되어 마음 편히 농사를 지을 수 있었어요. 나라에서도 성을 짓는 데 드는 비용을 크게 줄일 수 있었어요. 정약용 덕분에 나라 살림도 아끼고 백성의 수고도 덜게 된 거예요.

중심 내용 정약용은 서른한 살 때, 거중기를 만들어서 성을 짓는 데 도움을 주었어요.

5 서른세 살 때, 정약용은 정조의 비밀 명령을 받고 암행어사가 되었어요. 암행어사는 임금을 대신해 지방 관리들이 백성을 잘 다스리는지 알아보는 중요한 벼슬이었어요.
_{암행어사의 역할}

어느 날 연천 지역을 돌던 정약용은 주막에서 들려오는 이야기 소리에 귀가 번쩍 뜨였어요.
_{호기심이 강하게 생겼어요.}

"아이고, 못 살겠다. 흉년이 들어 나라에서는 세금을 면제해 주었다는데, 왜 우리 사또는 세금을 걷는 거야? 그걸로 자기 재산 불리려는 속셈을 누가 모를 줄 알고? 흉년이 들어 먹을 것도 없는데 욕심 많은 사또 때문에 아주 죽겠네그려."

정약용은 서둘러 사실을 알아보았어요. 그러고는 백성의 재물을 **빼앗**아 자기 배를 불린 연천 **현감** 김양직을 크게 벌했어요.

중심 내용 정약용은 서른세 살 때, 암행어사가 되어 지방 관리들이 백성을 잘 다스리는지 알아봤어요.

6 정약용은 암행어사로 일하는 동안 지방 관리가 어떤 마음을 가져야 하는지에 대해 깊이 생각했어요. 임금이 아무리 나라를 잘 다스려도 지방 관리가 나쁜 짓을 **일삼으면** 백성은 어렵게 살 수밖에 없다는 것을 알게 되었거든요. 어릴 때 아버지 옆에서 보았던 백성의 어려운 삶도 머릿속을 떠나지 않았어요. 정약용은 쉰일곱 살이 되던 1818년, 이런 생각들을 자세히 담은 『목민심서』라는 책을 펴냈어요.

중심 내용 정약용은 쉰일곱 살이 되던 해에 지방 관리가 가져야 할 마음에 대한 내용을 담은 『목민심서』라는 책을 펴냈어요.

독해로 이해 콕

17 정약용이 생각하기에 성을 쌓을 때 가장 큰 문제는 (   )을/를 옮기는 일이었다.

18 거중기 덕분에 백성은 성을 짓는 일을 하지 않아도 되었다. (○ , ✕)

19 정약용은 암행어사로 활동하며 나쁜 짓을 한 지방 관리를 벌했다. (○ , ✕)

20 정약용은 지방 관리들이 나쁜 짓을 해도 임금이 나라를 잘 다스리면 백성들이 잘 살 수 있다고 생각했다. (○ , ✕)

낱말풀이

꼼꼼히 빈틈이 없이 차분하고 조심스러운 모양.

거중기 예전에 무거운 물건을 들어 올리는 데에 쓰던 기계.

현감 조선 시대 작은 현을 다스리던 지방관.

일삼으면 주로 좋지 아니한 일 따위를 계속하여 하면. 예 거짓말을 <u>일삼으면</u> 안 된다.

19 다음에서 설명하는 것이 무엇인지 쓰시오.

> • 정약용이 서른한 살에 만든 것이다.
> • 도르래의 원리를 이용해 작은 힘으로도 무거운 물건을 들 수 있게 만든 기계이다.

(   )

서술형

20 정약용이 서른세 살에 무슨 일을 했는지 쓰시오.

_____

_____

교과서 문제

21 정약용이 지방 관리가 가져야 할 자세에 대해 쓴 책의 제목을 쓰시오.

『(   )』

중요

22 정약용이 한 일을 통해 짐작할 수 있는 인물의 가치관으로 알맞은 것에 ○표 하시오.

(1) 백성에게 도움이 되려고 맡은 일을 열심히 했다.   (   )

(2) 여러 분야의 학식을 쌓아 존경받는 학자가 되려고 했다.   (   )

(3) 백성에게 많은 세금을 걷어 나라의 재산을 늘리려고 했다.   (   )

정약용이 한 일들이 누구를 위한 것이었는지 생각해 봐요. 글 6에 나온 정약용의 생각도 살펴봐요.

#암행어사 #마패 #조선 시대의 벼슬 #암행어사 출두야!

'암행'은 '비밀리에 돌아다닌다.'는 뜻이고, '어사'는 '임금의 명을 수행하는 관리.'라는 뜻이에요.

암행어사는 임금의 명령을 받아 비밀리에 지방을 돌아다니며 지방 관리들의 잘못을 밝히고 백성의 삶과 마음을 살피는 일을 했어요.

암행어사는 신분을 증명하는 용도로 임금에게 받은 마패를 가지고 다녔어요.

1 1882년 2월, 태어난 지 열아홉 달밖에 되지 않은 헬렌의 **열병**이 좀처럼 낫지 않았습니다. 엄마는 헬렌을 가슴에 안고 며칠 동안 밤낮을 가리지 않고 돌보며 달랬지만 소용이 없었습니다. 헬렌은 거의 잠도 자지 않고 온몸을 뒤척이며 괴로워했습니다. 며칠이 지난 뒤 ㉠헬렌의 열병은 마침내 가라앉았습니다. 헬렌은 겉으로 보기에는 아무런 이상이 없었으며, 깊은 잠에 빠져 있는 것 같았습니다. 엄마는 딸을 끌어안고 살아남은 것을 **거듭** 고마워했습니다. 그러나 엄마도, 의사들도 이 열병 때문에 헬렌에게 무슨 일이 일어났는지 그때는 알지 못했습니다.

엄마는 딸이 누워 있는 침대로 갔습니다. 햇빛이 유리창을 뚫고 헬렌의 얼굴을 밝게 비춰 주고 있었습니다. 헬렌은 눈을 뜨고 있으면서도 빛을 피하지 않은 채 그대로 있었습니다. 이전 같았으면 눈이 부셔 얼굴을 돌렸을 겁니다. 이상하게 생각한 엄마는 헬렌의 눈 가까이에 손을 흔들어 보았지만 눈을 전혀 깜박이지 않았습니다. 식탁에서 램프를 가져와 얼굴 가까이 **비춰** 보았지만 아무런 반응이 없었습니다. 헬렌은 열병 때문에 시력을 잃고 만 것입니다.

중심 내용 태어난 지 열아홉 달이 된 헬렌은 열병을 앓고 난 후 시력을 잃었습니다.

2 며칠 뒤였습니다. 저녁 식사를 알리는 종이 울렸을 때 엄마는 헬렌과 함께 있었습니다. 헬렌은 먹는 것을 좋아해서 언제나 종소리가 울리기가 무섭게 식탁으로 다가오고는 했습니다. 그런데 어쩐 일인지 이번에는 아무것도 알아듣지 못한 것 같았습니다. 엄마는 깡통에 돌을 넣은 딸랑이를 헬렌의 귀에 대고 흔들었습니다. 그런데 헬렌의 엄마는 또 한 번 큰 충격을 받았습니다. 헬렌이 아무런 반응도 보이지 않았기 때문입니다. 더 크게 흔들어도 마찬가지였습니다. 열병은 헬렌의 듣는 능력까지 빼앗아 간 것입니다.

헬렌의 부모는 헬렌을 치료하려고 먼 곳까지 여행하면서 의사들을 찾아다녔지만 어떤 의사도 도움이 되지 못했습니다. 헬렌은 어둠과 **침묵**의 세계 속에 갇힌 채 몸부림쳤습니다. 오랜 시간이 지난 뒤 헬렌은 그 시절을 되돌아보며 이렇게 말했습니다.

"나는 너무 어려서 무슨 일이 일어났는지 알지 못했다. 잠에서 깨어나 보니 모든 것이 깜깜하고 조용했다. 나는 밤이 되었다고 생각했다."

읽기 팁
헬렌 켈러가 어려움을 극복하고 남을 돕는 일을 하게 되었다는 내용의 전기문이에요. 인물의 생각을 짐작해 보고, 인물의 말이나 행동에서 본받을 점을 생각하며 글을 읽어 보세요.

독해로 이해 콕
21 헬렌은 태어난 지 열아홉 달이 되었을 때 큰 열병을 앓았다. (○, ×)
22 열병을 앓고 난 후 헬렌은 더 이상 걸을 수 없게 되었다. (○, ×)
23 시력을 잃은 헬렌은 며칠 뒤 식사를 알리는 (   )도 듣지 못했다.
24 헬렌의 부모님께서는 먼 곳까지 여행하며 헬렌의 병을 치료할 의사를 찾으셨다. (○, ×)

낱말풀이
열병 열이 몹시 오르고 심하게 앓는 병.
거듭 어떤 일을 되풀이하여. 예 상대 선수는 거듭 실수하여 메달을 따지 못했다.
비춰 빛을 내는 물건을 사용하여 다른 것을 밝게 하거나 드러나게 하여.
침묵 아무 말 없이 조용히 있음. 또는 그런 상태.

23 ㉠의 일이 일어난 이후에 헬렌의 모습으로 알맞은 것에 ○표 하시오.

(1) 램프 불빛에만 눈을 깜박였다. ( )

(2) 햇빛이 비추자 눈이 부셔서 얼굴을 돌렸다. ( )

(3) 눈을 뜨고 있으면서도 빛을 피하지 않은 채 그대로 있었다. ( )

서술형

24 저녁 식사를 알리는 종이 울렸을 때 헬렌은 어떻게 했는지 쓰시오.

_____

_____

25 글 **2**에서 헬렌의 행동을 보고 엄마께서 어떻게 하셨는지 빈칸에 알맞은 말을 쓰시오.

> 엄마께서는 깡통에 돌을 넣은 딸랑이를 헬렌의 ( )에 대고 흔드셨다.

중요

26 열병을 앓고 난 뒤 헬렌에게 생긴 일을 두 가지 고르시오. ( )

① 시력을 잃었다.

② 몸을 움직이지 못했다.

③ 아무것도 듣지 못했다.

④ 먹는 것을 싫어하게 되었다.

⑤ 멀리 여행을 가서 부모님과 떨어졌다.

> 열병을 앓은 헬렌에게 어떤 일이 일어났는지 글에서 찾아봐요.

교과서 문제

27 글 **2**에서 헬렌의 마음은 어떠했겠습니까? ( )

① 미안하고 고맙다.

② 기대되지만 떨린다.

③ 힘들지만 보람차다.

④ 무섭고 절망스럽다.

⑤ 억울하고 후회스럽다.

다른 사람들과 의사소통을 할 수 없게 되자 헬렌은 슬퍼하는 날이 많아졌습니다. 그리고 화를 잘 내고 소리를 지르며 걷어차고 물어뜯고 때렸습니다. 헬렌은 제멋대로였고 성격이 **난폭해져서** 집안 식구들을 괴롭혔습니다. 그러나 자신이 다른 사람을 얼마나 괴롭히는지 알지 못했습니다.

중심 내용 열병으로 청력까지 잃은 헬렌은 슬픔에 빠져 성격이 난폭해졌습니다.

3 1887년 3월 3일은 헬렌 켈러의 **생애**에서 가장 중요한 날입니다. 헬렌의 운명을 바꾸어 놓은 앤 설리번 선생님을 만난 날이기 때문입니다. 헬
헬렌의 삶에 큰 영향을 준 사람
렌은 여덟 살 때 설리번 선생님을 만난 것입니다. 앤은 마차에서 내려서 헬렌의 아버지와 인사를 나누자마자 물었습니다.

"헬렌은요?"

현관문 앞에 헬렌이 서 있었습니다. 앤은 작은 소녀를 안았습니다. 그
헬렌
러나 ㉠ 헬렌은 안기려 하지 않고 몸을 **빼려고** 했습니다. 헬렌의 엄마는 헬렌이 볼 수도 들을 수도 없게 된 뒤부터 엄마한테만 안길 뿐 다른 사람이 안는 것을 싫어한다고 말해 주었습니다. 그러나 잠시 후 헬렌이 앤에게 다가왔습니다. 그러더니 손으로 이 **낯선** 사람을 만지기 시작했습니다. 얼굴을 만지고 코와 입과 먼지 묻은 옷을 차례로 만지는 것이었습니다. 앤은 헬렌의 손이 곧 눈이라는 것을 바로 알아차렸습니다. 이 손을 통해 헬렌에게 새로운 세계를 열어 주어야 할 일이 앤에게 맡겨진 것입니다. 이 손이 어둠 속에 갇힌 헬렌을 빛의 세계로 끌어내 줄 것입니다.

헬렌은 선생님에게 날마다 새로운 낱말들을 배웠지만 낱말과 사물의 관계가 어떤 것인지 이해하지 못하고 있었습니다.
사물을 직접 보지 못하고 소리도 듣지 못하기 때문에
그러던 1887년 4월 5일, 마침내 **기적** 같은 일이 일어났습니다. 아름다운 봄날 아침이었습니다. 앤 선생님에게 새로운 생각이 번쩍 떠올랐습니다. 헬렌은 펌프 주변의 마당에서 노는 것을 좋아했는데, 펌프를 이용해 '물'이라는 낱말의 관계를 실감 나게 알게 해 줄 수 있지 않을까 하는 생각이 들었습니다. 선생님은 헬렌의 손을 잡고 펌프가로 데리고 갔습니다. 펌프로 물을 퍼 올리자 헬렌의 손바닥으로 시원한 물이 쏟아져 내렸습니다. 선생님은 헬렌의 손바닥에 처음에는 천천히, 나중에는 빨리 'w-a-t-e-r'라고 거듭 써 주었습니다. 그러자 헬렌의 얼굴이 환히 빛났습니다.
'물'의 영어 글자

25 헬렌은 자신이 다른 사람을 괴롭히고 있다는 것을 알고 있었다. (○, ✕)

26 헬렌은 여덟 살 때 ( ) 선생님을 만났다.

27 헬렌은 설리번 선생님께 새로운 낱말을 배우자마자 낱말과 사물의 관계를 이해했다. (○, ✕)

28 설리번 선생님께서는 헬렌을 펌프가로 데려가 직접 (물, 펌프)을/를 만져 볼 수 있게 하셨다.

낱말풀이

난폭해져서 행동이 몹시 거칠고 사나워져서. 예 우리 집 강아지가 점점 난폭해져서 걱정이다.

생애 살아 있는 한평생의 기간.

낯선 전에 보거나 만난 적이 없어 모르는 사이인.

기적 상식으로는 생각할 수 없는 기이한 일.

교과서 문제

28 다른 사람들과 의사소통을 할 수 없게 된 헬렌의 모습으로 알맞지 <u>않은</u> 것은 무엇입니까? (   )

① 화를 잘 냈다.　　　　　　② 소리를 질렀다.

③ 계속 잠만 잤다.　　　　　④ 제멋대로 행동했다.

⑤ 걷어차고 물어뜯었다.

중요

29 헬렌의 생애에서 가장 중요한 날로 알맞은 것의 기호를 쓰시오.

> ㉮ 설리번 선생님을 만난 날
> ㉯ 처음으로 펌프로 물을 퍼 올린 날
> ㉰ 처음으로 '물'이라는 낱말을 알게 된 날

(   )

> 1887년 3월 3일에 일어난, 헬렌의 생애에서 가장 중요한 일이 무엇이라 했는지 살펴봐요.

서술형

30 헬렌이 ㉠처럼 행동한 까닭을 쓰시오.

_____

_____

31 설리번 선생님께서는 헬렌에게 무엇을 해 주고 싶다고 생각하셨습니까?

(   )

① 헬렌이 공부를 좋아하게 만들고 싶다.

② 헬렌이 자신을 좋아하도록 만들고 싶다.

③ 헬렌에게 새로운 세계를 열어 주고 싶다.

④ 헬렌의 열병을 깨끗이 낫게 해 주고 싶다.

⑤ 헬렌이 낯선 사람을 무서워하지 않게 해 주고 싶다.

32 설리번 선생님께서 헬렌을 펌프가로 데리고 가신 까닭을 생각하며 빈칸에 알맞은 말을 각각 쓰시오.

> 헬렌의 손으로 직접 (1)(　　　　　　　　)을/를 만져 보게 해서 헬렌이 낱말과 (2)(　　　　　　　　)의 관계를 실감 나게 알게 해 주려고 하셨다.

그러더니 선생님에게 'w-a-t-e-r'라고 여러 번 써 보여 주는 것이었습니다. 그 순간 헬렌은 자기 손에 쏟아지는 물을 나타내는 낱말이 'water'이고, 세상의 모든 것은 각각 이름을 가지고 있다는 것을 비로소 깨닫게 된 것입니다. 마침내 헬렌의 앞에 빛의 세계가 열렸습니다. <u>헬렌은 배우고 싶다는 뜨거운 마음이 생겼습니다.</u> 헬렌은 아침에 일찍 일어
_{배움에 대한 열망이 생김.}
나자마자 글자를 쓰기 시작해 하루 종일 글을 쓰고는 했습니다. 결국 헬렌은 글자를 통해 다른 사람에게 자기 생각을 전할 수 있게 되었습니다.

중심 내용 헬렌은 앤 설리번 선생님의 노력으로 글자를 익힐 수 있게 되었습니다.

4 1889년 가을, 헬렌은 퍼킨스학교에 다니게 되었습니다. 앤 선생님은 변함없이 헬렌을 가르쳤고, 다른 선생님들도 헬렌을 도와주었습니다. 퍼킨스학교에 머무는 동안 헬렌은 시각·청각·언어 장애를 지닌 노르웨이의 한 소녀가 입으로 말하는 법을 배웠다는 소식을 들었습니다. 이 소식을 듣자 헬렌은 너무나 기뻤으며, 자신도 이것을 배우게 해 달라고 선생
_{입으로 말하는 법}
님을 졸랐습니다. 말하기를 배우는 것이 너무 힘들었지만 헬렌은 포기하지 않았습니다. 뜻대로 말이 되지 않아 어려움을 많이 겪었지만 자신도 마침내 말을 할 수 있을 것이라는 희망을 버리지 않고 끊임없이 노력했습니다. 새에게도 말을 걸고 장난감과 개에게도 말을 했습니다.

열 살이 된 헬렌은 퍼킨스학교에 있는 동안 자신처럼 장애를 지닌 어린이를 돕는 일에 나섰습니다. 펜실베이니아주에 살고 있는 토미를 퍼킨스학교에 데려와 교육받을 수 있도록 모금을 하기로 한 것입니다. 다섯 살의 토미는 헬렌처럼 보지도 듣지도 말하지도 못하는 아이였습니다. 토미는 부모님도 안 계시고 가난한 아이여서 학교에 갈 수 없었습니다. 헬렌은 토미가 퍼킨스학교에 다닐 수 있도록 도와 달라는 글을 여러 사람과 신문사에 보냈습니다. 헬렌도 이 모금에 참여하기 위해 사치스러운 물건을 사지 않고 돈을 보탰습니다. 다행히 많은 성금이 모여 토미는 아무 걱정 없이 학교에 다닐 수 있게 되었습니다. 헬렌은 매우 기뻤습니다. <u>남을 도우면 이렇게 큰 기쁨을 누릴 수 있다는 깨달음을 얻었습니다.</u>
_{다른 사람을 돕는 것을 기쁘게 생각함.}

중심 내용 헬렌은 퍼킨스학교에 다니는 동안 자신처럼 장애를 지닌 어린이를 돕는 일에 앞장섰습니다.

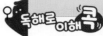

29 헬렌은 설리번 선생님의 노력에도 불구하고 글자를 익히지 못했다. (○, ✕)

30 1889년, 헬렌은 (학교, 병원)에 다니게 되었다.

31 헬렌은 입으로 말하는 방법을 배우기 위해 끊임없이 노력했다. (○, ✕)

32 열 살이 된 헬렌은 토미가 퍼킨스학교에 다닐 수 있도록 (   ) 운동을 했다.

비로소 이제까지는 아니던 것이 어떤 일이 있고 난 다음이 되어서야.

모금 기부금이나 성금 따위를 모음.

사치스러운 필요 이상의 돈이나 물건을 쓰거나 분수에 지나친 생활을 하는 데가 있는.

보탰습니다 부족한 것을 더하여 채웠습니다.

교과서 문제

33 글 ③에서 헬렌에게 생긴 일로 알맞은 것을 두 가지 고르시오. ( )

① 배우고 싶다는 뜨거운 마음이 생겼다.

② 펌프에서 물이 나오는 원리를 알게 되었다.

③ 설리번 선생님과 노는 것을 좋아하게 되었다.

④ 시력이 돌아와 사물이 다시 보이기 시작했다.

⑤ 세상의 모든 것은 각각 이름을 가지고 있다는 것을 깨달았다.

서술형

34 헬렌이 글자를 통해 다른 사람에게 자기 생각을 전하기 위해 어떤 노력을 했는지 쓰시오.

_____

_____

35 헬렌이 열 살 때 한 일은 무엇입니까? ( )

① 학교를 일찍 졸업했다.

② 노르웨이로 공부를 하러 갔다.

③ 퍼킨스학교의 장학생이 되었다.

④ 자신보다 어린 아이들을 가르쳤다.

⑤ 장애를 지닌 어린이를 돕는 일에 앞장섰다.

36 토미가 학교에 다닐 수 있게 되자, 헬렌의 마음은 어떠했습니까? ( )

① 부러웠다.　　　　　　② 고마웠다.

③ 매우 기뻤다.　　　　　④ 실망스러웠다.

⑤ 걱정이 되었다.

중요

37 헬렌에게서 본받을 점으로 알맞지 않은 것에 ×표 하시오.

헬렌의 말이나 행동에서 본받을 점이 무엇인지 생각해 봐요.

(1) 나라를 위해 자신을 희생하는 점　　　　　( )

(2) 포기하지 않고 끝까지 노력하는 점　　　　( )

(3) 다른 사람을 돕는 일에 앞장서는 점　　　　( )

6 본받고 싶은 인물을 찾아봐요

01~05 다음 글을 읽고, 물음에 답하시오.

가 김만덕은 육지의 물건을 제주도 사람들에게 팔아 이익을 남길 수 있었다. 또 김만덕은 녹용, 약초, 귤, 미역, 전복 같은 제주도의 특산물에 눈길을 돌렸다. 이러한 물건들을 제주도 사람들에게 사들여 육지 상인들에게 팔았다. 육지 상인들은 제주도의 특산물을 적당한 가격에 사들일 수 있어 김만덕의 객줏집으로 몰려들었다.

나 김만덕은 전 재산을 들여 육지에서 곡식을 사 오게 하였다. 그 곡식은 총 오백여 석이었다.

"제가 전 재산을 들여 육지에서 사들인 곡식입니다. 굶주린 사람들에게 나누어 주십시오."

제주 목사는 김만덕의 말을 듣고 깜짝 놀랐다.

'양반도 아닌 상인이 피땀 흘려 모은 재산을 제주도 사람들을 구하겠다고 모두 내놓다니 정말 어진 사람이구나.'

관청 마당에는 곡식이 산더미같이 쌓여 있었다. 제주 목사는 곡식을 풀어 굶주린 사람들에게 나누어 주었다. 그리하여 제주도 사람들은 목숨을 건질 수 있었다.

다 제주 목사가 김만덕에게 소원을 묻자, 김만덕은 임금의 용안을 뵙는 것과 금강산 구경을 말하였다. ⊙임금은 김만덕에게 벼슬을 내려 임금을 만날 수 있게 해 주었다. 양민의 신분으로는 임금을 만날 수 없었기 때문이다. 그리고 제주도 여자는 제주도를 떠날 수 없었던 그 당시의 규범을 깨고 김만덕에게 금강산을 구경하도록 해 주었다.

김만덕은 일 년여 동안 서울에서 지낸 뒤에 다시 고향 제주도로 돌아왔다. 그리고 예전과 다름없이 장사를 하며 어려운 사람들을 도왔다.

01 김만덕이 돈을 번 방법으로 알맞은 것을 두 가지 고르시오. (　　　)

① 돈을 빌려주고 이자를 받았다.
② 땅을 빌려주고 그 값을 받았다.
③ 제주도 특산물을 육지 상인에게 팔았다.
④ 육지의 물건을 제주도 사람들에게 팔았다.
⑤ 제주도에 사는 사람들에게 집을 지어 주었다.

서술형

02 제주도 사람들이 굶어 죽을 위기에 처했을 때 김만덕이 한 일을 쓰시오.

_____

_____

03 이 글을 읽고 난 후의 생각을 알맞지 <u>않게</u> 말한 친구의 이름을 쓰시오.

> 진이: 제주도 사람들은 김만덕을 은인으로 생각했을 거야.
> 시하: 제주 목사는 상인인 김만덕이 주제넘게 나선다고 생각했을 거야.

(　　　　　　)

04 ⊙에서 알 수 있는 당시 시대 상황으로 알맞은 것의 기호를 쓰시오.

> ㉮ 제주도 사람에 대한 차별이 있었다.
> ㉯ 제주도에 흉년이 들어 큰 피해를 입었다.
> ㉰ 양반과 양민에 대한 신분 차별이 있었다.

(　　　　　　)

중요

05 김만덕이 가치 있게 생각한 것은 무엇이겠습니까?

(　　　)

① 부와 명예를 쌓는 것
② 부모님께 효도하는 것
③ 불의를 보면 참지 않는 것
④ 남에게 받은 것에 보답하는 것
⑤ 자신이 가진 것을 나누고 베푸는 것

06~11 다음 글을 읽고, 물음에 답하시오.

> **가** 정약용은 정조가 보내 준 책들을 꼼꼼히 읽으며 고민에 빠졌어요. 정약용이 생각하기에 성을 쌓을 때 가장 큰 문제는 돌을 옮기는 일이었어요. 힘을 덜 들이고 크고 무거운 돌을 옮길 방법을 찾던 정약용은 서른한 살 되던 해, 마침내 거중기를 만들었어요. 도르래의 원리를 이용해 작은 힘으로도 무거운 물건을 들 수 있도록 만든 기계였지요.
>
> 거중기 덕분에 백성은 성을 짓는 일에 자주 나오지 않아도 되어 마음 편히 농사를 지을 수 있었어요. 나라에서도 성을 짓는 데 드는 비용을 크게 줄일 수 있었어요. 정약용 덕분에 나라 살림도 아끼고 백성의 수고도 덜게 된 거예요.
>
> **나** 정약용은 암행어사로 일하는 동안 지방 관리가 어떤 마음을 가져야 하는지에 대해 깊이 생각했어요. 임금이 아무리 나라를 잘 다스려도 지방 관리가 나쁜 짓을 일삼으면 백성은 어렵게 살 수밖에 없다는 것을 알게 되었거든요. 어릴 때 아버지 옆에서 보았던 백성의 어려운 삶도 머릿속을 떠나지 않았어요. 정약용은 쉰일곱 살 되던 1818년, 이런 생각들을 자세히 담은 『목민심서』라는 책을 펴냈어요.

06 글 **가**에서 정약용이 고민한 것은 무엇입니까?

( )

① 암행어사가 될 수 있는 방법
② 정조의 마음을 바꿀 수 있는 방법
③ 못된 관리들을 혼내 줄 수 있는 방법
④ 백성이 쉽게 농사를 지을 수 있는 방법
⑤ 힘을 덜 들이고 성을 쌓을 수 있는 방법

서술형
07 정약용이 만든 거중기가 백성에게 어떤 도움을 주었는지 쓰시오.

_____

08 다음의 뜻을 가진 낱말을 이 글에서 찾아 쓰시오.

> 임금을 대신해 지방 관리들이 백성을 잘 다스리는지 알아보는 중요한 벼슬.

( )

09 『목민심서』는 어떤 내용을 담은 책입니까?

( )

① 거중기의 작동 원리
② 벼슬에 빨리 오르는 방법
③ 지방 관리가 가져야 하는 마음
④ 성을 지을 때 비용을 줄이는 방법
⑤ 임금이 나라 살림을 아끼기 위해 할 일

10 정약용이 살던 당시의 시대 상황으로 알맞지 않은 것의 기호를 쓰시오.

> ㉮ 백성이 어려운 삶을 살았다.
> ㉯ 백성이 성을 짓는 일에 나가야 했다.
> ㉰ 백성이 지방 관리보다 더 큰 힘을 가지고 있었다.

( )

중요
11 이 글을 통해 알 수 있는 정약용의 가치관으로 알맞은 것은 무엇입니까? ( )

① 정직한 삶을 살아야 한다.
② 임금이 나라를 잘 다스려야 한다.
③ 새로운 기계를 많이 만들어야 한다.
④ 백성이 좋은 책을 많이 읽어야 한다.
⑤ 백성에게 도움이 되기 위해 맡은 일을 열심히 해야 한다.

12~17 다음 글을 읽고, 물음에 답하시오.

⑦ 퍼킨스학교에 머무는 동안 헬렌은 시각·청각·언어 장애를 지닌 노르웨이의 한 소녀가 입으로 말하는 법을 배웠다는 소식을 들었습니다. 이 소식을 듣자 헬렌은 너무나 기뻤으며, 자신도 ⑦이것을 배우게 해 달라고 선생님을 졸랐습니다. 말하기를 배우는 것이 너무 힘들었지만 헬렌은 포기하지 않았습니다. 뜻대로 말이 되지 않아 어려움을 많이 겪었지만 자신도 마침내 말을 할 수 있을 것이라는 희망을 버리지 않고 끊임없이 노력했습니다. 새에게도 말을 걸고 장난감과 개에게도 말을 했습니다.

⑨ 열 살이 된 헬렌은 퍼킨스학교에 있는 동안 자신처럼 장애를 지닌 어린이를 돕는 일에 나섰습니다. 펜실베이니아주에 살고 있는 토미를 퍼킨스학교에 데려와 교육받을 수 있도록 모금을 하기로 한 것입니다. 다섯 살의 토미는 헬렌처럼 보지도 듣지도 말하지도 못하는 아이였습니다. 토미는 부모님도 안 계시고 가난한 아이여서 학교에 갈 수 없었습니다. 헬렌은 토미가 퍼킨스학교에 다닐 수 있도록 도와 달라는 글을 여러 사람과 신문사에 보냈습니다. 헬렌도 이 모금에 참여하기 위해 사치스러운 물건을 사지 않고 돈을 보냈습니다. 다행히 많은 성금이 모여 토미는 아무 걱정 없이 학교에 다닐 수 있게 되었습니다. 헬렌은 매우 기뻤습니다. 남을 도우면 이렇게 큰 기쁨을 누릴 수 있다는 깨달음을 얻었습니다.

12 ⑦이 뜻하는 것은 무엇입니까? ( )

① 책을 읽는 법　　② 글자를 읽는 법
③ 입으로 말하는 법　④ 발표를 잘하는 법
⑤ 다양한 표정을 짓는 법

13 글 ⑦에서 알 수 있는 헬렌의 성격으로 알맞은 것에 ○표 하시오.

(1) 상상력이 풍부하다. ( )
(2) 포기하지 않고 열심히 노력한다. ( )
(3) 사람들 앞에 나서는 것을 좋아한다. ( )

14 토미가 학교에 갈 수 없었던 까닭은 무엇입니까?
( )

① 글을 읽을 줄 몰라서
② 집에서 학교가 너무 멀어서
③ 공부하고 싶은 마음이 없어서
④ 부모님도 계시지 않고 가난해서
⑤ 학교에서 토미를 받아 주지 않아서

15 헬렌이 토미를 돕기 위해 한 일로 알맞지 <u>않은</u> 것의 기호를 쓰시오.

⑦ 신문사에 도와 달라는 글을 보냈다.
⑭ 토미에게 학교에 다닐 것을 설득했다.
⑮ 비싼 물건을 사지 않고 성금에 돈을 보냈다.

( )

16 헬렌이 토미를 도운 일을 통해 얻은 깨달음은 무엇인지 쓰시오.

_____

_____

중요
17 헬렌에게 본받을 점을 잘못 말한 친구의 이름을 쓰시오.

슬기: 힘들지만 포기하지 않는 모습을 본받아야겠어.
지영: 다른 사람의 의견을 존중하는 모습을 본받아야겠어.
우진: 자신보다 어려운 상황에 처한 사람을 도와주는 모습을 본받아야겠어.

( )

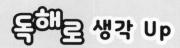

18~19 다음 글을 읽고, 물음에 답하시오.

[5-1] 2단원 62쪽

6 단원
22 회

공부한 날

월

일

유관순

가 유관순은 1902년 12월 16일, 충청남도 천안의 작은 마을에서 태어났다. 유관순의 아버지는 대를 이어 그 마을에서 살아온 선비 집안의 후손이었다. 유관순의 집은 그리 넉넉하지 못했지만, 늘 웃음소리가 끊이지 않는 <u>화목한</u> 가정이었다.
서로 뜻이 맞고 정다운.

나 1916년에 유관순은 서울 정동에 있는 이화학당에 입학했다. 유관순은 아버지의 가르침을 따라 방학 동안에는 고향에 내려가 우리글을 모르는 마을 사람들에게 열심히 글을 가르쳤다.

다 1919년 3월 10일, 일본은 학교를 강제로 닫았다. 그래서 기숙사에 있던 학생들은 뿔뿔이 흩어졌고 유관순도 고향으로 돌아왔다. (중략) 아우내 장터에 아침이 밝았다. 새벽부터 장터에 모여든 사람들은 여느 때보다 몇 곱<u>절</u>이나 되었다. 독립 만세를 부르려고 모인 사람이 대부분이었다.
어떤 수나 양을 두 번 합한 만큼.

오후 1시, 유관순은 많은 사람 앞에서 외쳤다.

"여러분, 반만년의 역사를 지닌 우리 겨레가 불행하게도 일본에 나라를 <u>빼앗겼습니다</u>. 이제 나라를 되찾아야 합니다. 지금 전국 방방곡곡에서 모두 일어나 독립을 외치고 있습니다. 여러분, 만세를 부릅시다. 대한 독립 만세를!"

순식간에 독립 만세 소리가 온 천지를 뒤흔들었다.

라 결국 유관순은 일본 헌병들에게 붙잡혀 끌려갔다. 그리고 일본 헌병대에서 온갖 <u>고문</u>을 당한 뒤에 재판을 받았다. 유관순은 재판을 받을 때 조금
숨기고 있는 사실을 강제로 알아내기 위하여 여러 가지 신체적, 정신적 고통을 주며 물음.
도 <u>굽히지</u> 않고 당당했다. 유관순은 3년 형을 받고 감옥에 갇혔지만 우리나
자신의 의견을 꺾고 남을 따르지.
라가 독립을 해야 한다는 유관순의 신념은 누구도 꺾을 수 없었다.

어떻게 읽을까?

1. 유관순이 살던 시대 상황을 알 수 있는 부분에 밑줄을 그어 보세요.
2. 유관순이 언제, 어떤 일을 했는지 파악하며 읽어 보세요.

● **당시의 시대 상황**

① ☐☐ 에 나라를 빼앗긴 상황이었음.

● **유관순이 한 일**

> 1902년, 충청남도 천안에서 태어남.

↓

> 1916년, ② ☐☐☐☐ 에 입학함.

↓

> 1919년 3월, 아우내 장터에서 앞장서서 ③ ☐☐☐☐ 을/를 외침.

↓

> 일본 헌병들에게 붙잡혀 끌려가 온갖 고문을 당하고 감옥에 갇힘.

답 ① 일본 ② 이화학당 ③ 독립 만세

---

18 유관순에 대한 설명으로 알맞은 것은 무엇입니까?
( )

① 독립 만세 운동에 앞장섰다.
② 서울에서 태어나고 자랐다.
③ 나라보다는 자신을 먼저 생각했다.
④ 일본 헌병을 피해 무사히 도망쳤다.
⑤ 다른 사람 앞에 서는 것을 부끄러워했다.

단원 개념

19 유관순에게 본받을 점으로 알맞은 것에 ○표 하시오.

(1) 계획을 세워 실천하는 모습 ( )
(2) 약속한 것은 반드시 지키는 모습 ( )
(3) 나라를 지키기 위해 노력하는 모습 ( )
(4) 형편이 어려운 사람을 앞장서서 도와주는 모습 ( )

어휘 확인

1 다음 빈칸에 들어갈 알맞은 낱말을 **보기** 에서 찾아 쓰시오.

> **보기**
>
> 번창해   여의고   해박한

(1) 그는 사고로 부모님을 [   ] 친척 집에서 자랐다.

(2) 그 식당은 날로 [   ] 3년 만에 전국에 분점을 냈다.

(3) 준수는 과학에 관한 [   ] 지식으로 친구들을 놀라게 했다.

어휘 적용

2 다음 밑줄 친 부분과 뜻이 반대인 낱말에 ○표 하시오.

(1) 어머니는 항상 <u>검소한</u> 옷차림과 생활을 하셨다.	↔	절약하는	촌스러운	사치스러운
(2) <u>흉년</u>이 들어 백성들이 굶어 죽을 위기에 처했다.	↔	후년	풍년	작년

어법

3 다음 문장에서 표기가 올바른 낱말에 ○표 하시오.

(1) 시험 볼 때에는 문제를 [꼼꼼이 / 꼼꼼히] 읽고 풀어야 한다.

(2) 갑자기 요란한 소리가 쾅 울리자 나는 너무 놀라 자리에 [가만이 / 가만히] 서 있었다.

(3) 소라의 피아노 실력이 [나날이 / 나날히] 좋아져서 피아노 대회의 입상을 기대하고 있다.

사자성어
4 다음 글과 그림을 보고, **괄목상대** 를 활용할 수 있는 친구의 이름을 쓰시오.

괄목상대

(刮 비빌 괄, 目 눈 목, 相 서로 상, 對 대할 대)
상대방의 학식이나 재주가 놀랄 정도로 매우
좋아지다.

어떤 것을 보고 너무 놀라서 믿기지 않을
때, 눈을 비비고 다시 한번 확인하게 되지요?
오랜만에 본 사람이 예전과 달리 부쩍 성장한
것을 보았을 때 사용하는 말이에요.

민서 누리와 싸웠는데
내가 먼저 용기내서
미안하다고 말했어.

진우 내 동생은 수학을 못했는데,
방학 동안 열심히 공부하더니
이번 시험에서 백 점을 맞았어.

(   )

7

독서 감상문을 써요

무엇을 배울까요?

독서 감상문을 쓰는
방법 알기

글을 읽고 감동받은
부분에 대한 생각이나
느낌 쓰기

글에 대한 생각이나
느낌을 여러 가지
형식으로 표현하기

단원에 대한 공부 계획을 세우고, 공부한 내용을
얼마나 이해했는지 스스로 평가해 보세요.

	공부할 내용	스스로 평가
23회	**그림으로 개념 탄탄** **독해로 교과서 쏙쏙 ❶** •「시후가 쓴 독서 감상문」	☆☆☆
24회	**독해로 교과서 쏙쏙 ❷** •「어머니의 이슬 털이」	☆☆☆
25회	**독해로 교과서 쏙쏙 ❸** •「투발루에게 수영을 가르칠 걸 그랬어!」	☆☆☆
26회	**단원 평가** **독해로 생각 Up → 「기와 조각과 똥 덩어리」** **어휘 마무리 뚝딱 → 속담 〈정성이 지극하면 동지섣달에도 꽃이 핀다〉**	☆☆☆

★★★ 잘함.　★★ 보통임.　★ 아쉬움.

그림으로 개념 탄탄

Q 독서 감상문은 어떻게 써야 할까요?

 A

❋ 독서 감상문을 쓸 책을 정할 때에는 읽으면서 여러 가지 생각을 한 책이나 새롭게 안 내용이 많은 책을 골라요.

❋ 책 내용을 정리할 때에는 인상 깊은 부분을 떠올리고, 생각이나 느낌을 나타낼 수 있는 부분을 간략하게 써요.

❋ 생각이나 느낌을 쓸 때에는 새롭게 알거나 생각한 점, 책을 읽고 느낀 점을 그 까닭과 함께 써요.

❋ 독서 감상문을 고쳐 쓸 때에는 제목이 잘 어울리는지, 생각이나 느낌이 책 내용과 잘 어울리는지 확인해요.

Q 글에서 감동받은 부분에 대한 생각이나 느낌은 어떻게 쓸까요?

A ※ 글에서 일어난 일, 인물의 행동, 인물의 마음 따위에서 자신이 인상 깊게 느낀 부분이 있는 지 생각하며 감동받은 부분을 찾아요.

※ 자신이 감동받은 부분과 그 까닭을 정리해요.

※ 감동받은 부분에 대한 자신의 생각이나 느낌이 잘 드러나게 글을 써요.

확인 문제

? 독서 감상문을 쓰는 방법에 대한 다음 설명이 맞으면 ○, 틀리면 ×에 ○표 하시오.

(1)
◎　인상 깊은 부분을 떠올리며
책 내용을 정리하되,
인상 깊은 까닭은 생각할
필요가 없다.　✖

(2)
◎　제목이 잘 어울리는지,
생각이나 느낌이 책 내용과
잘 어울리는지 확인하며
독서 감상문을 고쳐 쓴다.　✖

답 (1) × (2) ○

7. 독서 감상문을 써요 **139**

1 ㉠학교 도서관에서 책을 고르다가 『세시 풍속』이라는 책을 읽었습니다. 이 책은 우리 조상이 농사일로 **고된** 일상 속에서 빼먹지 않고 지켜 오던 일 년의 세시 풍속을 담은 책입니다. 세시 풍속은 옛날에만 있었던 것인 줄 알았는데 오늘날 우리 삶에도 많이 남아 있어서 신기했습니다.

(중심 내용) 학교 도서관에서 『세시 풍속』이라는 책을 골라 읽었습니다.

2 책은 계절의 차례대로 봄, 여름, 가을, 겨울의 세시 풍속을 소개했습니다. 지금 계절이 겨울이므로 겨울 부분부터 읽어 보았습니다. 겨울의 세시 풍속 가운데에서 인상 깊었던 것은 **동지**의 풍속입니다.

동지는 음력 십일월인데, 세시 풍속으로 팥죽을 끓여 먹습니다. 얼마 전에 학교에서 팥죽이 나온 것이 떠올라 반가워서 읽었습니다. 동짓날이 그냥 팥죽을 먹는 날인 줄만 알았는데 생각보다 재미있는 이야기가 **얽혀** 있었습니다. ㉡옛

이리저리 관련이 되어.
날 사람들은 병을 옮기는 나쁜 귀신이 팥을 싫어한다고 믿었답니다. 그래서 동지에 팥으로 죽을 만들어 귀신이 못 오게 집 앞에 뿌렸답니다. 이 일에서 동지에 팥죽 먹는 **풍습**이 생겼답니다.

이런 재미있는 이야기를 지닌 동지는 낮이 길어지기 시작하는 날로, 사람들은 이날부터 태양의 기운이 다시 살아난다고 생각했다고 합니다. 동지가 밤이 가장 길고 낮이 가장 짧은 날이라고만 생각했는데, 우리 조
책을 읽기 전에 동지에 대해 생각한 것
상은 태양의 기운이 다시 살아나면서 낮이 길어지는 것이라고 생각한 점이 인상 깊었습니다. 그래서 한 가지를 볼 때 여러 가지 시각으로 봐야겠다고 생각했습니다.

(중심 내용) 겨울의 세시 풍속 중 음력 십일월에 팥죽을 끓여 먹는 동지의 풍속이 인상 깊었습니다.

3 『세시 풍속』을 읽고 나니 조상의 지혜를 더 잘 알 수 있었습니다. ㉢계
책을 읽고 알게 된 점
절의 변화 하나하나에 의미를 **부여하고** 삶을 즐겁게 보내려는 마음을 듬뿍 느꼈습니다.

(중심 내용) 『세시 풍속』을 읽고 조상의 지혜를 더 잘 알 수 있었습니다.

읽기 전

시후가 책을 읽고 쓴 독서 감상문에 어떤 내용이 들어 있는지 생각하며 글을 읽어 보세요.

독해로
이해 콕

1 시후가 읽은 책의 제목은 『（   ）』(이)다.

2 동지는 (여름, 겨울)의 세시 풍속이다.

3 동지에는 (   )을/를 끓여 먹는 풍습이 있다.

4 동지는 짧아진 밤이 다시 길어지기 시작하는 날이다. (○, ×)

낱말풀이

세시 한 해의 절기나 달, 계절에 따른 때.

풍속 옛날부터 그 사회에 전해 오는 생활 전반에 걸친 습관 따위를 이르는 말.

고된 하는 일이 힘에 겨워 고단한. 예 고된 훈련을 마친 대표 선수단은 필승을 다짐하며 출전했다.

동지 이십사절기의 하나. 태양이 동지점을 통과하는 때인 양력 12월 22일이나 23일경임.

풍습 풍속과 습관을 아울러 이르는 말. 예 지역마다 결혼식 풍습이 조금씩 다르다.

부여하고 사물이나 일에 가치·의의 따위를 붙여 주고.

01 시후가 책의 겨울 부분부터 읽은 까닭은 무엇입니까? (   )

① 겨울을 가장 좋아해서
② 겨울의 세시 풍속이 많아서
③ 책을 보았을 때가 겨울이어서
④ 겨울의 세시 풍속을 조사해야 해서
⑤ 겨울 부분이 책의 가장 앞에 나와서

02 다음 문장이 책의 내용이면 '책', 시후가 생각하거나 느낀 점이면 '생'이라고 쓰시오.

(1) 사람들은 이날부터 태양의 기운이 다시 살아난다고 생각했다고 합니다.
(   )

(2) 우리 조상은 태양의 기운이 다시 살아나면서 낮이 길어지는 것이라고 생각한 점이 인상 깊었습니다.
(   )

교과서 문제

03 ㉠~㉢은 독서 감상문에 들어가는 내용 중 무엇에 해당하는지 알맞게 선으로 이으시오.

(1) ㉠ •   • ㉮ 책의 내용

(2) ㉡ •   • ㉯ 책을 읽은 동기

(3) ㉢ •   • ㉰ 책을 읽고 생각하거나 느낀 점

서술형

04 이 글에 어울리는 제목을 붙이고, 그렇게 붙인 까닭을 쓰시오.

제목	(1)
그 제목을 붙인 까닭	(2)

독서 감상문에 제목을 붙일 때에는 책 제목이 드러나게 붙일 수도 있고, 책을 읽고 생각한 점이 드러나게 붙일 수도 있어요.

중요

05 이와 같은 독서 감상문을 쓰는 방법으로 알맞은 것의 기호를 쓰시오.

㉮ 인상 깊은 내용을 떠올려 책 내용을 정리한다.
㉯ 독서 감상문을 쓸 책은 내용이 어려운 것으로 정한다.
㉰ 책 내용을 자세히 쓰고, 생각이나 느낌은 되도록 쓰지 않는다.

(   )

독서 감상문을 쓸 책을 정할 때, 책 내용을 정리할 때, 생각이나 느낌을 쓸 때로 나누어 생각해 봐요.

1 어릴 때 나는 학교 다니기가 싫었다. 학교로 가는 길 중간에 산에 올라가 아무 산소가에나 가방을 놓고 앉아 멀리 대관령을 바라보다가 점심때가 되면 그곳에서 혼자 **청승맞게** 도시락을 까먹기도 했다. 그러다 점점 대담해져서 아예 집에서부터 학교에 가지 않는 날도 있었다. **배가 아프**
_{겁이 없고 용감해져서.}
다, 머리가 아프다, 어제는 비가 와서, 어제는 눈이 와서, 오늘은 무서운
_{'나'가 학교에 가기 싫어서 지어 낸 핑계}
선생님 시간에 준비물을 제대로 갖추지 못해서, 하는 식으로 갖은 핑계를 댔다.

중심 내용 '나'는 어릴 때 학교 다니기가 싫어서 갖은 핑계를 대고 학교에 가지 않았다.

2 오월 어느 날이었다. 그날도 학교에 가기 싫다고 말했다. 어머니가 왜 안 가느냐고 물어 공부도 재미가 없고, 학교 가는 것도 재미가 없다고 말했다.

"그래도 얼른 교복으로 갈아입어라."

"학교 안 간다니까." / "안 가면?"

"그냥 이렇게 자라다가 이다음 농사지을 거라고."

"농사는 뭐 아무나 짓는다더냐?" / "그러니 내가 짓는다고."

"에미가 **신작로**까지 데려다줄 테니까 얼른 교복 갈아입어."

몇 번 **옥신각신하다가** 나는 마지못해 교복으로 갈아입었다. 어머니가
_{하고 싶지 않지만 하지 않을 수 없어.}
먼저 마당에 나와 내가 나오길 기다리고 있었다.

가방을 들고 밖으로 나오자 ㉠어머니가 지겟작대기를 들고 서 있었다.
나는 어머니가 그걸로 말 안 듣는 나를 때리려고 그러는 줄 알았다. 이제
_{지겟작대기}
까지 어머니는 한 번도 나를 때린 적이 없었다. 그런 어머니의 모습이 조금은 낯설기도 하고 무섭기도 해 나는 신발을 신고도 **봉당**에서 한참 동안 멈칫거리다가 마당으로 내려섰다.

"얼른 가자." / 어머니가 재촉했다.

"누구든 재미로 학교 다니는 사람은 없다." / "그래도 나는 싫어."

중심 내용 오월 어느 날, 어머니께서는 신작로까지 데려다주시겠다며 '나'에게 학교를 갈 것을 재촉하셨다.

3 어머니는 한 손엔 내 가방을 들고 또 한 손엔 지겟작대기를 들고 나보다 앞서 마당을 나섰다. 나는 말없이 어머니의 뒤를 따랐다. 그러다 신작로로 가는 산길에 이르러 어머니가 다시 내게 가방을 내주었다.

"자, 여기서부터는 네가 가방을 들어라."

읽기 팁

인물의 행동이나 마음 등에서 감동을 주는 부분을 찾으며 읽어 보세요.

독해로 이해 콕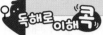

5 '나'는 어릴 때 (   )에 다니기를 싫어했다.

6 어머니께서는 '나'에게 학교에 다니지 말고 농사를 지으라고 하셨다. (○, ✕)

7 어머니께서는 '나'에게 신작로까지 데려다줄 테니 교복을 갈아입고 나오라고 하셨다. (○, ✕)

8 '나'가 가방을 들고 밖으로 나오자 어머니께서 (   )을/를 들고 서 계셨다.

낱말풀이

청승맞게 궁상스럽고 처량하여 보기에 몹시 언짢게.

신작로 새로 만든 길이라는 뜻으로, 자동차가 다닐 수 있을 정도로 넓게 새로 낸 길을 이르는 말.

옥신각신하다가 서로 옳으니 그르니 하며 다투다가. **예** 남매는 옥신각신하다가 토라져 각자 방으로 들어가 버렸다.

봉당 안방과 건넌방 사이의 마루를 놓을 자리에 마루를 놓지 아니하고 흙바닥 그대로 둔 곳.

7단원

24회

공부한 날

월

일

교과서 문제

06 '나'가 학교에 가기 싫어한 까닭을 두 가지 고르시오. ( )

① 농사일이 바빠서
② 공부가 재미없어서
③ 선생님이 무서워서
④ 학교 가는 것이 재미없어서
⑤ 학교 가는 길이 멀고 험해서

서술형

07 글 **2**에서 알 수 있는 학교 다니는 것에 대한 어머니의 생각을 쓰시오.

_____

'나'를 신작로까지
데려다주러 나서는 길에
어머니께서 하신 말씀을
찾아봐요.

08 '나'가 ⊙과 같은 어머니의 모습을 보고 생각한 것으로 알맞은 것에 ○표 하시오.

(1) 지겟작대기로 말 안 듣는 '나'를 때리시려는 것 같다. ( )
(2) 먼 길을 나서기 위해 지겟작대기를 준비하신 것 같다. ( )
(3) 어머니께서 '나'에게 지게를 메고 가라고 하실 것 같다. ( )

중요

09 이야기에서 감동받은 부분을 찾는 방법을 알맞게 말한 친구의 이름을 쓰시오.

> 선주: 이야기에서 반복되어 나오는 말을 찾아봤어.
> 민수: 이야기에서 아무 감정이 느껴지지 않는 부분을 찾아봤어.
> 주영: 내 경험이나 생각이 글의 내용과 비슷해 공감할 수 있는 부분을 찾아봤어.

( )

일어난 일, 인물의 행동,
인물의 마음 따위에서 인상
깊게 느끼는 부분이 있는지
생각해 보면 감동받은 부분을
찾을 수 있어요.

이미지로 보는 📷 사전

#지게 #지겟작대기 #한국 고유의 운반 도구

지게는 짐을 얹어 사람이 등에 지고 다니게 만든 기구예요.

주로 농사에 필요한 거름이나 곡물, 풀과 같은 물건을 운반할 때 사용했어요.

지겟작대기는 지게를 버티어 세우는 작대기예요.

지게의 무게는 보통 5~6kg 내외이고, 50~70kg까지 질 수 있어요.

나는 어머니가 내가 학교에 가기 싫어하니 중간에 학교로 가지 않고 다른 길로 샐까 봐 신작로까지 데려다주는 것으로 생각했다.
_{원래 가야 할 곳으로 가지 않고 딴 데로 갈까.}

"너는 뒤따라오너라." / 거기에서부터는 **이슬받이**였다. 사람 하나 겨우 다닐 좁은 산길 양옆으로 풀잎이 우거져 길 한가운데로 늘어져 있었다.
_{이슬받이를 지나가면 풀에 맺힌 이슬 때문에 옷과 신발이 젖을 수밖에 없음.}
아침이면 풀잎마다 이슬방울이 **조롱조롱** 매달려 있었다. 어머니는 내게 가방을 넘겨준 다음 내가 가야 할 산길의 이슬을 털어 내기 시작했다. 어머니의 일 바지 자락이 이내 아침 이슬에 **흥건히** 젖었다. 어머니는 발로 이슬을 털고, 지겟작대기로 이슬을 털었다.
_{어머니께서 지겟작대기를 들고 오신 까닭}

그런다고 뒤따라가는 아들 교복 바지가 안 젖는 것도 아니었다. 신작로까지 십오 분이면 넘을 산길을 삼십 분도 더 걸려 넘었다. 어머니의 옷도, 그 뒤를 따라간 내 옷도 흠뻑 젖었다. 어머니는 고무신을 신고 나는 검은색 운동화를 신었다. 걸음을 옮길 때마다 물에 빠졌다가 나온 것처럼 시커먼 **땟국물**이 **찔꺽찔꺽** 발목으로 올라왔다. 그렇게 어머니와 아들이 무릎에서 발끝까지 옷을 흠뻑 적신 다음에야 신작로에 닿았다.

"자, 이제 이걸 신어라." / 거기서 어머니는 품속에 넣어 온 새 양말과 새 신발을 내게 갈아 신겼다. 학교 가기 싫어하는 아들을 위해 아주 마음먹고 준비해 온 것 같았다.
_{'나'에 대한 어머니의 사랑이 담긴 물건}

"앞으로는 매일 털어 주마. 그러니 이 길로 곧장 학교로 가. 중간에 다른 데로 새지 말고."

㉠그 자리에서 울지는 않았지만, 왠지 눈물이 날 것 같았다.

"아니, 내일부터 나오지 마. 나 혼자 갈 테니까."

중심 내용 어머니께서는 '나'의 옷에 이슬이 묻지 않도록 '나'의 앞에서 이슬을 털며 산길을 걸으셨고, 신작로에 닿자 새 양말과 새 신발을 갈아 신기시며 곧장 학교로 가라고 말씀하셨다.

4 다음 날도 그다음 날도 어머니가 매일 이슬을 털어 준 것은 아니었다. 그러나 어떤 날 가끔 어머니는 그렇게 아들 학굣길에 이슬을 털어 주었다. 또 새벽처럼 일어나 그 길의 이슬을 털어놓고 올 때도 있었다.

어른이 된 지금도 나는 그렇게 생각한다. 그때 어머니가 이슬을 털어 주신 길을 걸어 지금 내가 여기까지 왔다고.

중심 내용 어른이 된 '나'는 어머니께서 이슬을 털어 주신 그 길을 따라 지금 여기까지 왔다고 생각한다.

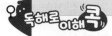
독해로
이해 **콕**

9 어머니께서는 이슬받이에 들어서자 발과 지겟작대기로 (　　　　　)을/를 털어 내셨다.

10 '나'는 어머니와 함께 산길을 걸어 신작로까지 십오 분만에 갔다. (○ , ×)

11 이슬받이를 지나며 '나'의 (고무신, 운동화)은/는 흠뻑 젖었다.

12 어머니께서는 매일 '나'의 학굣길에 이슬을 털어 주셨다. (○ , ×)

낱말풀이

이슬받이 양쪽에 이슬 맺힌 풀이 우거진 좁은 길.

조롱조롱 작은 열매 따위가 많이 매달려 있는 모양. 예 꽃대에 조롱조롱 매달린 은방울꽃이 무척 귀여웠다.

흥건히 물 따위가 푹 잠기거나 고일 정도로 많이. 예 누가 씻고 나왔는지 욕실 바닥이 흥건히 젖어 있었다.

땟국물 '때가 섞여 있는 더러운 물. 또는 때로 범벅이 된 땀이나 물기.'를 강조하여 이르는 말.

찔꺽찔꺽 차지고 끈끈한 물질이 자꾸 밟히거나 들러붙는 소리. 또는 그 모양.

교과서 문제

10 어머니께서 학교에 가기 싫어한 '나'를 위해 하신 일에 ○표 하시오.

(1) 학교 가는 길에 다른 데로 못 가게 교문 앞까지 데려다주셨다.

(   )

(2) '나'의 옷에 이슬이 묻지 않도록 이슬을 털며 '나'의 앞에 서서 산길을 걸으셨다.

(   )

11 신작로에 닿았을 때 어머니께서 품속에서 꺼내신 것은 무엇무엇인지 쓰시오.

아들의 (   )와/과 (   )

12 어머니의 행동에서 느껴지는 마음은 무엇입니까? (   )

① 아들에게 서운한 마음
② 아들이 자랑스러운 마음
③ 아들에게 화가 나는 마음
④ 아들이 효도하기를 바라는 마음
⑤ 아들을 사랑하고 걱정하는 마음

서술형

13 ㉠에서 알 수 있는 어머니에 대한 '나'의 마음이 어떠한지 쓰시오.

_____

> '나'가 눈물이 날 것 같았던 까닭과 어머니께 앞으로 학교에 혼자 가겠다고 말한 까닭이 무엇인지 생각해 보세요.

14 다음은 이 글을 읽고 감동받은 부분과 그 까닭을 말한 내용입니다. 빈칸에 각각 알맞은 말을 쓰시오.

> 나는 어머니께서 아들을 위해 산길의 (1)(   )을/를 털어 주시다가 옷을 흠뻑 적신 모습에서 감동받았어. 왜냐하면 아들이 (2)(   )에 가기 싫어하는 마음을 되돌리려고 노력하는 어머니의 마음이 느껴졌기 때문이야.

> 인물이 한 행동과 그때 인물의 마음을 생각하며 어떤 부분에서 감동을 느꼈는지 살펴봐요.

1 넓은 바다 한복판, 아홉 개의 작은 섬으로 이루어진 나라 투발루에 로 자와 고양이 투발루가 살았어. 로자와 투발루는 밥도 같이 먹고, 잠도 같이 자고, 노래도 같이 부르며 늘 함께했지. 하지만 다른 게 딱 하나 있었어.

"언니 수영하고 올게!"

로자가 투발루의 털을 쓰다듬고 바다로 가면 투발루는 긴 꼬랑지를 바짝 세우고 야 자나무 숲으로 들어가지. 투발루는 물 을 너무너무 싫어하거든. 둘은 이렇게 따로따로 한참을 신나게 놀아. 하지만 돌아오는 길에는 꼭 만났어. 투발 루가 길가에 오도카니 앉아 로자를 기다려 주었거든.

중심 내용 섬나라 투발루에 수영을 좋아하는 로자와 물을 싫어하는 고양이 투발루가 살았어.

2 "엄마, 물이 마당까지 들어와요."

둥근달이 떠오르는 보름이 되자 바닷물이 마당으로 들이닥쳤어.

"바닷물이 불어나서 큰일이구나!"

물은 자꾸만 불어났어. 투발루는 안절부절못하더니 나무 위로 올라갔지.

"야옹 야옹 이야옹."

그리고는 야자나무 위에서 몸을 웅크리고 마구 울었어.

"그렇게 수영을 배우면 좋잖아."

로자가 나무 위에서 떨고 있는 투발루를 안고 내려왔어.

"아빠, 바닷물이 왜 자꾸 불어나요?"

로자가 파란 바다를 보며 나직이 물었어.

"지구가 더워져서 빙하가 녹아내리고 있거든. 그래서 바닷물이 불어나 는 거야." / "바다가 저렇게 넓은데 빙하가 녹는다고 물이 불어나요?"

"엄청나게 큰 빙하가 녹아내리니까 불어날 수밖에……."

㉠ 로자는 아빠의 말을 들으며 손톱만 물어뜯었어. 그러자 투발루가 까 칠한 혀로 로자의 손을 싸악싸악 핥아 주었지. 로자가 슬퍼 보였나 봐.

"우리도 이제 투발루를 떠나야 한단다."

아빠는 한숨을 푸욱 내쉬며 저녁노을로 붉어진 바다를 바라보았어.

"여기를 떠나 어떻게 살지 걱정이구나."

엄마도 멍하니 바다만 바라보았어.

읽기 팁

로자와 고양이 투발루가 헤어지게 된 내용을 담은 이야기예요. 인상 깊은 장 면을 생각하며 읽어 보세요.

독해로 이해 콕

13 투발루는 아홉 개의 작은 (   ) (으)로 이루어진 나라이다.

14 로자와 고양이 투발루는 함께 수영하는 것을 좋아했다. (◯, ✕)

15 보름이 되자 바닷물이 로자네 집 (마당, 안방)까지 들어왔다.

16 바닷물이 불어나자 고양이 투발루는 나 무 위로 올라갔다. (◯, ✕)

낱말풀이

한복판 '일정한 공간이나 사물의 한가운 데.'를 뜻하는 '복판'을 강조하여 이르는 말.

오도카니 작은 사람이 넋이 나간 듯이 가 만히 한자리에 서 있거나 앉아 있는 모 양. **예** 동생은 해가 지면 오도카니 앉아 어머니가 퇴근하시기만 기다렸다.

빙하 수백 수천 년 동안 쌓인 눈이 얼음덩 어리로 변하여 그 자체의 무게로 압력 을 받아 이동하는 현상. 또는 그 얼음덩 어리.

공부한 날

월

일

교과서 문제

15 로자와 고양이 투발루가 사는 나라는 어디인지 쓰시오.

( )

서술형

16 보름이 되었을 때 로자네 집에 일어난 일을 쓰시오.

_____

17 ㉠에 나타난 로자의 마음으로 알맞은 것에 ○표 하시오.

(1) 위로하는 마음 ( )

(2) 지루하고 귀찮은 마음 ( )

(3) 긴장되고 걱정되는 마음 ( )

중요

18 이 글을 읽고 인상 깊은 장면을 말한 내용으로 알맞은 것의 기호를 쓰시오.

> ㉮ 로자가 고양이 투발루와 함께하며 행복해하는 모습이 인상 깊었다.
> ㉯ 고양이 투발루가 로자와 다투고 나무 위로 재빨리 올라간 모습이 인상 깊었다.
> ㉰ 로자가 물을 싫어하는 고양이 투발루에게 수영을 배우라고 강요하는 모습이 인상 깊었다.

이 이야기에서 일어난 일 중에서 인상 깊은 장면의 내용을 알맞게 말한 것을 찾아봐요.

( )

이미지로 보는
📷 **사전**

#투발루 #섬나라 #환경 오염 #지구 온난화

투발루는 뉴질랜드 앞바다에 있는 섬나라로, 아홉 개의 섬으로 이루어져 있어요.

고도가 낮고 평평한 지형이라 지구 온난화로 바닷물이 불어나면서 국토가 조금씩 바닷물에 잠기고 있어요.

나라 전체가 바닷물에 잠길 위험에 처해 있기 때문에 투발루의 국민들은 삶의 터전을 떠나 다른 나라로 이민을 가고 있어요.

"아직 우리 집은 물에 **잠기지** 않았잖아요. 난 여기가 좋단 말예요."

"아빠 엄마도 너처럼 여기서 살고 싶단다. 하지만 바닷물이 자꾸 불어나서 곧 나라 전체가 물에 잠기게 될 거래. 어제는 마당까지 물이 들어왔잖아. 떠나기 싫지만 어쩔 수 없구나."

로자의 가족은 아주 슬픈 밤을 보냈지.
투발루섬을 떠나기 싫지만 어쩔 수 없이 떠나야 해서

중심 내용 바닷물이 불어나 투발루섬이 점점 물에 잠겨서 로자네 가족은 투발루를 떠나게 되었어.

③ "로자야, 며칠 뒤면 떠나야 하니까 짐을 챙겨야지."

로자는 투발루와 함께 짐을 싸기 시작했어. 투발루가 좋아하는 담요, 밥그릇, 놀이 공, 장난감 쥐를 모두 챙겼지. 그러고 나서 자기 것을 챙겼어. 그런데 그 모습을 보고 아빠가 그러는 거야.
로자가 고양이 투발루의 짐을 챙기는 모습

"로자야, ㉠<u>투발루는 할아버지한테 맡기고 가자!</u>"

로자는 깜짝 놀랐어.

"아빠, 투발루를 두고 갈 수는 없어요. 그럼 나도 안 갈 거예요!"

"다른 나라에 가면 지금보다 훨씬 힘들게 살 거야. 그러니까 투발루를 할아버지한테 맡기고 가자."

"싫어요. 절대로 안 돼요! 투발루는 수영을 못하니까 물이 불어나면 물에 빠져 죽을 거예요. 꼭 데려가야 해요. 아빠, 투발루도 데리고 가요! 네?"

로자는 아빠의 팔에 매달리며 **애원했어**.

"그럼 어쩔 수 없구나."

떠나기 전날 로자는 투발루를 데리고 하루 종일 돌아다녔어.

"여기는 우리가 어렸을 때 그네를 타던 곳이야. 저기는 아빠랑 같이 공을
로자와 고양이 투발루
차던 곳, 엄마랑 같이 채소를 가꾸던 곳, 난 이곳 투발루가 좋은데…….."

친구들이랑 신나게 놀던 곳, 나무 위에서 바다로 풍덩 뛰어들던 곳, 저 **야자나무**에는 우리 둘이 자주 올라갔었지. 난 죽을 때까지 잊지 않을 거야. 내가 태어나고 자란 이곳 투발루를…….

중심 내용 아버지께서는 고양이 투발루를 할아버지께 맡기고 떠나자고 하셨지만 로자는 고양이 투발루가 수영을 못하기 때문에 꼭 데려가야 한다고 애원했어.

④ "엄마, 잠깐 바다에 갔다 와도 돼요?"

투발루를 떠나는 날, 로자는 마지막으로 바다가 보고 싶었어.

"조금 이따 떠나니까 빨리 와야 한다."

17 로자네 가족은 예전부터 투발루섬을 떠나고 싶어 했다. (◯, ✕)

18 로자는 고양이 투발루의 짐을 먼저 챙긴 뒤에 자기 것을 챙겼다. (◯, ✕)

19 로자의 아빠께서는 고양이 투발루를 (　　　　　)께 맡기고 가자고 하셨다.

20 투발루섬을 떠나는 날, 로자는 마지막으로 (바다, 야자나무)가 보고 싶었다.

낱말풀이

잠기지 물속에 물체가 넣어지거나 가라앉게 되지. 예 공기를 가득 넣은 튜브는 물에 잠기지 않습니다.

애원했어 소원이나 요구 따위를 들어 달라고 애처롭게 사정하여 간절히 바랐어. 예 산속에서 호랑이를 만난 어머니는 떡을 줄 테니 살려 달라고 애원했어.

야자나무 높이 10~30미터의 야자과 나무로, 잎은 늘 푸르고 깃 모양이다. 수꽃은 많이 피고 암꽃은 수가 적으나 크며, 코코넛이라 불리는 열매가 열린다.

19 로자네 가족이 투발루섬을 떠나야 하는 까닭은 무엇입니까? ( )

① 로자가 육지에 있는 학교에 가게 되어서

② 곧 나라 전체가 물에 잠길 위험에 처해서

③ 로자의 부모님이 육지에서 살고 싶어 하셔서

④ 떠내려온 빙하가 섬에 부딪칠 위험에 처해서

⑤ 아빠께서 다른 나라에서 새로운 직장을 구하셔서

서술형

20 로자가 왜 꼭 고양이 투발루를 데려가야 한다고 했는지 쓰시오.

_____

_____

로자가 아빠께
투발루를 데리고 가야 한다고
애원하면서 한 말을 살펴봐요.

교과서 문제

21 글 **3**에서 알 수 있는 내용으로 알맞은 것은 무엇입니까? ( )

① 로자는 친구가 없어서 늘 혼자 놀았었다.

② 로자는 고양이 투발루와 함께 공놀이를 했었다.

③ 로자는 어렸을 때 아빠와 함께 채소를 가꾸었었다.

④ 로자는 어렸을 때 고양이 투발루와 그네를 탔었다.

⑤ 로자는 겁이 많아서 야자나무에 올라가지 못했었다.

22 글 **4**의 시간적 배경은 언제인지 ( ) 안에서 알맞은 말을 골라 ○표 하시오.

투발루를 (떠나기 전날, 떠나는 날)

중요

23 이 글을 읽고 형식을 정해 생각이나 느낌을 표현하려고 합니다. ( ) 안에서 알맞은 형식을 골라 ○표 하시오.

> 투발루섬을 떠나는 로자의 슬픈 마음이 안타깝게 느껴졌어. 그래서 '로자에게'로 시작하는 (편지, 일기)를 써서 로자를 위로하는 마음을 직접 전하고 싶어.

로자를 위로하는 마음을
표현하기에 알맞은 글 형식 가운데
'~에게'로 시작하는 글의 형식은
무엇인지 생각해 봐요.

로자가 투발루의 털을 쓰다듬고 바다로 가자, 투발루는 늘 하던 대로 긴 꼬랑지를 바짝 세우고 야자나무 숲으로 들어갔어.

로자는 바닷가를 **거닐다** 돌아왔어.

그런데 투발루가 보이지 않았어.

"엄마, 투발루 어디 갔어요?" / "글쎄, 너랑 같이 나가지 않았니?"

로자는 숨이 턱에 차오르도록 달렸어. 로자가 바다로 가면 투발루는 야
_{고양이 투발루를 찾으려고}
자나무 숲으로 간다는 걸 알고 있었거든.

"투발루야, 어디 있어? 이 바보야, 이제 가야 한단 말이야. 얼른 나와, 제발……."

로자의 눈에선 쉬지 않고 눈물이 흘러내렸고, 코는 새빨개졌어.

"로자야, 이제 비행기를 타러 가야 해. 투발루는 할아버지가 잘 키워 주실 거야."

"싫어요, 아빠! 난 투발루랑 같이 갈 거예요."

로자가 더 깊은 숲으로 들어가려 하자 아빠가 로자를 안아 올렸어.
_{비행기 탈 시간이 다 되어 공항으로 가야 하기 때문에}

"아빠, 조금만 더 찾아봐요, 네? 아빠!"

하지만 아빠는 로자를 안고 비행장으로 급하게 걸어갔어. 비행기 탈 시간이 다 되었거든. 비행기가 **요란한** 소리를 내며 **활주로**를 달리기 시작했어.

"투발루다!"

그 순간 창밖으로 멀리 콩알만 하게 투발루가 보였어. 로자는 안전띠를 풀려고 했어. 하지만 그럴 수 없었어.

"로자야, 안 돼! 비행기는 이미 출발했잖아. 멈출 수 없어!"

로자는 창밖으로 작아지는 투발루를 보며 후회하고 또 후회했지.

"투발루에게 수영을 가르칠 걸 그랬어!"

"로자야, 사람들이 환경을 오염시키지 않으면 다시 투발루에 돌아올 수 있을 거야."

아빠의 말을 들으며 로자는 **간절히** 빌었어.

"저는 투발루에서 투발루와 함께 살고 싶어요. 제발 도와주세요!"

중심 내용 투발루섬을 떠나는 날, 고양이 투발루를 남겨 두고 비행기를 타게 된 로자는 다시 투발루섬으로 돌아와 고양이 투발루와 함께 살 수 있기를 간절히 빌었어.

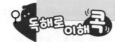
독해로 이해 콕

21 로자가 바닷가를 거닐다 돌아왔을 때, 고양이 투발루가 로자를 기다리고 있었다. (○, ×)

22 로자의 아버지께서는 로자가 고양이 투발루를 찾을 때까지 기다려 주지 않으셨다. (○, ×)

23 로자는 고양이 투발루를 데리고 간신히 비행기를 탔다. (○, ×)

24 로자는 고양이 투발루에게 (수영, 나무 타기)을/를 가르치지 않은 것을 후회했다.

낱말풀이

거닐다 가까운 거리를 이리저리 한가로이 걷다. 예 저녁을 먹고 강아지와 함께 동네 이곳저곳을 거닐다 집으로 돌아왔다.

요란한 시끄럽고 떠들썩한. 예 여름이 되면 요란한 매미 소리에 잠을 설치곤 한다.

활주로 비행장에서 비행기가 뜨거나 내릴 때에 달리는 길.

간절히 마음속에서 우러나와 바라는 정도가 매우 절실하게. 예 영수는 새 학년마다 동희와 같은 반이 되기를 간절히 바랐다.

24 다음 상황에서 알 수 있는 로자의 마음을 알맞게 선으로 이으시오.

(1) | 고양이 투발루가 사라져 찾아다닐 때 | · | · | ㉮ | 슬프고 안타까운 마음

(2) | 고양이 투발루를 찾지 못한 채 비행기를 탔을 때 | · | · | ㉯ | 불안하고 애타는 마음

로자의 입장이 되어서 비행기를 타야 하는 시간이 다가오는데 고양이 투발루가 보이지 않았을 때의 마음과, 결국 고양이 투발루와 헤어져 비행기를 탔을 때의 마음을 생각해 봐요.

공부한 날

월

일

7단원
25회

교과서 문제
25 아빠께서는 어떻게 하면 투발루로 다시 돌아올 수 있다고 하셨습니까? ( )

① 투발루의 지도자가 바뀌면
② 투발루에 일자리가 많아지면
③ 고양이 투발루가 수영을 배우면
④ 투발루에 오는 비행기가 많아지면
⑤ 사람들이 환경을 오염시키지 않으면

서술형
26 로자가 간절하게 바란 것은 무엇인지 쓰시오.

_____

_____

중요
27 이 글을 읽고 생각이나 느낌을 표현하는 형식을 알맞게 말한 친구의 이름을 쓰시오.

기영: 나는 숲으로 간 고양이 투발루의 마음이 궁금해졌어. 그래서 직접 고양이를 길러 보려고 해.
서준: 로자와 고양이 투발루가 헤어지는 장면이 기억에 남아. 그 장면을 만화로 표현하면 오래 기억할 것 같아.

( )

생각이나 느낌을 떠올려 표현할 때에는 시, 일기, 편지, 만화, 그림 등의 형식을 정할 수 있어요.

01~05 다음 글을 읽고, 물음에 답하시오.

> **가** 학교 도서관에서 책을 고르다가 『세시 풍속』이라는 책을 읽었습니다. ㉠이 책은 우리 조상이 농사일로 고된 일상 속에서 빼먹지 않고 지켜 오던 일 년의 세시 풍속을 담은 책입니다.
>
> **나** 겨울의 세시 풍속 가운데에서 인상 깊었던 것은 동지의 풍속입니다. / ㉡동지는 음력 십일월인데, 세시 풍속으로 팥죽을 끓여 먹습니다. 얼마 전에 학교에서 팥죽이 나온 것이 떠올라 반가워서 읽었습니다. 동짓날이 그냥 팥죽을 먹는 날인 줄만 알았는데 생각보다 재미있는 이야기가 얽혀 있었습니다. ㉢옛날 사람들은 병을 옮기는 나쁜 귀신이 팥을 싫어한다고 믿었답니다. 그래서 동지에 팥으로 죽을 만들어 귀신이 못 오게 집 앞에 뿌렸답니다. 이 일에서 동지에 팥죽 먹는 풍습이 생겼답니다.
>
> 이런 재미있는 이야기를 지닌 동지는 낮이 길어지기 시작하는 날로, 사람들은 이날부터 태양의 기운이 다시 살아난다고 생각했다고 합니다. 동지가 밤이 가장 길고 낮이 가장 짧은 날이라고만 생각했는데, 우리 조상은 태양의 기운이 다시 살아나면서 낮이 길어지는 것이라고 생각한 점이 인상 깊었습니다. ㉣그래서 한 가지를 볼 때 여러 가지 시각으로 봐야겠다고 생각했습니다.
>
> 『세시 풍속』을 읽고 나니 조상의 지혜를 더 잘 알 수 있었습니다. ㉤계절의 변화 하나하나에 의미를 부여하고 삶을 즐겁게 보내려는 마음을 듬뿍 느꼈습니다.

중요

01 다음 빈칸에 들어갈 이 글의 제목으로 알맞은 것은 무엇입니까? (   )

> 저는 이 글에 「(   )」(이)라는 제목을 붙였습니다. 동지와 관련해 몰랐던 내용을 새롭게 알 수 있었기 때문입니다.

① 팥죽의 유래   ② 우리 조상의 지혜
③ 내가 몰랐던 동지   ④ 도서관에서 빌린 책
⑤ 우리나라의 세시 풍속

서술형

02 글쓴이가 『세시 풍속』을 읽은 동기가 나타난 문장을 찾아 쓰시오.

_____

_____

03 글쓴이가 책에서 가장 인상 깊게 읽은 겨울의 세시 풍속은 무엇인지 쓰시오.

(   )의 풍속

04 옛날 사람들이 동지부터 태양의 기운이 다시 살아난다고 생각한 까닭은 무엇입니까? (   )

① 낮이 가장 긴 날이라서
② 낮이 길어지기 시작하는 날이라서
③ 밤이 길어지기 시작하는 날이라서
④ 낮과 밤의 길이가 같아지는 날이라서
⑤ 추운 날씨가 따뜻해지기 시작하는 날이라서

05 ㉠~㉤을 책 내용과 책을 읽고 생각하거나 느낀 점으로 구분하여 쓰시오.

(1) 책 내용: (   )
(2) 책을 읽고 생각하거나 느낀 점:

(   )

06 독서 감상문을 쓰면 좋은 점에 ○표 하시오.

(1) 여러 종류의 책을 읽을 수 있다.   (   )
(2) 읽은 책의 내용을 다시 한번 생각할 수 있다.

(   )

(3) 책을 읽고 느낀 재미나 감동을 혼자 간직할 수 있다.

(   )

중요

07 글에서 감동을 느낄 수 있는 부분으로 알맞지 <u>않은</u> 것은 무엇입니까? (   )

① 꾸며 주는 말이 많이 쓰인 부분
② 질문이나 생각이 많이 생기는 내용
③ 기쁨, 슬픔과 같은 감정을 강하게 느낀 부분
④ 인물의 말이나 행동에서 교훈을 얻을 수 있는 부분
⑤ 자신의 경험이나 생각과 비슷해 공감할 수 있는 부분

08~11 다음 글을 읽고, 물음에 답하시오.

가 "에미가 신작로까지 데려다줄 테니까 얼른 교복 갈아입어."

몇 번 옥신각신하다가 나는 마지못해 교복으로 갈아입었다. 어머니가 먼저 마당에 나와 내가 나오길 기다리고 있었다.

가방을 들고 밖으로 나오자 어머니가 지겟작대기를 들고 서 있었다. 나는 어머니가 그걸로 말 안 듣는 나를 때리려고 그러는 줄 알았다.

나 어머니는 내게 가방을 넘겨준 다음 내가 가야 할 산길의 이슬을 털어 내기 시작했다. 어머니의 일 바지 자락이 이내 아침 이슬에 흥건히 젖었다. 어머니는 발로 이슬을 털고, 지겟작대기로 이슬을 털었다.

그런다고 뒤따라가는 아들 교복 바지가 안 젖는 것도 아니었다.

다 그렇게 어머니와 아들이 무릎에서 발끝까지 옷을 흠뻑 적신 다음에야 신작로에 닿았다.

"자, 이제 이걸 신어라."

거기서 어머니는 품속에 넣어 온 새 양말과 새 신발을 내게 갈아 신겼다. 학교 가기 싫어하는 아들을 위해 아주 마음먹고 준비해 온 것 같았다.

"앞으로는 매일 털어 주마. 그러니 이 길로 곧장 학교로 가. 중간에 다른 데로 새지 말고."

그 자리에서 울지는 않았지만, 왠지 눈물이 날 것 같았다.

㉠"아니, 내일부터 나오지 마. 나 혼자 갈 테니까."

08 이 글의 내용으로 알맞은 것에 ○표 하시오.

(1) '나'는 입기 싫은 교복을 입고 마당으로 나왔다. (   )
(2) '나'는 어머니께 신작로까지 데려다 달라고 했다. (   )
(3) 신작로에 닿았을 때 어머니의 옷은 젖지 않은 상태였다. (   )

09 글 **가** 에서 어머니가 지겟작대기를 들고 서 계셨던 까닭은 무엇입니까? (   )

① '나'를 겁주려고
② 지게를 지고 가시려고
③ 산길의 이슬을 털어 내려고
④ 말 안 듣는 '나'를 때려 주려고
⑤ 다리가 불편해서 작대기를 짚고 걸으려고

10 '나'가 ㉠과 같이 말한 까닭은 무엇이겠습니까?
(   )

① 어머니 몰래 학교에 빠지려고
② 어머니께 죄송한 마음이 들어서
③ 어머니께 섭섭한 마음이 들어서
④ 어머니의 잔소리가 듣기 싫어서
⑤ 어머니가 데려다주시는 것이 창피해서

서술형

11 이 글에서 감동받은 부분과 그 까닭을 쓰시오.

감동받은 부분	(1)
그 까닭	(2)

12~15 다음 글을 읽고, 물음에 답하시오.

가 "아빠, 바닷물이 왜 자꾸 불어나요?"

로자가 파란 바다를 보며 나직이 물었어.

"지구가 더워져서 빙하가 녹아내리고 있거든. 그래서 바닷물이 불어나는 거야."

"바다가 저렇게 넓은데 빙하가 녹는다고 물이 불어나요?"

"엄청나게 큰 빙하가 녹아내리니까 불어날 수밖에……."

로자는 아빠의 말을 들으며 손톱만 물어뜯었어. 그러자 투발루가 까칠한 혀로 로자의 손을 싸악싸악 핥아 주었지. 로자가 슬퍼 보였나 봐.

"우리도 이제 투발루를 떠나야 한단다."

나 "아빠 엄마도 너처럼 여기서 살고 싶단다. 하지만 바닷물이 자꾸 불어나서 곧 나라 전체가 물에 잠기게 될 거래. 어제는 마당까지 물이 들어왔잖아. 떠나기 싫지만 어쩔 수 없구나."

로자의 가족은 아주 슬픈 밤을 보냈지.

다 "투발루야, 어디 있어? 이 바보야, 이제 가야 한단 말이야. 얼른 나와, 제발……."

로자의 눈에선 쉬지 않고 눈물이 흘러내렸고, 코는 새빨개졌어.

"로자야, 이제 비행기를 타러 가야 해. 투발루는 할아버지가 잘 키워 주실 거야."

"싫어요, 아빠! 난 투발루랑 같이 갈 거예요."

로자가 더 깊은 숲으로 들어가려 하자 아빠가 로자를 안아 올렸어.

"아빠, 조금만 더 찾아봐요, 네? 아빠!"

하지만 아빠는 로자를 안고 비행장으로 급하게 걸어갔어. 비행기 탈 시간이 다 되었거든.

라 로자는 창밖으로 작아지는 투발루를 보며 후회하고 또 후회했지.

"투발루에게 수영을 가르칠 걸 그랬어!"

"로자야, 사람들이 환경을 오염시키지 않으면 다시 투발루에 돌아올 수 있을 거야."

아빠의 말을 들으며 로자는 간절히 빌었어.

"저는 투발루에서 투발루와 함께 살고 싶어요. 제발 도와주세요!"

12 이 글에서 로자가 한 일로 알맞지 <u>않은</u> 것에 ×표 하시오.

⑴ 고양이 투발루를 두고 비행기를 탔다.

( )

⑵ 고양이 투발루를 찾으며 눈물을 흘렸다.

( )

⑶ 고양이 투발루를 찾으려고 깊은 숲으로 들어갔다.

( )

서술형

13 다음 원인 때문에 일어난 일은 무엇인지 쓰시오.

원인	바닷물이 자꾸 불어나서 투발루 섬 전체가 물에 잠기게 될 것이다.

↓

일어난 일	

14 글 라에서 로자가 창밖으로 작아지는 고양이 투발루를 보며 후회한 것의 기호를 쓰시오.

㉮ 할아버지께 고양이 투발루를 맡기고 온 것
㉯ 고양이 투발루에게 수영을 가르치지 못한 것
㉰ 고양이 투발루를 먼저 비행기 짐칸에 태우지 못한 것

( )

중요

15 이 글을 읽고 생각이나 느낌을 표현하는 형식에 대해 쓴 글입니다. ( ) 안에서 알맞은 말을 골라 ○표 하시오.

투발루에서 고양이 투발루와 함께 살고 싶다는 로자의 바람이 간절하게 느껴졌어. 그래서 로자의 바람이 이루어지도록 사람들에게 (환경을 오염시키지 말자, 희귀 동물을 보호하자)는 내용의 환경 포스터를 그리고 싶어.

→ 바른답·알찬풀이 25쪽

해설 강의

공부한 날

월

일

16~17 다음 글을 읽고, 물음에 답하시오.

[6-2] 5단원 227쪽

기와 조각과 똥 덩어리 원작 박지원 / 글 강민경

가 창대의 질문에 나리는 기다렸다는 듯이 대답했다.

"나는 시골의 삼류 선비지만, 중국의 제일가는 경치는 저 기와 조각과 똥 덩어리라고 말하고 싶구나."

어느 분야에서 수준이나 지위가 가장 낮은 부류.

나 "㉠깨진 기와 조각은 천하에 쓸모없는 물건이다. 그러나 백성들의 집에 담을 쌓을 때 깨진 기와 조각을 둘씩 짝을 지어 물결무늬를 만들기도 하고, 혹은 네 조각을 모아 쇠사슬 모양이나 엽전 모양을 만들지 않느냐? 깨진 기와 조각도 알뜰하게 사용했기에 천하의 고운 빛깔을 다 낼 수 있었던 것이다."

다 "㉡똥오줌을 생각해 보아라. 세상에 둘도 없이 더러운 것들이다. 하지만 거름으로 쓸 때는 한 덩어리라도 흘릴까 하여 조심하고, 말똥을 모으

식물이 잘 자라도록 땅에 뿌리거나 섞는 물질.

려 삼태기를 들고 말 꽁무니를 따라다니기도 하지 않느냐."

가는 대나무나 짚 등으로 엮어 거름 등을 나르는 데 쓰는 도구.

라 "똥과 기와 조각은 사람의 손길에 따라 쓰임새가 정해지기도 하고, 버려지기도 하는 거다. ㉢사람으로 태어나서 어찌 다른 사람의 손길만 기다리겠느냐? 스스로 쓰임새를 찾는다면 어찌 똥오줌이나 깨진 기와 조각의 쓰임새에 비하겠으며, 그렇지 못하다면 그야말로 길거리에 굴러다니는 개똥보다 못할 것이니라."

"에이, 그게 뭡니까요? 맞으면 맞는다, 아니면 아니다 명확히 대답을 해 주셔야지요." / 장복이의 응석에 나리는 다시 한번 꼬집어 말하였다.

어른들이 귀여워해 주는 것을 믿고 마구 조르거나 버릇없이 구는 일.

㉣"스스로의 가치는 스스로가 매기는 거야. 다른 사람에게 맡길 것이 아닌 거야."

일정한 기준에 따라 값, 등급, 순서를 매기는.

어떻게 읽을까?

1. 글쓴이의 생각이 담긴 낱말이나 문장 등의 표현에 밑줄을 그으며 읽어 보세요.
2. 글쓴이의 생각을 자신의 생각과 비교하며 읽어 보세요.

● 글쓴이의 생각이 담긴 표현

· '① ☐ ☐ ☐ ☐ 도 알뜰하게 사용했기에 천하의 고운 빛깔을 다 낼 수 있었던 것이다.'

· '사람으로 태어나서 어찌 다른 사람의 손길만 기다리겠느냐?'

· '스스로의 가치는 ② ☐ ☐ ☐ 이/가 매기는 거야.'

● 글쓴이의 생각

· 다른 사람의 도움을 받으려고 하지 말고 스스로 자신이 할 수 있는 일을 찾아야 함.

· 자신의 ③ ☐ ☐ 은/는 자신이 만드는 것이니 스스로 노력하는 삶을 살아야 함.

답 ① 기와 조각 ② 스스로 ③ 가치

단원 개념

16 다음은 이 글의 글쓴이가 나리의 말을 통해 전하고자 하는 생각입니다. ㉠~㉣ 중 글쓴이의 생각이 잘 드러나는 표현 두 가지를 찾아 기호를 쓰시오.

> 자신의 가치는 자신이 만드는 것이니 스스로 노력하는 삶을 살아야 한다.

( )

17 다음에서 이 글에 대한 생각이나 느낌을 표현한 형식은 무엇인지 알맞은 것에 ○표 하시오.

> 똥과 기와 조각이 쓸모 있다는 나리에게
>
> 안녕하세요? 저는 ○○○입니다.
> 중국의 제일가는 경치를 기와 조각과 똥 덩어리라고 한 까닭은 무엇인가요?

(시, 일기, 편지)

1 다음 빈칸에 들어갈 낱말로 알맞은 것을 찾아 선으로 이으시오.

(1) 강아지가 현관문을 바라보며 ☐ 앉아 있었다.

• ㉮ 오도카니

(2) 비가 그치자 줄기에 ☐ 매달린 빗방울이 햇볕을 받아 보석처럼 반짝였다.

• ㉯ 옥신각신

(3) 너희는 서로 그렇게 그리워하다가도 만나기만 하면 ☐ 하는 이유를 모르겠다.

• ㉰ 조롱조롱

2 다음 문장에서 밑줄 그은 낱말과 바꾸어 쓸 수 있는 낱말에 ○표 하시오.

(1) 아버지께서 일이 <u>고되셨는지</u> 코를 골며 주무신다.

| 지루하셨는지 | 힘드셨는지 |

(2) 추석날 밤, 보름달을 보며 <u>간절히</u> 소원을 빌었다.

| 절실히 | 조용히 |

(3) 바닷가를 <u>거닐다</u> 보니 어느새 해가 지기 시작했다.

| 걷다 | 뛰다 |

3 '한–'에 대한 **보기**의 설명을 보고, 밑줄 그은 낱말을 '한–'을 붙인 낱말로 바꾸어 쓰시오.

보기

한–: '정확한' 또는 '한창인'의 뜻을 더하는 말. 예 한복판, 한겨울

(1) 모두 운동장 <u>가운데</u>로 모이세요.
　　　　→ (　　　　　　　): 공간이나 시간, 상황 따위의 바로 가운데.

(2) 고민이 있어 <u>밤중</u>까지 잠을 이루지 못했다.
　　　　→ (　　　　　　　): 깊은 밤.

속담

4 다음 글과 그림을 보고, 정성이 지극하면 동지섣달에도 꽃이 핀다 와 뜻이 비슷한 속담에 ○표 하시오.

(1) 죽은 나무에 꽃이 핀다

( )

(2) 앉은 자리에 풀도 안 나겠다

( )

(3) 정성이 지극하면 돌 위에도 풀이 난다

( )

8

생각하며 읽어요

무엇을 배울까요?

의견이 적절한지
판단해야 하는
까닭 알기

글쓴이의 의견을
평가하는 방법 알기

글을 읽고 글쓴이의
의견 평가하기

단원에 대한 공부 계획을 세우고, 공부한 내용을
얼마나 이해했는지 스스로 평가해 보세요.

★★★ 잘함.   ★★ 보통임.   ★ 아쉬움.

그림으로 개념 탄탄

Q 의견이 적절한지 판단해야 하는 까닭은 무엇일까요?

A
* ❉ 사람마다 생각이 다른데, 그 가운데에서 더 나은 의견을 선택할 수 있어요.

* ❉ 적절하지 못한 의견을 따라 결정하면 잘못된 판단을 할 수 있어요.

* ❉ 잘못된 의견을 따르면 문제를 해결하지 못할 수도 있어요.

* ❉ 의견이 적절한지 판단하지 않으면 뜻하지 않게 잘못된 결과가 나올 수 있어요.

Q 글쓴이의 의견을 평가하는 방법은 무엇일까요?

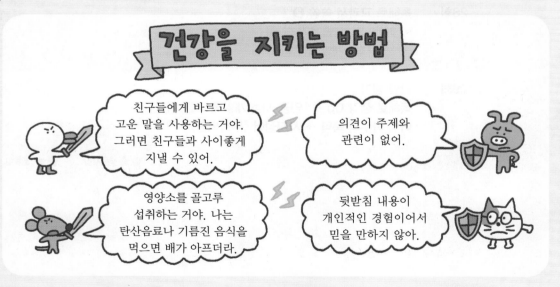

A
* ❉ 글쓴이의 의견이 주제와 관련 있는지 살펴봐요.

* ❉ 글쓴이의 의견과 뒷받침 내용이 관련 있는지 따져 봐요.

* ❉ 글쓴이의 의견이 문제 상황을 해결할 수 있는지 살펴봐요.

* ❉ 글쓴이의 의견을 뒷받침하는 내용이 사실이고, 출처가 믿을 만한지 확인해요.

 자신의 의견을 뒷받침하는 내용을 찾는 방법은 무엇일까요?

A
❀ 관련 있는 책을 찾아봐요.
❀ 믿을 만한 누리집을 찾아봐요.
❀ 전문가에게 물어봐요.

 다음 그림과 글을 보고, 빈칸에 공통으로 들어갈 알맞은 말을 쓰시오.

아버지와 아이는 당나귀를 팔러 가는 길에 다른 사람들의 (   )을/를 듣고 그대로 따랐다. 그러다가 결국 손해를 보고 말았다.
이 이야기에서 (   )이/가 적절한지 판단하지 않은 채 받아들이면 잘못된 결과가 나올 수 있다는 교훈을 얻을 수 있다.

(   )

 의견

당나귀를 팔러 간 아버지와 아이

읽기 TIP

아버지와 아이가 다른 사람들의 의견을 듣고 어떻게 행동했는지, 그렇게 행동한 결과 어떤 일이 벌어졌는지 살펴보며 글을 읽어 보세요.

햇볕이 내리쬐는 무척 더운 날이었어요. 아버지와 아이가 당나귀를 끌고 시장에 가고 있었어요. 아버지와 아이는 땀을 뻘뻘 흘렸어요. 그 모습을 본 농부가 비웃으며 말했어요.

_{아버지와 아이가 시장에 가는 길에 만난 인물 ①}

"쯧쯧, 당나귀를 타고 가면 될 걸 저렇게 미련해서야……."

농부의 말을 듣고 보니 정말 그렇지 않겠어요?

'맞아, 당나귀는 원래 짐을 싣거나 사람을 태우는 동물이잖아.'

아버지는 당장 아이를 당나귀에 태웠어요.

그렇게 한참을 가는데 한 노인이 호통을 쳤어요.

_{아버지와 아이가 시장에 가는 길에 만난 인물 ②}

"아버지는 걷게 하고 자기는 편하게 당나귀를 타고 가다니. 요즘 아이들이란 저렇게 버릇이 없단 말이지!"

노인의 말을 듣고 보니 정말 그렇지 않겠어요?

아이는 얼른 당나귀에서 내리고 아버지를 태웠어요. 또 그렇게 한참을 가는데 이번에는 한 아낙이 깜짝 놀라며 혀를 찼어요.

_{아버지와 아이가 시장에 가는 길에 만난 인물 ③}

"세상에! 이렇게 더운 날 어린아이는 걷게 하고 자기만 편하게 당나귀를 타고 가다니. 저런 사람이 아비라고 할 수 있나, 원! 나라면 아이도 함께 태울 텐데." / 아낙의 말을 듣고 보니 정말 그런 것도 같았어요.

아버지는 아이도 당나귀에 태웠어요. 아버지와 아이를 태운 당나귀는 힘에 부친 듯 비틀비틀 걸음을 옮겼어요.

시장에 거의 다다랐을 때, 그 모습을 본 청년이 말했어요.

_{아버지와 아이가 시장에 가는 길에 만난 인물 ④}

"불쌍한 당나귀! 이 더운 날 두 명이나 태우고 가느라 힘이 다 빠졌네. ㉠나라면 당나귀를 메고 갈 텐데."

청년의 말을 듣고 보니 그런 것 같았어요.

'그래, 이대로 가다가는 시장에 가기도 전에 당나귀가 지쳐 쓰러져 버릴 거야.' / 둘은 당나귀에서 내렸어요. 그러고 나서 아버지는 당나귀의 앞발을, 아이는 뒷발을 각각 어깨에 올렸지요.

이제 외나무다리 하나만 건너면 시장이에요. / "으히힝."

그때 당나귀가 버둥거리는 바람에 두 사람은 그만 당나귀를 놓치고 말았답니다. _{덩치가 큰 것이 매달리거나 눕거나 앉아서 팔다리를 내저으며 계속 움직이는.} 강에 빠진 당나귀는 물살에 떠내려가고 말았어요.

"다른 사람의 말만 듣다가 결국 귀한 당나귀를 잃고 말았구나!"

아버지와 아이는 뒤늦게 후회했지만 아무 소용이 없었답니다.

독해로 이해 콕

1 아버지와 아이는 (소, 당나귀)을/를 끌고 시장에 가는 길이었다.

2 시장에 가는 길에 아버지와 아이가 가장 먼저 만난 인물은 (농부, 청년)이다.

3 아버지와 아이는 각각 당나귀의 앞발과 뒷발을 어깨에 메고 (   )을/를 건넜다.

4 아버지와 아이는 당나귀를 끌고 무사히 시장에 도착했다. (○, ×)

낱말풀이

호통 몹시 화가 나서 크게 소리 지르거나 꾸짖음. 또는 그 소리. 예 아버지의 호통에 동생이 눈물을 흘렸다.

혀를 찼어요 마음이 언짢거나 섭섭하고 불만스럽다는 뜻을 나타냈어요.

부친 어떤 일을 하기에 힘이나 능력 등이 부족한. 예 나 혼자 하기에는 힘에 부친 일이다.

메고 물건을 어깨나 등에 올려놓고.

8 단원
27 회

공부한 날

월

일

01 아버지와 아이의 모습을 본 농부의 의견으로 알맞은 것에 ○표 하시오.

(1) 당나귀를 메고 가야 한다. ( )

(2) 당나귀를 타고 가야 한다. ( )

(3) 당나귀를 수레에 싣고 가야 한다. ( )

교과서 문제

02 다음 인물이 말한 의견을 알맞게 선으로 이으시오.

(1) 노인 ·

(2) 아낙 ·

· ㉮ 둘 다 당나귀를 타고 가야 한다.

· ㉯ 아이 대신 아버지가 당나귀를 타고 가야 한다.

03 아버지와 아이가 ㉠의 의견을 받아들인 까닭은 무엇입니까? ( )

① 당나귀가 도망치려 했기 때문이다.

② 힘이 빠진 당나귀가 일어나지 못했기 때문이다.

③ 당나귀를 더 비싼 값에 팔 수 있을 것 같았기 때문이다.

④ 시장에 가기 전에 당나귀가 지쳐 쓰러질 것 같았기 때문이다.

⑤ 자신들을 태우고 오느라 고생한 당나귀에게 미안했기 때문이다.

중요

04 다른 사람의 의견을 들은 아버지와 아이는 어떻게 행동했습니까? ( )

① 화를 냈다. ② 자기 의견만 고집했다.

③ 어떤 말도 듣지 않았다. ④ 처음 만난 사람의 의견만 들었다.

⑤ 의견이 적절한지 판단하지 않고 그대로 따랐다.

아버지와 아이가 마지막으로 따른 의견과 그로 인해 일어난 일을 찾아봐요.

서술형

05 아버지와 아이가 **04**에서 답한 것과 같이 행동한 결과로 일어난 일을 쓰시오.

_____

혜원

바람직한 독서 방법은 도서관의 편의 시설을 늘리는 것입니다. 휴게실을 많이 만들면 편안히 쉴 수 있습니다. 체육관이 생기면 운동을 자주 할 수 있습니다. 컴퓨터를 많이 설치하면 인터넷을 쉽게 이용할 수 있습니다. 이와 같이 올바른 독서 방법은 도서관의 편의 시설을 늘리는 것입니다.

민서

바람직한 독서 방법은 여러 분야의 책을 읽는 것입니다. ㉠ 여러 분야의 책을 읽으면 배경지식이 풍부해집니다. 풍부한 배경지식은 학교 공부를 하는 데 도움을 줍니다. 한 분야의 책만 읽으면 시력이 나빠집니다. 제가 여러 분야의 책을 읽었을 때는 시력이 좋아졌는데 한 분야의 책만 읽었을 때는 시력이 나빠졌습니다. 따라서 여러 분야의 책을 읽는 것은 좋은 독서 방법입니다.

준우

바람직한 독서 방법은 자신이 좋아하는 책만 읽는 것입니다. 좋아하는 분야의 책을 읽으면 흥미를 느끼며 즐겁게 읽을 수 있습니다. 그 분야에 깊이 있는 지식을 쌓을 수 있습니다. 자신이 좋아하는 분야이기 때문에 책 내용을 더 쉽게 이해할 수 있습니다. 따라서 저는 이보다 더 바람직한 독서 방법은 없다고 생각합니다.

이미지로 보는 **사전**

#도서관 #규장각 #도서관의 변신

도서관은 온갖 종류의 도서, 문서, 기록, 출판물 따위의 자료를 모아 두고 일반인들이 볼 수 있도록 한 시설이에요.

조선 시대에는 규장각이라는 왕실 도서관이 있었어요.

최근 도서관은 시민들이 소통하고 휴식하는 공간으로 변화하고 있어요.

읽기 팁

'바람직한 독서 방법'을 주제로 쓴 글에서 혜원, 민서, 준우의 의견과 그 의견을 뒷받침하는 내용이 무엇인지 정리하며 읽어 보세요.

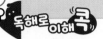
독해로 이해 콕

5 혜원과 민서, 준우의 글은 모두 '바람직한 (   ) 방법'을 주제로 하고 있다.

6 혜원이는 바람직한 독서 방법으로 도서관의 편의 시설을 늘려야 한다는 의견을 썼다. (○ , ✕)

7 민서는 (한 , 여러) 분야의 책을 읽는 것이 좋은 독서 방법이라고 했다.

8 (   )은/는 좋아하는 분야의 책을 읽으면 흥미를 느끼며 즐겁게 읽을 수 있다고 했다.

낱말풀이

바람직한 좋다고 생각할 만한.

편의 시설 이용자에게 이롭고 편한 환경이나 조건을 갖춘 시설.

분야 여러 갈래로 나누어진 범위나 부분. 예 이 박사님은 환경 분야의 전문가이다.

배경지식 어떤 일을 하거나 연구할 때, 이미 머릿속에 들어 있거나 기본적으로 필요한 지식.

풍부해집니다 넉넉하고 많아집니다. 예 가을이 되면 여름 동안 농사지은 것들을 수확하여 먹을거리가 풍부해집니다.

06 혜원이의 의견에 대해 알맞게 판단하지 <u>못한</u> 친구의 이름을 쓰시오.

> 수아: 혜원이의 의견은 글의 주제와 관련이 없어.
> 민우: 주제가 '바람직한 독서 방법'이라면 책을 어떻게 읽는지와 관련 있
> 는 의견을 써야 하는데 그렇지 않아.
> 주헌: 그렇지만 뒷받침 내용은 믿을 만하므로 혜원이의 의견은 적절하다
> 고 볼 수 있어.

( )

07 민서의 의견은 무엇인지 빈칸에 알맞은 말을 쓰시오.

바람직한 독서 방법은 ( )(이)다.

중요

08 다음은 ㉠을 판단한 내용입니다. 어떤 기준에 따라 판단한 것인지 알맞은 것에 ○표 하시오.

> 학교에서 공부하는 분야가 다양하므로 여러 내용을 미리 책으로 공부
> 하면 학교 공부에 도움이 될 것이다. 따라서 믿을 만한 내용이다.

(1) 뒷받침하는 내용이 믿을 만합니까? ( )
(2) 글쓴이의 의견이 주제와 관련 있습니까? ( )
(3) 글쓴이의 의견대로 했을 때 문제 상황을 해결할 수 있습니까?( )

글쓴이의 의견이 적절한지 평가하는 방법을 떠올려 보고, 제시된 내용은 어떤 기준에 따라 판단한 것인지 생각해 봐요.

교과서 문제

09 준우의 의견에 대한 평가로 알맞지 <u>않은</u> 것은 무엇입니까? ( )

① 준우의 의견은 주제와 관련 있다.
② 준우가 제시한 뒷받침 내용들은 사실이다.
③ 준우가 제시한 뒷받침 내용들은 믿을 만한 내용이다.
④ 준우가 제시한 뒷받침 내용들은 준우의 개인적인 경험이다.
⑤ 준우가 제시한 뒷받침 내용들은 준우가 내세운 의견과 관련이 있다.

글쓴이의 의견이 적절한지 평가하려면 그 의견을 따랐을 때 생길 수 있는 문제점도 생각해 봐야 해요.

서술형

10 준우의 의견을 따랐을 때 생길 수 있는 문제점을 한 가지 쓰시오.

_____

1 문화재를 개방해야 합니다. 문화재를 직접 관람하면 옛 조상이 살았던 때를 생생하게 느낄 수 있습니다. 저는 가족과 함께 고인돌 **유적지**를 보러 갔습니다. 거대한 고인돌이 생생하게 기억에 남았습니다. 누리집에서 고인돌에 대한 정보를 찾아보았고, 학교 도서관에서 고인돌에 대한 책을 빌려 읽기도 했습니다.

엄청나게 큰.

중심 내용 문화재를 직접 관람하면 옛 조상이 살았던 때를 생생하게 느낄 수 있습니다.

2 또 문화재를 개방해야만 문화재 **훼손**을 막을 수 있습니다. 20○○년 7월 ○○일 신문 기사를 보니 고궁 가운데 한 곳인 ○○궁에 곰팡이가 **번식했다는** 내용이 있었습니다. 장마인데 문을 닫고만 있어서 바람이 통하지 않아 곰팡이가 궁궐 안으로 퍼진 것입니다. 사람들이 드나들면서 바람이 통하게 하면 이와 같은 문제는 해결될 것입니다.

중심 내용 문화재를 개방하면 여름 장마철에 생기는 문화재 훼손을 막을 수 있습니다.

3 문화재를 개방하면 자신이 체험한 문화재를 보호하려고 노력하는 사람이 늘어날 것입니다. 어디에 있는지도 모르는 **유물**이 아니라 우리 곁에 있는 문화재가 되어야 합니다. 우리가 함께 가꾸고 **보존**해 나간다고 생각한 뒤에 힘을 모으면 '살아 있는' 문화재가 될 것입니다.

중요한 것을 잘 보호하여 그대로 남겨.

중심 내용 문화재를 개방하면 자신이 체험한 문화재를 보호하려고 노력하는 사람이 늘어날 것입니다.

읽기

글쓴이의 의견과 의견을 뒷받침하는 내용을 정리해 보고, 글쓴이의 의견이 적절한지 평가해 보세요.

독해로
이해 쏙

9 이 글은 '(　　　　　)을/를 개방해야 하는가'를 주제로 쓴 글이다.

10 글쓴이는 가족과 함께 (　　　　) 유적지를 보러 갔었다.

11 ○○궁은 장마철에 문을 닫고 있어서 곰팡이가 퍼졌다. (○ , ×)

12 글쓴이는 우리가 문화재를 함께 가꾸고 (개발 , 보존)해야 한다고 생각한다.

이미지로 보는
📷 사전

#고인돌 #돌무덤 #유네스코 세계 문화유산

고인돌은 큰 돌을 세워 만든 선사 시대의 무덤이에요.

전 세계에서 발견되지만, 세계 고인돌의 절반 이상이 우리나라에 모여 있어요.

형태에 따라 크게 북방식과 남방식으로 분류돼요.

2000년에는 강화·화순·고창의 고인돌이 유네스코 세계 문화유산으로 등록되었어요.

낱말풀이

유적지 건축물이나 싸움터 또는 역사적인 사건이 벌어졌던 곳이나 옛 무덤 따위가 있는 곳.

훼손 헐거나 깨뜨려 못 쓰게 만듦. 예 무분별한 개발로 자연환경 훼손이 심하다.

번식했다는 생물체의 수나 양이 늘어서 많이 퍼졌다는.

유물 선대의 인류가 후대에 남긴 물건. 예 이 고분에서는 여러 가지 유물이 발굴되었다.

8 단원
28 회

공부한 날

월

일

서술형
11 이 글에 제시된 글쓴이의 의견을 쓰시오.

_____

12 글쓴이의 의견을 뒷받침하는 내용으로 알맞지 <u>않은</u> 것의 기호를 쓰시오.

> ㉮ 옛 조상이 살았던 때를 생생하게 느낄 수 있다.
> ㉯ 여름 장마철에 생기는 문화재 훼손을 막을 수 있다.
> ㉰ 누리집이나 책에서 문화재에 대한 정보를 손쉽게 찾을 수 있다.
> ㉱ 자신이 체험한 문화재를 보호하려고 노력하는 사람이 늘어날 것이다.

(   )

교과서 문제
13 글쓴이의 의견이 적절하지 않다고 평가한 친구의 이름을 쓰시오.

> 지수: 많은 사람이 문화재를 관람하다 보면 어쩔 수 없이 훼손되기 마련
> 입니다. 한번 망가진 문화재는 돌이킬 수 없습니다.
> 태형: 의견에 대한 뒷받침 내용으로 제시된 세 가지가 모두 사실이며 믿
> 을 만합니다. 또 그 의견을 선택했을 때 또 다른 문제 상황이 나타
> 나지 않을 것입니다.

(   )

중요
14 글쓴이의 의견이 적절한지 생각하며 이 글을 읽는 방법으로 알맞지 <u>않은</u> 것은
무엇입니까? (   )

① 뒷받침하는 내용이 사실인지 살펴본다.
② 뒷받침 내용의 출처가 믿을 만한 곳인지 살펴본다.
③ 글쓴이의 의견과 의견을 뒷받침하는 내용을 찾아본다.
④ 글쓴이의 의견이 문제 해결에 도움이 되는지 생각한다.
⑤ 글쓴이의 의견대로 했을 때 생길 수 있는 문제점은 고려하지 않는다.

> 적절하지 못한 의견을
> 따랐을 때에 더 많은 문제가
> 생길 수 있다는 것을
> 생각해야 해요.

01~04 다음 글을 읽고, 물음에 답하시오.

가 아버지와 아이가 당나귀를 끌고 시장에 가고 있었어요. 아버지와 아이는 땀을 뻘뻘 흘렸어요. 그 모습을 본 농부가 비웃으며 말했어요.

"쯧쯧, 당나귀를 타고 가면 될 걸 저렇게 미련해서야……"

농부의 말을 듣고 보니 정말 그렇지 않겠어요?

'맞아, 당나귀는 원래 짐을 싣거나 사람을 태우는 동물이잖아.'

아버지는 당장 아이를 당나귀에 태웠어요.

나 "세상에! 이렇게 더운 날 어린아이는 걷게 하고 자기만 편하게 당나귀를 타고 가다니. 저런 사람이 아비라고 할 수 있나, 원! 나라면 아이도 함께 태울 텐데."

아낙의 말을 듣고 보니 정말 그런 것도 같았어요. 아버지는 아이도 당나귀에 태웠어요. 아버지와 아이를 태운 당나귀는 힘에 부친 듯 비틀비틀 걸음을 옮겼어요.

다 시장에 거의 다다랐을 때, 그 모습을 본 청년이 말했어요.

"불쌍한 당나귀! 이 더운 날 두 명이나 태우고 가느라 힘이 다 빠졌네. 나라면 당나귀를 메고 갈 텐데."

청년의 말을 듣고 보니 그런 것 같았어요.

'그래, 이대로 가다가는 시장에 가기도 전에 당나귀가 지쳐 쓰러져 버릴 거야.'

둘은 당나귀에서 내렸어요. 그러고 나서 아버지는 당나귀의 앞발을, 아이는 뒷발을 각각 어깨에 올렸지요.

이제 외나무다리 하나만 건너면 시장이에요.

"으히힝."

그때 당나귀가 버둥거리는 바람에 두 사람은 그만 당나귀를 놓치고 말았답니다. 강에 빠진 당나귀는 물살에 떠내려가고 말았어요.

01 아버지와 아이는 누구의 의견을 듣고 함께 당나귀에 탔는지 쓰시오.

(　　　　　　　　)

02 아버지와 아이가 농부의 의견을 받아들인 까닭으로 알맞은 것에 ○표 하시오.

(1) 당나귀는 다치기 쉬운 동물이기 때문이다.
(　　　)

(2) 당나귀가 고집이 세서 아버지의 말을 안 듣기 때문이다. (　　　)

(3) 당나귀는 원래 짐을 싣거나 사람을 태우는 동물이기 때문이다. (　　　)

03 이 글에서 당나귀는 결국 어떻게 되었는지 알맞은 기호를 쓰시오.

> ㉮ 숲속으로 멀리 도망갔다.
> ㉯ 강에 빠져 물살에 떠내려갔다.
> ㉰ 외나무다리에 간신히 서 있었다.

(　　　　　　　　)

서술형
04 아버지와 아이의 행동이 적절하다고 생각하는지, 그렇게 생각한 까닭은 무엇인지 쓰시오.

_____

_____

중요
05 의견이 적절한지 판단해야 하는 까닭으로 알맞지 않은 것은 무엇입니까? (　　　)

① 잘못된 판단을 할 수 있어서
② 문제를 해결하지 못할 수 있어서
③ 더 나은 의견을 선택할 수 있어서
④ 사람들이 모두 비슷한 생각을 해서
⑤ 뜻하지 않게 잘못된 결과가 나올 수 있어서

06~07 다음 글을 읽고, 물음에 답하시오.

바람직한 독서 방법은 도서관의 편의 시설을 늘리는 것입니다. 휴게실을 많이 만들면 편안히 쉴 수 있습니다. 체육관이 생기면 운동을 자주 할 수 있습니다. 컴퓨터를 많이 설치하면 인터넷을 쉽게 이용할 수 있습니다. 이와 같이 올바른 독서 방법은 도서관의 편의 시설을 늘리는 것입니다.

06 바람직한 독서 방법에 대한 글쓴이의 의견은 무엇입니까? (   )

① 체육관을 만들자.
② 운동을 자주 하자.
③ 휴게실을 많이 만들자.
④ 컴퓨터를 많이 설치하자.
⑤ 도서관의 편의 시설을 늘리자.

서술형

07 글쓴이의 의견이 글의 주제와 관련이 있는지 판단하여 그 까닭과 함께 쓰시오.

_____

_____

08~09 다음 글을 읽고, 물음에 답하시오.

바람직한 독서 방법은 여러 분야의 책을 읽는 것입니다. ㉠여러 분야의 책을 읽으면 배경지식이 풍부해집니다. 풍부한 배경지식은 학교 공부를 하는 데 도움을 줍니다. ㉡한 분야의 책만 읽으면 시력이 나빠집니다. 제가 여러 분야의 책을 읽었을 때는 시력이 좋아졌는데 한 분야의 책만 읽었을 때는 시력이 나빠졌습니다.

08 ㉠, ㉡을 판단한 내용으로 알맞지 <u>않은</u> 것은 무엇입니까? (   )

① ㉠은 믿을 만한 내용이다.
② ㉡은 믿을 만하지 못한 내용이다.
③ ㉡은 글쓴이의 개인적인 경험이다.
④ ㉠, ㉡ 모두 글쓴이의 의견과 관련이 있다.
⑤ ㉠, ㉡ 모두 글쓴이의 의견에 대한 뒷받침 내용이다.

09 이 글에서 글쓴이의 의견을 뒷받침하는 내용이 믿을 만한지 알아보는 방법으로 알맞지 <u>않은</u> 것은 무엇입니까? (   )

① 책을 찾아본다.
② 전문가에게 물어본다.
③ 관련한 전문 자료를 참고한다.
④ 인터넷에서 검색해 정보를 얻는다.
⑤ 친구들이 좋아할 내용인지 확인한다.

10~11 다음 글을 읽고, 물음에 답하시오.

바람직한 독서 방법은 자신이 좋아하는 책만 읽는 것입니다. 좋아하는 분야의 책을 읽으면 흥미를 느끼며 즐겁게 읽을 수 있습니다. 그 분야에 깊이 있는 지식을 쌓을 수 있습니다. 자신이 좋아하는 분야이기 때문에 책 내용을 더 쉽게 이해할 수 있습니다.

10 글쓴이의 의견으로 알맞은 것에 ○표 하시오.

(1) 여러 분야의 책을 읽는다. (   )
(2) 자신이 좋아하는 책만 읽는다. (   )
(3) 지식을 쌓을 수 있는 책만 읽는다. (   )

11 글쓴이의 의견을 다음과 같이 판단했을 때 빈칸에 들어갈 알맞은 말을 쓰시오.

> 글쓴이는 주제와 관련 있는 의견을 제시했고, 뒷받침 내용도 믿을 만했다. 하지만 그 의견대로 하면 (   )이/가 생길 수 있어서 적절한 의견이라고 볼 수 없다.

(   )

12~15 다음 글을 읽고, 물음에 답하시오.

> 문화재를 개방해야 합니다. 문화재를 직접 관람하면 옛 조상이 살았던 때를 생생하게 느낄 수 있습니다. 저는 가족과 함께 고인돌 유적지를 보러 갔습니다. 거대한 고인돌이 생생하게 기억에 남았습니다. 누리집에서 고인돌에 대한 정보를 찾아보았고, 학교 도서관에서 고인돌에 대한 책을 빌려 읽기도 했습니다.
>
> ㉠또 문화재를 개방해야만 문화재 훼손을 막을 수 있습니다. 20○○년 7월 ○○일 신문 기사를 보니 고궁 가운데 한 곳인 ○○궁에 곰팡이가 번식했다는 내용이 있었습니다. 장마인데 문을 닫고만 있어서 바람이 통하지 않아 곰팡이가 궁궐 안으로 퍼진 것입니다. 사람들이 드나들면서 바람이 통하게 하면 이와 같은 문제는 해결될 것입니다.
>
> 문화재를 개방하면 자신이 체험한 문화재를 보호하려고 노력하는 사람이 늘어날 것입니다. 어디에 있는지도 모르는 유물이 아니라 우리 곁에 있는 문화재가 되어야 합니다. 우리가 함께 가꾸고 보존해 나간다고 생각한 뒤에 힘을 모으면 '살아 있는' 문화재가 될 것입니다.

12 이 글은 어떤 주제로 쓴 글인지 (   ) 안에서 알맞은 말을 골라 ○표 하시오.

'문화재를 (개방, 발굴, 복원)해야 하는가'

13 ㉠의 뒷받침 내용을 쓸 때 사용한 자료의 출처는 무엇입니까? (   )

① 책
② 신문 기사
③ 전문 자료
④ 전문가의 말
⑤ 글쓴이의 경험

14 글쓴이는 문화재를 개방하면 어떤 사람이 늘어날 것이라고 했습니까? (   )

① 문화재를 발굴하는 사람
② 문화재를 연구하는 사람
③ 문화재를 훼손하는 사람
④ 문화재를 숨기려고 노력하는 사람
⑤ 문화재를 보호하려고 노력하는 사람

서술형
15 글쓴이의 의견이 적절하다고 생각하는지, 그렇게 생각한 까닭은 무엇인지 쓰시오.

_____

_____

중요
16 글쓴이의 의견이 적절한지 평가하는 기준으로 알맞지 <u>않은</u> 것은 무엇입니까? (   )

① 의견이 주제와 관련 있는가?
② 의견이 새롭고 재미있는 내용인가?
③ 뒷받침 내용이 의견과 관련 있는가?
④ 뒷받침 내용이 믿을 만한 사실인가?
⑤ 의견이 문제 상황을 해결할 수 있는가?

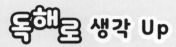

→ 바른답·알찬풀이 28쪽

해설 강의

17~18 다음 글을 읽고, 물음에 답하시오.

[5-1] 5단원 158쪽

8 단원

29 회

인공 지능 개발에 따른 위험 황연성

1 앞으로 인공 지능은 우리의 삶 곳곳에 영향을 미칠 것입니다. 그런 미래는 편리함이라는 빛만큼이나 위험하고 어두운 그림자 또한 있을 것이라고 생각합니다. 그러므로 인공 지능이 일으킬 위험을 막을 방법도 생각해야 합니다.

2 첫째, 인공 지능을 가졌느냐 아니냐에 따라 부자는 더 부자가 되고 가난한 사람은 더욱 가난해질 것입니다. 이로써 사회적·경제적 불평등은 더욱 심해질 것입니다.

3 둘째, 힘이 강한 나라나 집단이 힘이 약한 나라나 사람들을 지배할 수도 있습니다. 인공 지능이 발달하면 힘 있는 사람들의 지배력이 지금과 비교가 안 될 정도로 강해질 것입니다. 즉 나라 사이에 새로운 지배 관계가 생길 위험이 매우 크다고 생각합니다.

4 셋째, 지금보다 더 발달한 인공 지능이 등장하면 인간은 인공 지능에게 지배를 받게 될지도 모릅니다. 인공 지능은 인간보다 뛰어난 지적 능력이
_{지식이나 지성에 관한 것.}
있으면서 인간에게 있는 문제점은 없습니다. 인공 지능에게 독립성이 생긴다면 인공 지능은 인간의 통제에서 벗어나고 끝내 인간 사회는 비극을 맞
_{매우 슬프고 비참한 일.}
게 될 것입니다.

5 세계적인 학자들이 공개한 '인공 지능에게 보내는 공개편지'에는 우리 사회가 인공 지능으로 엄청난 이득을 얻을 수도 있지만, 인공 지능에 숨어 있는 위험을 막을 방법을 깊이 연구해야 한다는 내용이 담겨 있습니다. 인간이 편리함에 눈이 멀어 인공 지능을 계속 개발한다면 인간은 스스로에게 덫을 놓는 실수를 저지르게 될지도 모릅니다.

어떻게 읽을까?

1. 글쓴이의 의견과 의견을 뒷받침하는 내용에 밑줄을 그어 보세요.
2. 뒷받침 내용이 의견과 관련 있는 내용인지, 믿을 만한 사실인지 생각하며 의견의 적절성을 판단해 보세요.

● 글쓴이의 의견과 뒷받침 내용

글쓴이의 의견
① ☐ ☐ ☐ ☐ 이/가 일으킬 위험을 알고 그를 막을 방법을 연구해야 함.

↓

뒷받침 내용
• 인공 지능이 사회적·경제적 ② ☐ ☐ ☐ 을/를 심하게 할 것임.
• 힘이 강한 나라나 집단이 ③ ☐ 이/가 약한 나라나 사람들을 지배할 수도 있음.
• 인간이 인공 지능에게 ④ ☐ ☐ 을/를 받게 될 수도 있음.

답 ① 인공 지능 ② 불평등 ③ 힘
④ 지배

---

17 글쓴이의 의견으로 알맞은 것의 기호를 쓰시오.

> ㉮ 인공 지능이 가져올 편리함을 누려야 한다.
> ㉯ 인공 지능이 일으킬 위험을 막을 방법을 연구해야 한다.

( )

18 ^{단원 개념} 글쓴이의 의견이 적절한지 알맞게 평가한 것에 ○표 하시오.

(1) 의견이 주제와 관련 있다. ( )

(2) 뒷받침 내용들이 모두 주제와 관련 없는 내용이다. ( )

(3) 뒷받침 내용들의 출처가 글쓴이의 개인적 경험이므로 믿을 만하지 않다. ( )

어휘 확인

1 다음 문장에서 밑줄 그은 낱말의 뜻으로 알맞은 것을 찾아 선으로 이으시오.

(1) 일은 하지 않고 게으름만 피우는 신하들에게 임금의 <u>호통</u>이 떨어졌다. •

(2) 환경 오염 문제를 해결하기 위해 여러 <u>분야</u>의 전문가들이 모여 회의를 시작했다. •

(3) 쓰레기를 아무 데나 버리고 나뭇가지나 꽃을 꺾는 사람들 때문에 자연환경 <u>훼손</u>이 심해지고 있다. •

• ㉮ 헐거나 깨뜨려 못 쓰게 만듦.

• ㉯ 여러 갈래로 나누어진 범위나 부분.

• ㉰ 몹시 화가 나서 크게 소리 지르거나 꾸짖음. 또는 그 소리.

어휘 적용

2 **보기**의 문장에서 밑줄 그은 낱말과 같은 뜻으로 쓰인 낱말을 찾아 ○표 하시오.

보기

하루 종일 밭을 간 황소는 힘에 <u>부친</u> 듯 비틀거렸다.

(1) 어제 <u>부친</u> 편지가 벌써 도착했다고 한다. (　　　)

(2) 가족들이 다 함께 <u>부친</u> 여러 가지 전들을 맛있게 먹었다. (　　　)

(3) 곧잘 뒤따라오던 동생도 힘에 <u>부친</u> 듯 발걸음이 느려졌다. (　　　)

어법

3 다음 문장에서 표준어를 찾아 ○표 하시오.

(1) 할아버지의 [등 / 등어리]을/를 긁어 드렸다.

(2) 광대는 알록달록한 [고깔모자 / 꼬깔모자]를 쓰고 있었다.

(3) 케이크 [가생이 / 가장자리]의 크림을 손가락으로 찍어 맛보았다.

사자성어

4 다음 글과 그림을 보고, **부화뇌동** 을 알맞게 사용한 친구의 이름을 쓰시오.

부화뇌동

(附 붙을 부, 和 화할 화, 雷 우레 뇌, 同 한가지 동) 자기 생각이나 주장 없이 남의 의견에 따라 움직이다.

우레(천둥)가 치면 그 큰 소리와 울림에 사물들도 잇달아 울리는 것처럼, 아무 생각 없이 또는 이익만 바라고 남이 하는 대로 무조건 따르는 태도를 이르는 말이에요.

정민: 「토끼와 거북」에서 토끼는 느린 거북을 무시하고 부화뇌동하다 달리기 경주에서 지고 말았어.

서율: 「당나귀를 팔러 간 아버지와 아이」에서 아버지와 아이는 부화뇌동하다 결국 당나귀만 잃게 되었어.

( )

9

감동을 나누며
읽어요

시를 읽고 느낌
표현하기

이야기를 보고 내용에
대한 생각 나누기

이야기를 읽고 다른
사람에게 들려주기

단원에 대한 공부 계획을 세우고, 공부한 내용을
얼마나 이해했는지 스스로 평가해 보세요.

	공부할 내용	스스로 평가
30회	**그림으로 개념 탄탄** **독해로 교과서 쏙쏙 ❶** • 「지하 주차장」	☆☆☆
31회	**독해로 교과서 쏙쏙 ❷** • 「김밥」 • 「멸치 대왕의 꿈」	☆☆☆
32회	**단원 평가** **독해로 생각 Up** → 「기계를 더 믿어요」 **어휘 마무리 뚝딱** → 속담 〈원숭이도 나무에서 떨어진다〉	☆☆☆

★★★ 잘함.　　★★ 보통임.　　★ 아쉬움.

그림으로 개념 탄탄

Q 시를 읽고 느낌을 떠올리는 방법은 무엇일까요?

A
❀ 시의 장면을 떠올리며, 시를 낭독해요.

❀ 시에 나오는 인물에게 묻고 싶은 물음을 만들어요.

❀ 시에서 인물에게 일어난 일과 비슷한 경험을 비교해요.

Q 시에 대한 느낌을 표현하는 방법에는 어떤 것들이 있을까요?

A
❀ 시 속의 인물과 면담을 해요.

❀ 시에 대한 느낌을 노래로 만들어요.

❀ 시에 나오는 내용을 한 편의 이야기로 만들어 친구들에게 들려줘요.

❀ 시에서 인상 깊은 장면을 그림으로 나타내요.

Q 이야기를 읽고 다른 사람에게 실감 나게 들려주는 방법은 무엇일까요?

A

✽ 이야기에 나오는 인물의 특성을 알아봐요.

✽ 이야기의 상황과 인물의 특성에 알맞은 말과 행동을 생각해요.

✽ 들려줄 사람을 정해 이야기에서 강조하고 싶은 부분을 골라 실감 나게 표현해요.

확인 문제

? 시에 대한 느낌을 표현하는 방법으로 알맞지 <u>않은</u> 것에 ×표 하시오.

(1) 시 속의 인물과 면담하기

(   )

(2) 시에 대한 느낌을 노래로 만들기

(   )

(3) 시의 전체 내용 외우기

(   )

답 (3) ×

지하 주차장 김현욱

1연
지하 주차장으로
<u>아빠께서 가신 곳</u>
차 가지러 내려간 아빠
한참 만에
차 몰고 나와 한다는 말이

2연
「내려가고 내려가고 또 내려갔는데 글쎄, 계속 지하로 계단이 있
「 」: 아빠의 변명
는 거야! 그러다 아이쿠, 발을 헛디뎠는데 아아아…… <u>이상한 나라</u>
책에 나오는 인물 ①
의 앨리스처럼 깊은 동굴 속으로 끝없이 떨어지지 않겠니? 정
신을 차려 보니까 <u>호빗</u>이 사는 마을이었어. 호박처럼 생긴 집
책에 나오는 인물 ②
들이 미로처럼 뒤엉켜 있는데 갑자기 흰머리 <u>간달프</u>가 나타나 말
책에 나오는 인물 ③ (산신령처럼 생김.)
하더구나. 이 새 자동차가 네 자동차냐? 내가 말했지. 아닙니다,
제 자동차는 10년 다 된 고물 자동차입니다. 오호, 정직한 사람이
구나. 이 새 자동차를……」

3연
에이, 아빠!
차 어디에 세워 놨는지 몰라서 그랬죠?
차 찾느라
온 지하 주차장 헤매고 다닌 거
㉠다 알아요.
피이!

독해로 이해 콕

1 아빠께서 다녀오신 곳은 (체육관, 지하 주차장)이다.

2 아빠께서는 실제로 지하 주차장에서 깊은 동굴 속으로 떨어지셨다. (○, ×)

3 아빠께서는 주차장에서 차를 몰고 나오시는 데 한참이 걸렸다. (○, ×)

4 아이는 아빠께서 지하 주차장에서 나오시는 데 시간이 오래 걸린 까닭을 알지 못했다. (○, ×)

낱말풀이

헛디뎠는데 발을 잘못 디뎠는데. 예 동호는 계단에서 발을 헛디뎠는데 다행히 다치지는 않았다.

미로 어지럽게 갈래가 져서, 한번 들어가면 다시 빠져나오기 어려운 길.

헤매고 갈 바를 몰라 이리저리 돌아다니고.

01 이 시는 어떤 일에 대해 쓴 것인지 빈칸에 알맞은 말을 각각 쓰시오.

> 아빠께서 지하 (1) (   )에서 한참 만에 (2) (   )
> 을/를 가지고 오신 일

서술형

02 아빠께서 아이 앞에 늦게 나타나신 까닭은 무엇인지 쓰시오.

---

03 02에서 답한 행동을 할 때 아빠의 마음으로 알맞은 것을 두 가지 고르시오.

(   )

① 귀찮다.   ② 걱정된다.
③ 다급하다.   ④ 지루하다.
⑤ 자랑스럽다.

교과서 문제

04 아이가 ㉠과 같이 말한 의미로 알맞은 것에 ○표 하시오.

(1) 아빠께서 나를 아끼시는 마음을 충분히 안다.   (   )
(2) 아빠께서 말씀하신 이야기의 결말이 궁금하다.   (   )
(3) 아빠의 이야기가 말이 안 돼서 변명이라고 생각한다.   (   )

중요

05 이 시를 읽고 느낌을 표현하는 방법을 잘못 말한 친구의 이름을 쓰시오.

> 태훈: 이 시의 작가가 쓴 다른 시를 더 찾아보는 게 좋겠어.
> 윤서: 시에 나오는 인물이 되어 역할놀이를 해 보는 게 좋겠어.
> 수아: 만화를 이용해 시에 나오는 장면을 더 재미있게 표현해 보는 게 좋
>   겠어.

시 속의 인물과 면담하기,
노랫말 만들기, 역할극하기,
그림으로 나타내기 등
다양한 방법으로 느낌을
표현할 수 있어요.

(   )

① 아픈 아버지, 어머니, 오빠와 함께 사는 동숙이는 소풍날 달걀이 들어간 김밥을 가져가고 싶어 한다. 그래서 어머니께 달걀이 들어간 김밥을 싸 달라고 **투정**을 부리지만 어머니께서는 집안 사정이 어렵다고 하시면서 동숙이를 나무라신다.

② 동숙이는 쑥을 팔아서 달걀을 사려고 하지만 아무도 쑥을 사 주지 않는다. 동숙이는 꾀를 내어 <u>선생님께 자신이 소풍날 선생님 도시락을</u> 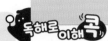 <u>싸 가겠다고 하고,</u> 어머니께도 이 일을 말씀드린다. 그러자 어머니께서는 김밥이 아닌 쑥개떡을 싸 주겠다고 하신다.

어머니께서 달걀이 들어간 김밥을 싸 주실 거라고 생각함.

③ 동숙이는 김밥을 못 먹게 되어 속상해한다. 그러자 아버지께서 자신의 병원비에 쓸 돈을 동숙이에게 주며 달걀 한 줄을 사 오라고 하신다. 동숙이는 달걀을 사서 집으로 가던 중에 돌에 **걸려** 넘어져 달걀을 깨뜨린다.

④ 소풍날, 동숙이가 쑥개떡을 도시락으로 먹자 친구가 자신의 김밥을 나누어 준다. 자기 것만 김밥 도시락인 사정을 안 선생님께서는 <u>배탈이 나서 못 먹겠다고 하시며</u> 동숙이에게 자신의 김밥 도시락을 건네주신다. 동숙이는 저녁까지 그 김밥을 아꼈다가 주무시는 아버지 옆에 둔다.

동숙이에게 김밥을 주려고 선생님께서 하신 행동

읽기 팁

모두가 가난해서 달걀이 귀했던 시절에, 달걀이 들어간 김밥을 너무나 먹고 싶었던 소녀 동숙이의 이야기예요. 동숙이가 한 행동과 그때의 마음을 생각하며 읽어 보세요.

독해로 이해 콕

5 동숙이는 아버지, 어머니, 오빠와 함께 살고 있다. (○, ×)

6 동숙이는 (   )을/를 팔아 달걀을 사려고 했다.

7 선생님께서는 소풍날 자신의 도시락을 동숙이에게 싸 오라고 하셨다. (○, ×)

8 동숙이는 선생님께서 주신 김밥을 아껴 두었다가 주무시는 (아버지, 어머니) 옆에 두었다.

낱말풀이

투정 무엇이 모자라거나 못마땅하여 떼를 쓰며 조르는 일. 예 시아는 좋아하는 반찬이 없다며 반찬 투정을 했다.

나무라신다 잘못을 꾸짖어 잘 알아듣게 말씀하신다.

걸려 다리나 발 등이 무엇에 부딪혀.

교과서 문제

06 동숙이가 어머니께 투정을 부린 까닭은 무엇입니까? (　　　　　)

① 학교에 가기 싫어서

② 가족 여행을 가고 싶어서

③ 소풍날 입고 갈 새 옷을 사고 싶어서

④ 소풍날에 쓸 용돈을 많이 받고 싶어서

⑤ 소풍날 달걀이 들어간 김밥을 가져가고 싶어서

07 동숙이가 선생님 도시락을 싸 가겠다고 하자, 어머니께서는 무엇을 싸 주겠다고 하셨는지 쓰시오.

(　　　　　　　　　　　　　　　)

서술형

08 김밥을 못 먹게 되어 속상해하는 동숙이를 보고 아버지께서 어떻게 하셨는지 쓰시오.

_____

중요

09 등장인물의 행동에 대한 자신의 생각을 잘못 말한 친구의 이름을 쓰시오.

> 현지: 어머니께서 쑥개떡을 싸 주신다고 했을 때 동숙이는 행복했을 거야.
>
> 상우: 동숙이가 원하는 음식을 만들어 주지 못하는 어머니의 마음도 편하지 않으셨을 거야.
>
> 세리: 동숙이가 넘어져서 달걀이 깨지는 바람에 그토록 먹고 싶었던 달걀이 들어간 김밥을 먹지 못해 무척 서운했을 거야.

💬 이야기에서 일어난 일을 떠올려 보고 그때 인물이 한 행동에서 어떤 생각을 할 수 있을지 살펴봐요.

(　　　　　　　　　　　　　　　)

이미지로 보는
📷 **사전**

#쑥 #쑥개떡 #쑥의 효능 #향토 음식

쑥은 봄철이 되면 싹이 나는 국화과의 여러해살이풀이에요.

쑥에는 우리 몸에 좋은 성분이 많이 들어 있어서 약으로도 쓰여요.

쑥으로 음식도 만들어 먹었는데, 쑥개떡은 그런 음식 중 하나예요.

쑥개떡은 쌀가루에 쑥, 소금, 물을 넣어 반죽하여 둥글납작하게 빚어 찐 떡이에요. 먹을 것이 귀하던 시절에 배고픔을 달래기 위해 먹었던 음식이에요.

멸치 대왕의 꿈 천미진

1 옛날 동쪽 바다에 멸치 대왕이 살고 있었어. 그런데 어느 날 아주 이상
한 꿈을 꾸었지. 꿈속에서 멸치 대왕이 하늘을 오르락내리락, 구름 속을
왔다 갔다. 그러다가 갑자기 흰 눈이 펄펄 내리더니 추웠다가 더웠다가 하
는 거야. 멸치 대왕은 무슨 꿈인지 몹시 궁금했어. 그래서 멸치 대왕은 넓
적 가자미한테 꿈풀이를 잘한다는 망둥 할멈을 데려오라고 했지.

넓적 가자미는 너무너무 졸려서 정말 가기 싫었지만 대왕님의 명령이
라 어쩔 수 없었지. 넓적 가자미는 하루, 이틀, 사흘, 나흘 여러 날이 걸
려서 망둥 할멈이 살고 있는 서쪽 바다에 도착했어. 넓적 가자미는
망둥 할멈을 데리고 또다시 하루, 이틀, 사흘, 나흘 그렁저렁 여러 날
이 걸려 동쪽 바다로 돌아왔단다. 멸치 대왕은 먹을 것을 잔뜩 준비하고,
꼴뚜기, 메기, 병어 정승들을 불렀지. 그리고 망둥 할멈을 반갑게 맞아들
였어.

중심 내용 멸치 대왕은 자기가 꾼 이상한 꿈의 의미가 궁금해서 넓적 가자미에게 시켜 꿈풀이를 잘한다는
망둥 할멈을 데려오게 했어.

2 하지만 넓적 가자미한테는 알은척도 하지 않고 먹을 것도 주지 않자
넓적 가자미는 잔뜩 화가 나서 토라져 버렸어. 멸치 대왕이 망둥 할멈에
게 꿈 이야기를 해 주자 망둥 할멈은 벌떡 일어나 절을 하면서 "대왕마
마, 용이 될 꿈입니다."라고 말했어. 그러면서 하늘을 오르락내리락 구
름 속을 왔다가 갔다가 하는 것은 용이 되어서 하늘을 날아다니는 것이
고, 흰 눈이 내리면서 추웠다가 더웠다가 하는 것은 용이 되어 날씨를 마
음대로 다스리게 되는 것이라고 풀이해 주었어. 망둥 할멈의 꿈풀이에
멸치 대왕은 기분이 좋아 덩실덩실 춤을 추었지.

망둥 할멈의 꿈풀이가 아주 마음에 들었기 때문에

읽기 팁

멸치, 가자미 등 바닷속 생물들의 생김
새가 만들어지게 된 이야기를 재미있
게 표현한 글이에요. 이야기에 나오는
인물의 특성을 생각하며 읽어 보세요.

독해로 이해 콕

9 멸치 대왕은 하늘을 오르락내리락하는
꿈을 꾸었다. (◯ , ✕)

10 멸치 대왕은 ( )을/를 데려오
라고 넓적 가자미에게 말했다.

11 멸치 대왕은 돌아온 넓적 가자미를 반갑
게 맞이했다. (◯ , ✕)

12 망둥 할멈은 멸치 대왕이 꾼 꿈이 그가
(용 , 호랑이)이/가 될 꿈이라고 해석
했다.

낱말풀이

가자미 몸이 납작하고 타원형이며 두 눈이
모두 오른쪽에 모여 있는 바닷물고기.

꿈풀이 꿈에 나타난 일을 풀어서 좋고 나
쁨을 판단함.

그렁저렁 그렇게 저렇게 하는 사이에 어
느덧.

알은척 사람을 보고 인사하는 표정을 지
음.

10 멸치 대왕이 망둥 할멈을 데려오라고 한 까닭은 무엇입니까? (   )

① 망둥 할멈을 혼내 주려고
② 망둥 할멈을 대접하고 싶어서
③ 넓적 가자미와 망둥 할멈이 친해서
④ 망둥 할멈의 꿈풀이를 듣고 싶어서
⑤ 멸치 대왕이 망둥 할멈을 좋아해서

서술형

11 멸치 대왕이 망둥 할멈을 어떻게 맞이했는지 쓰시오.

_____

12 넓적 가자미가 멸치 대왕에게 화가 나서 토라진 까닭으로 알맞은 것에 ○표 하시오.

(1) 멸치 대왕이 망둥 할멈의 말만 믿어 줘서   (   )
(2) 멸치 대왕이 자신의 말을 들어주지 않아서   (   )
(3) 멸치 대왕이 알은척도 하지 않고 먹을 것도 주지 않아서   (   )

> 넓적 가자미는 여러 날을 고생하여 망둥 할멈을 데리고 돌아왔어요. 그런 넓적 가자미에게 멸치 대왕이 어떻게 대했는지 살펴봐요.

교과서 문제

13 멸치 대왕의 꿈 내용과 망둥 할멈의 꿈풀이를 알맞게 선으로 이으시오.

(1) 하늘을 오르락내리락 구름 속을 왔다 갔다 하는 것 • · ㉮ 용이 되어 날씨를 마음 대로 다스리게 되는 것

(2) 흰 눈이 내리면서 추웠다 가 더웠다가 하는 것 • · ㉯ 용이 되어서 하늘을 날 아다니는 것

중요

14 망둥 할멈의 꿈풀이를 듣고 멸치 대왕이 했을 말로 알맞은 것의 기호를 쓰시오.

> ㉮ "나한테 너무하는군. 흠, 두고 보자 이놈!"
> ㉯ "뭐라고? 너 이놈! 감히 그런 말을 하다니. 괘씸하다!"
> ㉰ "오, 아주 훌륭한 꿈풀이로다. 하하하, 아주 마음에 든다."

(   )

> 용이 될 것이라는 망둥 할멈의 꿈풀이를 듣고, 멸치 대왕의 기분이 어땠을지 생각해 봐요.

하지만 넓적 가자미는 멸치 대왕한테 용이 되는 꿈이 아니라 큰 **변**을 당하게 될, 아주 나쁜 꿈이라고 말했어. 그러면서 하늘을 오르락내리락한다는 것은 **낚싯대**에 걸린 것이고, 구름은 **모락모락** 숯불 연기이고, 또 흰 눈은 소금이고, 추웠다가 더웠다가 한다는 것은 잘 익으라고 뒤집었다 엎었다 하는 것이라고 멸치 대왕의 꿈을 풀이했어.

넓적 가자미가 멸치 대왕의 꿈을 풀이한 내용 - 나쁘게 풀이함.

중심 내용 망둥 할멈은 멸치 대왕이 용이 될 꿈이라고 꿈풀이를 했고, 넓적 가자미는 멸치 대왕이 큰 변을 당하게 될 아주 나쁜 꿈이라고 꿈풀이를 했어.

3 넓적 가자미의 꿈풀이를 듣던 멸치 대왕은 화가 나 얼굴이 점점 붉어졌지. 꿈풀이를 다 듣고 난 뒤 멸치 대왕은 너무나도 화가 나 넓적 가자미의 **뺨**을 때렸는데 어찌나 세게 때렸던지 넓적 가자미의 눈이 한쪽으로 찍 몰려가 붙어 버리고 말았던 거야. 그 모양을 보고 있던 꼴뚜기는 자기도 **뺨**을 맞을까 봐 겁이 나서 자기의 눈을 떼어서 엉덩이에 찰싹 붙여 버렸고, 망둥 할멈은 너무 놀라 눈이 툭 튀어나와 버렸지. 메기는 기가 막혀 너무 크게 웃다가 입이 쫙 찢어져 버렸고, 병어는 자기도 입이 찢어질까 봐 입을 꽉 움켜쥐고 웃다가 그만 입이 뾰족해지고 말았어.

중심 내용 넓적 가자미의 꿈풀이를 듣고 화가 난 멸치 대왕이 넓적 가자미의 뺨을 때렸더니 넓적 가자미의 눈이 한쪽으로 몰려가 붙었고, 꼴뚜기, 망둥 할멈 등의 생김새도 변했어.

독해로 이해 콕

13 넓적 가자미는 멸치 대왕의 꿈 내용 가운데 하늘을 오르락내리락한다는 것을 (   )에 걸린 것이라고 풀이했다.

14 넓적 가자미의 꿈풀이를 들은 멸치 대왕은 기분이 좋아 덩실덩실 춤을 추었다.
(○, ×)

15 멸치 대왕에게 뺨을 맞은 넓적 가자미는 (눈, 입)이 한쪽으로 찍 몰려가 붙어 버렸다.

16 가자미를 보고 있던 (메기, 병어)는 자기도 입이 찢어질까 봐 입을 꽉 움켜쥐고 웃다가 그만 입이 뾰족해졌다.

낱말풀이

변 갑자기 생긴 사고나 이상한 일.

낚싯대 물고기를 잡는 도구의 하나. 가늘고 긴 대에 낚싯줄을 매어 쓴다.

모락모락 연기나 냄새, 김 따위가 계속 조금씩 피어오르는 모양. 예 연수는 김이 모락모락 나는 된장찌개를 좋아한다.

15 _{교과서 문제} 넓적 가자미는 멸치 대왕의 꿈을 어떻게 풀이했습니까? (　　　)

① 큰 행운이 찾아올 꿈이다.

② 큰 변을 당하게 될 꿈이다.

③ 꼴뚜기에게 뺨을 맞게 될 꿈이다.

④ 평소 원하는 것을 이루게 될 꿈이다.

⑤ 용이 되어 하늘을 마음껏 날아다닐 꿈이다.

16 _{서술형} 넓적 가자미의 꿈풀이를 다 듣고 난 뒤 멸치 대왕이 한 일을 쓰시오.

_____

17 _{교과서 문제} 꼴뚜기가 자기 눈을 떼어 엉덩이에 붙인 까닭으로 알맞은 것에 ○표 하시오.

(1) 눈이 엉덩이에 있으면 멋있을 것 같아서 　　　　　　(　　　　)

(2) 자기도 멸치 대왕에게 뺨을 맞을까 봐 겁이 나서 　(　　　　)

(3) 넓적 가자미의 눈이 한쪽으로 몰린 걸 보니 웃겨서 (　　　　)

18 다음 인물의 성격을 알맞게 선으로 이으시오.

(1) | 망둥 할멈 | • 　　　 • ㉮ | 속이 좁다. |

(2) | 넓적 가자미 | • 　　　 • ㉯ | 윗사람에게 아부를 잘한다. |

> 망둥 할멈과 넓적 가자미가 멸치 대왕의 꿈풀이를 좋게 했는지, 나쁘게 했는지 생각해 보고 이러한 행동에서 알 수 있는 인물의 성격을 짐작해 봐요.

19 _{중요} 이 이야기를 다른 사람에게 실감 나게 들려주는 방법을 차례대로 기호를 쓰시오.

> ㉮ 이야기를 들려줄 사람을 정한다.
> ㉯ 인물의 특성을 살려 생생하게 이야기를 표현한다.
> ㉰ 이야기에서 강조하고 싶은 부분이 어디인지 정한다.

(　　　) → (　　　) → (　　　)

> 인물의 특성을 살려 생생하게 표현하면 이야기가 더욱 실감 나게 들려요.

01~05 다음 시를 읽고, 물음에 답하시오.

> 지하 주차장으로
> 차 가지러 내려간 아빠
> 한참 만에 / 차 몰고 나와 한다는 말이
>
> 　내려가고 내려가고 또 내려갔는데 글쎄, 계속 지하로 계단이 있는 거야! 그러다 아이쿠, 발을 헛디뎠는데 아아아…… 이상한 나라의 앨리스처럼 깊은 동굴 속으로 끝없이 떨어지지 않겠니? 정신을 차려 보니까 호빗이 사는 마을이었어. 호박처럼 생긴 집들이 미로처럼 뒤엉켜 있는데 갑자기 흰머리 간달프가 나타나 말하더구나. 이 새 자동차가 네 자동차냐? 내가 말했지. 아닙니다, 제 자동차는 10년 다 된 고물 자동차입니다. 오호, 정직한 사람이구나. 이 새 자동차를…….
>
> 에이, 아빠!
> 차 어디에 세워 놨는지 몰라서 그랬죠?
> 차 찾느라
> 온 지하 주차장 헤매고 다닌 거
> 다 알아요. / 피이!

01 지하 주차장에 가신 아빠께 일어난 일은 무엇입니까? (　　　)

① 차 사고가 났다.
② 차에서 깜빡 잠이 드셨다.
③ 계단을 내려가다가 발목을 다치셨다.
④ 아는 사람을 만나서 인사를 나누셨다.
⑤ 차를 세워 둔 곳이 기억나지 않아 여기저기 찾아다니셨다.

서술형

02 아빠께서 한참 동안 나타나지 않으셨을 때에 아이는 어떤 마음이 들었을지 짐작하여 쓰시오.

_____

03 아빠께서 갔다고 하신 곳을 차례대로 기호를 쓰시오.

> ㉮ 동굴 속
> ㉯ 지하로 가는 계단
> ㉰ 호빗이 사는 마을

(　　　) → (　　　) → (　　　)

04 아빠의 변명에서 재미있는 부분을 생각하며 빈칸에 알맞은 말을 쓰시오.

> 책에 나오는 인물인 흰머리 (　　　　) 을/를 만났다고 말씀하시는 부분

중요

05 다음은 시 속 인물인 아빠를 면담하기 위해 만든 물음입니다. 알맞지 않은 내용에 ×표 하시오.

(1) 아빠의 말을 듣고 어떤 마음이 들었습니까?
(　　　)

(2) 지하 주차장에서 겪었다는 일이 정말입니까?
(　　　)

(3) 무슨 일이 있었기에 주차한 곳을 못 찾은 겁니까?
(　　　)

06 시를 읽고 느낌을 떠올리는 방법으로 알맞지 않은 것은 무엇입니까? (　　　)

① 시에 나오는 인물이 되어 본다.
② 시에 나오는 장면을 떠올려 본다.
③ 시를 쓴 작가의 얼굴을 찾아본다.
④ 시에 나오는 인물에게 묻고 싶은 물음을 만든다.
⑤ 시에서 인물에게 일어난 일과 비슷한 경험을 떠올려 본다.

07~11 다음 글을 읽고, 물음에 답하시오.

❶ 아픈 아버지, 어머니, 오빠와 함께 사는 동숙이는 소풍날 달걀이 들어간 김밥을 가져가고 싶어 한다. 그래서 어머니께 달걀이 들어간 김밥을 싸 달라고 투정을 부리지만 어머니께서는 집안 사정이 어렵다고 하시면서 동숙이를 나무라신다.

❷ ㉠동숙이는 쑥을 팔아서 달걀을 사려고 하지만 아무도 쑥을 사 주지 않는다. 동숙이는 꾀를 내어 선생님께 자신이 소풍날 선생님 도시락을 싸 가겠다고 하고, 어머니께도 이 일을 말씀드린다. 그러자 어머니께서는 김밥이 아닌 쑥개떡을 싸 주겠다고 하신다.

❸ 동숙이는 김밥을 못 먹게 되어 속상해한다. 그러자 아버지께서 자신의 병원비에 쓸 돈을 동숙이에게 주며 달걀 한 줄을 사 오라고 하신다. 동숙이는 달걀을 사서 집으로 가던 중에 돌에 걸려 넘어져 달걀을 깨뜨린다.

❹ ㉡소풍날, 동숙이가 쑥개떡을 도시락으로 먹자 친구가 자신의 김밥을 나누어 준다. 자기 것만 김밥 도시락인 사정을 안 선생님께서는 배탈이 나서 못 먹겠다고 하시며 동숙이에게 자신의 김밥 도시락을 건네 주신다. 동숙이는 저녁까지 그 김밥을 아꼈다가 주무시는 아버지 옆에 둔다.

07 동숙이가 소풍에 가져가고 싶어 한 것은 무엇인지 빈칸에 알맞은 말을 각각 쓰시오.

　(1) (　　　　)이/가 들어간 (2) (　　　　)

08 동숙이가 **07**에서 답한 것을 가져가기 위해 낸 꾀는 무엇입니까? (　　)

① 소풍을 안 가겠다고 했다.
② 선생님 도시락을 싸야 한다고 했다.
③ 선생님께서 김밥을 좋아하신다고 했다.
④ 김밥보다 쑥개떡이 훨씬 더 좋다고 했다.
⑤ 아버지께서 김밥을 드시고 싶어 한다고 했다.

09 ㉠과 ㉡에서 알 수 있는 동숙이의 마음을 알맞게 선으로 이으시오.

(1)　㉠　•　　　•　㉮　속상한 마음

(2)　㉡　•　　　•　㉯　고마운 마음

서술형

10 장면 ❹에서 선생님께서 배탈이 났다고 하신 까닭을 쓰시오.

_____

_____

중요

11 동숙이의 행동에 대한 생각을 알맞게 말한 친구의 이름을 쓰시오.

> 서진: 어머니를 돕기 위해 쑥을 팔러 간 동숙이의 마음이 따뜻하다고 생각해.
> 재민: 아무리 김밥이 먹고 싶어도 어머니께 투정을 부린 것은 잘못한 행동이야.

　　　　　　(　　　　　　)

12~15 다음 글을 읽고, 물음에 답하시오.

넓적 가자미는 너무너무 졸려서 정말 가기 싫었지만 대왕님의 명령이라 어쩔 수 없었지. 넓적 가자미는 하루, 이틀, 사흘, 나흘 여러 날이 걸려서 망둥 할멈이 살고 있는 서쪽 바다에 도착했어. 넓적 가자미는 망둥 할멈을 데리고 또다시 하루, 이틀, 사흘, 나흘 그렁저렁 여러 날이 걸려 동쪽 바다로 돌아왔단다. 멸치 대왕은 먹을 것을 잔뜩 준비하고, 꼴뚜기, 메기, 병어 정승들을 불렀지. 그리고 망둥 할멈을 반갑게 맞아들였어.

하지만 넓적 가자미한테는 알은척도 하지 않고 먹을 것도 주지 않자 넓적 가자미는 잔뜩 화가 나서 토라져 버렸어. 멸치 대왕이 망둥 할멈에게 꿈 이야기를 해 주자 망둥 할멈은 벌떡 일어나 절을 하면서 "대왕마마, 용이 될 꿈입니다."라고 말했어. 그러면서 하늘을 오르락내리락 구름 속을 왔다가 갔다가 하는 것은 용이 되어서 하늘을 날아다니는 것이고, 흰 눈이 내리면서 추웠다가 더웠다가 하는 것은 용이 되어 날씨를 마음대로 다스리게 되는 것이라고 풀이해 주었어. 망둥 할멈의 꿈풀이에 멸치 대왕은 기분이 좋아 덩실덩실 춤을 추었지.

하지만 넓적 가자미는 멸치 대왕한테 용이 되는 꿈이 아니라 큰 변을 당하게 될, 아주 나쁜 꿈이라고 말했어. 그러면서 하늘을 오르락내리락한다는 것은 낚싯대에 걸린 것이고, 구름은 모락모락 숯불 연기이고, 또 흰 눈은 소금이고, 추웠다가 더웠다가 한다는 것은 잘 익으라고 뒤집었다 엎었다 하는 것이라고 멸치 대왕의 꿈을 풀이했어.

넓적 가자미의 꿈풀이를 듣던 멸치 대왕은 화가 나 얼굴이 점점 붉어졌어. 꿈풀이를 다 듣고 난 뒤 멸치 대왕은 너무나도 화가 나 넓적 가자미의 뺨을 때렸는데 어찌나 세게 때렸던지 넓적 가자미의 눈이 한쪽으로 찍 몰려가 붙어 버리고 말았던 거야. 그 모양을 보고 있던 꼴뚜기는 자기도 뺨을 맞을까 봐 겁이 나서 자기의 눈을 떼어서 엉덩이에 찰싹 붙여 버렸고, 망둥 할멈은 너무 놀라 눈이 툭 튀어나와 버렸지.

12 망둥 할멈은 멸치 대왕의 꿈을 어떻게 풀이했는지 쓰시오.

_____

_____

13 다음 상황에 알맞은 인물의 말을 찾아 기호를 쓰시오.

> ㉮ "대왕님께서 저를 이렇게나 반갑게 맞아 주시니 고마울 따름입니다."
> ㉯ "내가 고생해서 망둥 할멈을 데리고 왔는데, 나를 이런 식으로 대접해?"

(1) 망둥 할멈이 멸치 대왕의 환영을 받았을 때
(   )

(2) 넓적 가자미가 멸치 대왕에게 화가 나서 토라졌을 때 (   )

14 멸치 대왕의 성격으로 알맞은 것을 두 가지 고르시오. (   )

① 마음이 넓다.   ② 생각이 깊다.
③ 욕심이 많다.   ④ 화를 참지 못한다.
⑤ 기분이 쉽게 변한다.

15 이 이야기를 다른 사람에게 실감 나게 들려준 친구의 이름을 쓰시오.

> 지우: 망둥 할멈이 놀라서 움직이는 모습을 큰 동작으로 표현했어.
> 선재: 가자미의 꿈풀이를 들은 멸치 대왕의 목소리를 차분하게 나타냈어.

(   )

→ 바른답·알찬풀이 31쪽

16~17 다음 시를 읽고, 물음에 답하시오.

[5-2] 6단원 229쪽

기계를 더 믿어요 한상순

시장에 간 우리 고모

물건 사고 아주머니가 돌려주는

거스름돈,
치러야 할 돈을 빼고 도로 주거나 받는 돈.
꼭 세어 보아요

은행에 간 고모

현금 지급기가
계좌에서 현금을 찾을 수 있게 만든 기계.
'달깍' 내미는 돈

세어 보지도 않고

지갑에 얼른 넣는 거 있죠?

고모도 참

어떻게 읽을까?

1. 고모께서 가신 곳이 어디인지 ○표를 해 보세요.
2. 고모의 행동에 대한 말하는 이의 태도를 바탕으로 시의 주제를 생각해 보세요.

😊 장소에 따른 고모의 행동

시장에서
아주머니가 돌려주는 ① ☐☐☐☐ 을/를 꼭 세어 보심.

② ☐☐ 에서
현금 지급기가 내미는 돈을 세어 보지 않으심.

😊 시의 주제

말하는 이의 태도
고모의 행동이 마음에 들지 않음.

↓

시의 주제
사람보다 ③ ☐☐ 을/를 더 믿는 세상

답 ① 거스름돈 ② 은행 ③ 기계

---

16 시장에서 보인 고모의 행동으로 알맞은 것은 무엇입니까? ( )

① 물건이 좋은지 확인하셨다.
② 값을 더 깎아 달라고 하셨다.
③ 거스름돈이 맞는지 확인하셨다.
④ 거스름돈을 들고 은행에 가셨다.
⑤ 물건을 현금이 아닌 카드로 사셨다.

단원 개념

17 고모의 행동에 대한 말하는 이의 생각으로 알맞은 것에 ○표 하시오.

(1) 고모는 수학을 잘 못하시는 것 같아. ( )
(2) 고모는 사람보다 기계를 더 믿으시는 것 같아. ( )
(3) 고모는 시장보다는 마트를 더 좋아하시는 것 같아. ( )

어휘 확인

1 다음 문장에서 밑줄 그은 낱말의 뜻으로 알맞은 것을 찾아 선으로 이으시오.

(1) 휴대폰을 보다가 계단에서 발을 <u>헛디뎠다</u>. •

(2) 반찬 투정을 부리는 동생을 엄마 께서 <u>나무라셨다</u>. •

(3) 놀이동산에서 길을 잃고 <u>헤매다</u> 경찰 아저씨의 도움으로 가족들을 만날 수 있었다. •

• ㉮ 발을 잘못 디디다.

• ㉯ 갈 바를 몰라 이리저리 돌아다니다.

• ㉰ 잘못을 꾸짖어 잘 알아듣게 말하다.

어휘 적용

2 다음 문장에서 밑줄 그은 낱말과 뜻이 비슷한 낱말에 ○표 하시오.

(1) 용돈을 <u>아껴</u> 써야 한다.

빌리어	낭비하여	절약하여

(2) 동생은 장난감을 안 사 준다고 <u>토라져</u> 있다.

삐치어	실망하여	후회하여

어법

3 보기를 참고하여 다음 문장에서 띄어쓰기가 올바른 것에 ○표 하시오.

보기

'만큼', '대로', '뿐'은 '운동장만큼', '차례대로'와 같이 사람이나 사물의 이름을 나타내는 낱말이나 '셋뿐'과 같이 수를 나타내는 낱말 뒤에서는 붙여 씁니다. 형태가 바뀌는 낱말 가운데에서 '-는/-을/-던'과 같이 'ㄴ/ㄹ'로 끝나는 말 뒤에서는 띄어 씁니다.

(1) 주호는 [말한대로 / 말한 대로] 나와의 약속을 지켰다.

(2) 방과 후에 교실에 남은 것은 [나뿐이었다 / 나 뿐이었다].

(3) 도서관에서는 [원하는만큼 / 원하는 만큼] 책을 빌릴 수 있다.

속담

4 다음 글과 그림을 보고, │ **원숭이도 나무에서 떨어진다** │ 를 활용할 수 있는 친구의 이름을 쓰시오.

원숭이도 나무에서 떨어진다

아무리 익숙하고 잘하는 사람이라도 간혹 실수할 때가 있음을 비유적으로 이르는 말.

원숭이는 나무를 아주 잘 타는 동물이에요. 하지만 그런 원숭이도 실수로 나무에서 떨어질 때가 있겠지요? 누구든 익숙하게 잘하던 일에서 실수할 수 있다는 것을 잊지 마세요.

역시 원숭이는 나무를 잘 타는구나.

나무에서 떨어질 때도 있나 봐.

재훈

지난달부터 클라리넷을 배우기 시작했는데 너무 재미있어서 매일 연습하고 있어.

라영

어릴 때부터 배운 인라인 스케이트를 정말 잘 타는데 지난번에는 그만 실수로 넘어지고 말았어.

( )

Memo

바른답·알찬풀이

1단원 이어질 장면을 생각해요

독해로 교과서 쏙쏙

012~017쪽

독해로 이해 콕

1 피구   **2** 친구   **3** 오이김밥
4 ○   **5** ○   **6** ×
7 전학   **8** 봉숭아   **9** ○
10 ×   **11** 원천강   **12** 행복
13 ○   **14** ×

---

01 ④   **02** 예 선이 엄마와 재미있게 지내는
것이 부러워서 심술이 났기 때문이다.   **03** ⑤
04 (3) ×   **05** 예 친구들과 친하게 지내지 못했
다. / 친구들에게 따돌림을 받았다.   **06** (1) ○
07 (1) 선 (2) 지아 (3) 보라   **08** 유빈
09 예 뱃사람들이 야아를 화살로 쏘았기 때문이다.
10 (1) ㉮ (2) ㉰ (3) ㉯   **11** (1) 오늘이
(2) 용   **12** (2) ×

---

01 장면 **1**에서 선은 자기 이름이 언제 불릴까 기대했다가
맨 마지막까지 이름이 불리지 않자 실망하는 마음이 들
었을 것입니다.

> **오답 풀이**
> ③ 피구를 하려고 편을 가르는 동안 선은 자기 이름이 언제 불
> 릴지 긴장되고 걱정하는 마음이 들었을 것입니다. 그렇지만
> 마지막까지 이름이 불리지 않아 누구의 편에도 들지 못했을
> 때에는 실망하는 마음이 들었을 것입니다.

02 ㉠의 앞 문장에 지아가 선의 엄마께서 싸 주신 오이김
밥 대신 과자를 먹은 까닭과 그때의 마음이 나타나 있
습니다. 지아는 부모님이 이혼하셔서 할머니와 사는
데, 선이 엄마와 재미있게 지내는 것을 보니 부러워서
심술이 났습니다.

> **채점 기준** '엄마와 사이좋게 지내는 선이 부러워서, 심술이 나
> 서' 등의 내용을 알맞게 썼으면 정답으로 합니다.

03 장면 **3**에서 지아는 선과 친하게 지내는 것을 다른 친
구들이 알게 되면 자신도 선처럼 따돌림을 받을지도 모
른다고 생각해서 선에게 생일잔치를 하지 않는다고 거
짓말을 했습니다.

04 영화를 보기 전에 제목이나 광고지, 예고편 따위를 보
고 내용을 미리 상상해 보면 영화를 더욱 재미있게 감
상할 수 있습니다.

05 장면 **2**에서 선은 언제나 혼자인 외톨이였다고 했습니다.

> **채점 기준** '친한 친구가 없었다.', '외톨이였다.' 등의 내용을 알
> 맞게 썼으면 정답으로 합니다.

06 피구할 때 지아가 금을 밟았다고 오해를 받자 선이 지
아가 금을 밟지 않았다고 말한 것은 지아를 도와주고
싶고, 지아와 다시 친하게 지내고 싶은 마음에서 한 행
동입니다.

07 친구가 없던 선은 전학 온 지아와 여름 방학 동안 친하
게 지내다가 개학을 하고 사이가 멀어졌습니다. 지아
가 선을 따돌리는 보라 편에 섰기 때문입니다. 선은 지
아와 다시 친해지려고 하지만 둘은 크게 싸우고 맙니
다. 그런데 피구를 하는 날, 선이 지아의 편이 되어 지
아가 금을 밟지 않았다고 말해 줍니다.

08 선은 친하게 지냈던 지아가 개학을 한 뒤에 자신을 피
하는 것을 보고 상처를 입었을 것입니다. 따라서 선이
불쌍하다고 느낀 유빈이의 말은 알맞습니다.

> **오답 풀이**
> 보라가 선과 지아의 사이를 멀어지게 만든 것은 아니기 때문에
> 주헌이의 말은 알맞지 않습니다.

09 장면 **2**에서 수상한 뱃사람들이 화살로 야아를 쏜 뒤에
원천강이 얼어붙었다고 했습니다.

> **채점 기준** 뱃사람들이 야아를 화살로 쐈기 때문이라는 내용을
> 알맞게 썼으면 정답으로 합니다.

10 장면 **3**, **4**, **6**에서 매일이, 연꽃나무, 이무기의 고민
이 무엇인지 알 수 있습니다.

보충 자료 「오늘이」에 나오는 등장인물의 고민과 해결		
등장인물	고민	해결
오늘이	원천강으로 가야 하는데 가는 길을 모름.	매일이, 연꽃나무, 구름이, 이무기를 만나 원천강으로 가게 됨.
매일이	행복이 무엇인지 알고 싶음.	책에서 벗어나 구름이와 행복한 시간을 보냄.
연꽃나무	꽃봉오리를 많이 가지고 있는데, 이상하게도 하나만 꽃이 핀 까닭을 알고 싶음.	연꽃이 꺾어지자마자 송이송이 다른 꽃들이 피기 시작함.
이무기	여의주를 많이 가졌는데도 용이 되지 못한 까닭을 모름.	위험에 빠진 오늘이를 구하려고 품고 있던 여의주를 모두 버려 마침내 용이 됨.

11 장면 ⑦에서 이무기는 갈라진 얼음 사이로 떨어지는 오늘이를 구해 마침내 용이 되었습니다.

12 이어질 이야기를 상상할 때에는 중심인물의 고민 해결 과정을 중심으로 상상하는 것이 좋습니다. ⑵는 뒤에 이어서 쓸 이야기를 계획하는 것과 관련이 없는 내용입니다.

단원 평가
018~021쪽

01 ④
02 ④
03 ②
04 예 계속 싸우면 같이 놀 시간이 없기 때문이다.
05 ⑴ ○
06 ②
07 봉숭아 꽃물
08 ④
09 예 친하게 지냈던 지아가 자신을 외면해서 속상한 마음이 들었을 것이다.
10 정국
11 예 행복이 무엇인지 알고 싶었기 때문이다.
12 ⑤
13 ⑵ ○
14 연꽃나무

독해로 생각 Up
15 ④
16 ⑶ ○

---

01 피구를 하기 위해 편을 가르는데 선의 이름이 마지막까지 불리지 않는 것으로 보아 선이 반에서 친한 친구가 거의 없다는 것을 알 수 있습니다.

02 장면 ②에서 지아가 선의 엄마께서 싸 주신 오이김밥을 먹지 않은 까닭은 선이 자신과 다르게 엄마와 재미있게 지내는 모습을 보고 부러운 마음에 심술이 나서 한 행동입니다.

03 장면 ③에서 보라는 늘 자신이 일 등이었는데 지아가 일 등을 하자 속상한 마음에 울었습니다.

04 장면 ④에서 윤은 선에게 계속 싸우면 언제 노느냐고 말했습니다.

> **채점 기준** '싸우기만 하면 놀 시간이 없어서', '같이 놀고 싶은 마음이 더 커서' 등의 내용을 알맞게 썼으면 정답으로 합니다.

> **보충 자료** 윤이 연호와 싸우고 나서 한 일과 그 까닭
> 윤은 연호와 싸우고 나서도 같이 놀았습니다. 잘잘못을 따지며 다투는 것보다는 조금 억울해도 함께 놀 친구가 필요했기 때문입니다.

05 피구하는 장면에서 인물의 표정 변화가 인상 깊었다는 것은 영화에서 인상 깊은 장면에 대해 한 이야기입니다.

> **보충 자료** 「우리들」에서 가장 기억에 남는 대사와 가장 인상 깊은 장면 이야기하기 예

가장 기억에 남는 대사	선이 자주 하던 말 "아니, 그게 아니고⋯⋯." 가 가장 기억에 남습니다. 나도 선처럼 말을 시작하려고 할 때마다 "있잖아."라는 말을 자주 하기 때문입니다.
가장 인상 깊은 장면	보라가 학원에서 엎드려 우는 장면이 기억에 남습니다. 보라는 절대 울지 않을 강한 아이라고 생각했기 때문입니다.

06 지아가 선의 학교로 전학을 오면서 둘은 친구가 되었습니다.

07 선과 지아는 여름 방학에 함께 봉숭아 꽃물을 들이며 친하게 지냈습니다.

08 지아는 선과 친하다는 것을 친구들이 알면 선처럼 따돌림을 받을 것 같은 마음에 보라 편에 서서 선을 외면했습니다.

09 장면 ④에는 지아가 선을 따돌리는 보라 편에 서서 선을 외면하는 내용이 나옵니다. 선은 지아에게 서운하기도 하고 속상한 마음이 들었을 것입니다.

> **채점 기준** 서운한 마음이나 속상한 마음이 들었을 것이라는 내용을 알맞게 썼으면 정답으로 합니다.

10 선과 지아는 서로 사이가 멀어졌지만, 피구를 할 때 선이 지아를 도와주었으므로 이를 보고 감동을 느낄 수 있습니다.

11 장면 ②에 매일이가 책을 읽은 까닭이 나와 있습니다.

> **채점 기준** 행복을 찾고 싶어서라는 내용을 알맞게 썼으면 정답으로 합니다.

12 오늘이가 여러 사람의 도움으로 다시 원천강으로 돌아가는 것으로 보아 어려운 일에도 포기하지 않는 용기 있는 성격임을 알 수 있습니다.

> **보충 자료** 「오늘이」에 나오는 매일이의 성격
> 매일이가 열심히 책을 읽은 것에서 성실한 성격임을 알 수 있습니다. 그리고 오늘이에게 원천강으로 가는 길을 책에서 찾아 준 것에서 친절한 성격임을 알 수 있습니다.

13 이무기가 용이 되기 위해 모았던 여의주를 버리고 오늘이를 구해 준 장면이 인상 깊은 까닭으로는 ⑵가 알맞습니다.

14 꽃봉오리를 많이 가지고 있는데, 하나만 꽃이 핀 까닭을 알고 싶은 연꽃나무의 고민이 해결된 내용입니다.

지문 해설 독해로 생각 Up

대화가 필요해

1 난 평소에 못마땅하게 여겼던 인국이랑 같은 편을
_{별로 마음에 들지 않아 꺼림칙하게.}
하고, 체육을 잘하는 민영이와 다른 편을 하여 기분이
별로였다. (중략)

"야! 막아!" / 골키퍼 인국이가 소리쳤다.

'쳇, 또 먼저 나서네. 자기는 얼마나 잘한다고……'

다행히 내가 공을 뺏어 옆으로 보냈는데 그게 하필
상대편 정훈이 발에 맞은 것이다. '아차!' 하는 순간 내
눈에 보인 건 골대를 향해 가는 공을 뒤에서 쫓아가는
우리 편 골키퍼 인국이였다.

"<u>야! 너 뭐 하는 거야! 그것도 하나 못 막냐?</u>"
_{'나'가 인국이에게 화를 낸 까닭 – 인국이가 공을 막지 못해서}
내가 마음속에 억눌렸던 말을 꺼내며 인국이에게 달
_{어떤 감정이 나타나지 않도록 스스로 참게 되었던.}
려들었다.

"너도 똑바로 못 막았잖아! 왜 자꾸 나한테만 화내는
건데?"

그 순간 '나한테만'이라는 인국이 말에 난 뜨끔했지만
_{마음에 찔리는 것이 있어 불편했지만.}
선생님께서 우릴 말리실 때까지 말싸움을 계속 이어
_{어떤 행동을 하지 못하게 하실.}
갔다.   ▶ '나'는 체육 시간에 축구를 하다가 인국이와 다투었다.

2 체육 시간이 끝나고 선생님께서 나와 인국이를 부
르셨다.

"오늘 일도 그렇고, 너희가 지내는 모습을 보니 서로
_{그동안 '나'와 인국이의 사이가 안 좋았음을 알 수 있음.}
대화를 하는 게 좋을 것 같아서 말이야. 인국이, 상은
이, 서로에게 하고 싶은 말 없니?"   _{'나'의 이름}

나는 눈치를 보며 <u>우물쭈물했다.</u> 인국이가 먼저 말을
_{말이나 행동을 분명하게 하지 못하고 자꾸 망설였다.}
꺼냈다.

"<u>저는 상은이랑 친하게 지내고 싶은데 상은이는 자꾸
저한테만 더 화를 내는 느낌이에요.</u>"
_{인국이의 속마음}

"그랬구나. 상은이도 알았니?"

"아, 아니요. <u>전 그냥 인국이가 자꾸 말하는 데 끼어
들어서 좋지 않게 생각했어요.</u> 인국아, 그 점 미안하
_{'나'가 인국이를 좋지 않게 생각한 까닭}
게 생각해."
          ▶ 체육 시간이 끝나고 '나'와 인국이는 이야기를 나누며 화해했다.

15 '나'는 골키퍼인 인국이가 공을 막지 못하자 인국이에
게 화를 냈습니다.

16 '나'와 인국이가 대화를 통해 서로의 속마음을 알고 화
해를 했으므로 앞으로는 두 사람이 친하게 지낸다는 내
용이 이어지는 것이 알맞습니다.

어휘 마무리 뚝딱
022~023쪽

1 (1) 전학 (2) 심술 (3) 폭로
2 (1) 끝나다 (2) 불행하다
3 (1) 대화로써 (2) 눈물로써 (3) 친구로서
4 (1) ✕

1 (1) '다니던 학교에서 다른 학교로 옮겨 가다.'라는 뜻의
'전학'이, (2) '그럴 만한 이유 없이 못되게 굴거나 고집
을 부리는 마음.'이라는 뜻의 '심술'이, (3) '알려지지 않
았거나 숨겨져 있던 사실을 드러내어 사람들에게 알리
다.'라는 뜻의 '폭로'가 알맞습니다.

2 (1) '시작하다'는 '어떤 일이나 행동의 처음 단계를 이루
거나 이루게 하다.'를 뜻하는 말로 이와 반대되는 말은
'일이 마지막까지 이루어지다.'를 뜻하는 '끝나다'입니
다. (2) '행복하다'는 '삶에서 충분한 만족과 기쁨을 느끼
어 흐뭇하다.'를 뜻하는 말로 이와 반대되는 말은 '행복
하지 아니하다.'를 뜻하는 '불행'입니다.

3 '어떤 일의 수단이나 도구 또는 까닭'을 나타낼 때에는
'-(으)로써'를 쓰고, '지위나 신분, 자격'을 나타낼 때에
는 '-(으)로서'를 씁니다. (1)과 (2)는 각각 '대화', '눈물'
이라는 수단이나 도구를 나타내므로 '대화로써', '눈물
로써'가 알맞습니다. (3)은 '친구'라는 자격을 나타내므
로 '친구로서'가 알맞습니다.

4 (1) 팥은 메주의 재료가 아닌데, 팥으로 메주를 쑨대도
곧이듣는다는 것은 곧 사실이 아닌데도 믿는다는 말입
니다. 따라서 (1)의 속담은 지나치게 남의 말을 무조건
믿는 사람을 놀림조로 이르는 것으로 '콩으로 메주를
쑨다 해도 곧이듣지 않는다'와 뜻이 반대됩니다.

오답 풀이
콩은 두부의 재료이고, 소금은 간장, 된장과 같은 장의 재료입니
다. 따라서 (2), (3)의 속담은 '콩으로 메주를 쑨다 해도 곧이듣지
않는다'와 뜻이 비슷합니다.

독해로 교과서 쏙쏙

028~031쪽

독해로 이해 콕

1 편지(글) **2** 선생님 **3** ×
4 책상 **5** 아들(필립) **6** 홍콩
7 × **8** 책

01 (2) × **02** ③, ④ **03** ①
04 예 선생님께서 체험학습에서 도자기 만드는 것을 도와주셨기 때문이다. **05** ④ **06** ①, ②
07 예 스스로 좋은 사람이 되려고 힘써야 한다.
08 ① **09** ①

01 이와 같은 편지글은 읽는 사람이 정해져 있습니다. 이 글을 읽는 사람은 김하영 선생님입니다.

02 글 **2**에서 지우는 체험학습에서 도자기를 만들 때 그릇의 모양을 만들기가 생각처럼 잘되지 않았고, 자신이 만든 도자기가 상상했던 모양과 너무 달라서 당황했다고 했습니다.

03 지우는 읽는 사람인 김하영 선생님께 고마운 마음을 전하려고 이 편지를 썼습니다.

04 지우는 마음에 드는 그릇을 만들도록 도와주신 선생님께 고마운 마음을 전하고 싶었습니다.
채점 기준 선생님께서 도자기 만드는 것을 도와주셨기 때문이라는 내용을 알맞게 썼으면 정답으로 합니다.

05 ④는 글쓴이가 전하려는 마음을 파악할 때 고려할 내용이 아닙니다.

06 글 **1**에는 아들이 팔을 다친 일을 걱정하는 마음과 아들이 한 학년 올라간 일을 축하하는 마음이 드러나 있습니다.

07 글 **2**에서 글쓴이는 아들에게 키가 크고 몸이 커지는 만큼 스스로 좋은 사람이 되려고 힘써야 한다고 당부했습니다.
채점 기준 스스로 좋은 사람이 되려고 힘써야 한다는 내용을 알맞게 썼으면 정답으로 합니다.

08 ⓒ은 다친 것을 걱정하는 마음, ⓒ은 한 학년 올라간 일을 축하하는 마음, ㉣과 ㉤은 좋은 사람이 되기 위해 힘쓰기를 당부하는 마음이 드러난 표현입니다.

09 글 **3**에서 글쓴이는 좋은 사람이 되려면 진실하고 깨끗해야 하고, 좋은 친구를 가려 사귀어야 하며 좋은 책을 가려 보아야 한다고 했습니다.

오답 풀이
② 다양한 경험을 하라는 내용은 나와 있지 않습니다.
③ 좋은 친구를 가려 사귀라고 했습니다.
④ 좋은 책을 골라 꾸준히 읽으라고 했습니다. 좋은 책이란 좋은 사람들의 이야기가 담겨 있어 본받을 수 있는 책, 공부에 필요한 지식을 얻기 위한 책이라고 했습니다.
⑤ 어려운 일도 열심히 견뎌야 한다고 했을 뿐, 어려운 일만 골라서 하라고 하지는 않았습니다.

단원 평가

032~035쪽

01 ③ **02** (1) (전)지우 (2) 김하영 선생님
03 ③, ⑤ **04** 예 선생님께 고마운 마음을 전하려고 썼다. **05** ① **06** ㉮
07 (2) × **08** (1) 안부 (2) 당부 **09** 예 진실하고 깨끗해야 하고, 좋은 친구를 가려 사귀어야 하며 좋은 책을 가려 보아야 한다. **10** ④, ⑤ **11** ⑤
12 (1) 예 위로하는 마음 (2) 예 아픈 데는 괜찮니? 어서 낫기를 바랄게. **13** ①, ④ **14** ①
15 ④ **16** (1) ×

독해로 생각 Up **17** (2) ○ **18** ㉯

01 이 글은 지우가 선생님께 고마운 마음을 전하기 위해 쓴 편지로, 부탁하는 내용은 담겨 있지 않습니다.

02 편지를 쓴 사람은 전지우 학생이고, 편지를 읽는 사람은 김하영 선생님입니다.

03 지우는 체험학습에서 도자기를 만들었는데 도자기가 상상했던 모양과 너무 달라 당황했습니다. 그렇지만 선생님의 시범을 보고 다시 해 보니 그릇의 모양을 잘 만들 수 있었습니다.

04 지우가 선생님께 전하고 있는 마음을 떠올리며, 지우가 글을 쓴 까닭을 생각해 봅니다.
채점 기준 고마운 마음을 전하려고 썼다는 내용을 알맞게 썼으면 정답으로 합니다.

05 고마운 마음을 전하려고 사용한 표현은 '고맙습니다'입니다.

06 선생님께서는 지우가 속상해할 때 오셔서 어떻게 그릇의 모양을 내는지 직접 시범을 보여 주셨습니다. 이는 제자를 도와주고 싶은 마음에서 한 행동입니다.

07 글쓴이는 이 편지를 읽는 사람인 아들의 마음을 고려해서 글을 썼습니다.

08 글쓴이는 아들 필립에게 안부를 묻고, 당부하고 싶은 말을 전하기 위해 이 편지를 썼습니다.

> **보충 자료** **글쓴이가 전하려는 마음**
> • 다친 일을 걱정하는 마음
> • 한 학년 올라간 일을 축하하는 마음
> • 좋은 사람이 되기 위해 힘쓰기를 당부하는 마음

09 글 **다**에서 글쓴이는 좋은 사람이 되려면 진실하고 깨끗해야 하고, 좋은 친구를 가려 사귀어야 하며 좋은 책을 가려 보아야 한다고 했습니다.

> **채점 기준** '진실하고 깨끗해야 한다.', '좋은 친구를 가려 사귀어야 한다.', '좋은 책을 가려 보아야 한다.'는 세 가지 내용을 모두 알맞게 썼으면 정답으로 합니다.

10 글쓴이는 좋은 사람들의 이야기가 담겨 있어 본받을 수 있는 책, 공부에 필요한 지식을 얻기 위한 책을 택해서 읽으라고 했습니다.

11 마음을 전하는 글을 쓸 때 반드시 읽는 사람에 대한 글쓴이의 생각을 넣을 필요는 없습니다.

12 몸이 아파 병원에 입원한 친구에게는 위로하는 마음을 전해야 합니다. 위로하는 마음을 전하려면 어떤 표현을 사용해야 할지 떠올려 봅니다.

> **채점 기준** (1)에 위로하는 마음이라고 쓰고, (2)에 그 마음을 나타낼 수 있는 표현을 알맞게 썼으면 정답으로 합니다.

13 재환이는 이사를 왔다는 자신의 소식을 알리고 이웃에게 인사를 하려고 승강기 안에 편지를 붙였습니다.

14 재환이는 새로 이사 온 곳이 낯설지만 그래도 이곳이 마음에 든다고 했습니다. 따라서 설레는 마음, 기쁜 마음이 담겨 있다고 보는 것이 알맞습니다.

15 '훈훈하다'는 '마음을 부드럽게 녹여 주는 따스함이 있다.'라는 뜻입니다. 이웃들이 붙인 쪽지 내용으로 보아, 재환이의 편지를 읽은 이웃들은 훈훈한 마음이 들었음을 알 수 있습니다.

16 마음을 전하는 글을 쓸 때에는 간단한 말보다는 자신의 마음을 담은 구체적인 말을 써야 합니다.

지문 해설 독해로 생각 Up

주어라, 또 주어라 정약용
쓴 사람

가 너희는 항상 버릇처럼 말하기를 "일가친척 중에 한
읽는 사람, 정약용의 두 아들   남의 도움을 바라는 말
사람도 불쌍히 여겨 돌보아 주는 사람이 없다."라고 개
탄하였다. 더러는 험난한 물길 같다느니, 꼬불꼬불 길
분하거나 안타깝게 여겨 탄식하였다.
고 긴 험악한 길을 살아간다느니 하며 한탄하고 있다.
분하고 억울한 일을 당했을 때 한숨을 쉬며 탄식하고.
하지만 이는 모두 하늘을 원망하고 사람을 미워하는 말
남의 도움을 바라는 두 아들의 말버릇을 걱정하고 있음.
투로, 큰 병이다.

　너희가 아픈 데가 있으면 다른 사람들이 돌보아 주기 마련이었다. 날마다 어떠냐는 안부를 전해 오고, 안아서 부축해 주는 사람도 있었다. 약을 먹여 주고 양식까지 대 주는 사람도 있었다. 이런 일에 너희가 너무 익숙
살기 위해 필요한 사람의 먹을거리.
해져 항상 은혜를 베풀어 주기만 바라고 있구나. 너희가 사람의 본분을 망각하지는 않았는지 걱정이다. 그래서 내가 이 편지를 보낸다.
글쓴이가 편지를 쓴 까닭
정약용
▶ 너희가 다른 사람이 항상 은혜를 베풀어 주기만 바라는 것이 걱정되어 편지를 보낸다.

나 남이 어려울 때 자기는 은혜를 베풀지 않으면서 남이 먼저 은혜를 베풀어 주기만 바라는 것은 너희가 지닌 그 오기 근성이 없어지지 않았기 때문이다. 이후로
뿌리가 깊게 박힌 성질.
능력은 부족하면서도 남에게 지기 싫어하는 마음.
는 평상시 일이 없을 때라도 항상 공손하고 화목하며, 조심하고 자기 정성을 다해 다른 사람의 환심을 얻는
기뻐하고 즐거워하는 마음.
일에 힘쓸 것이지, 마음속에 보답받을 생각은 가지지 않도록 해라.

　다른 사람을 위해 먼저 베풀어라. 그러나 뒷날 너희
글쓴이가 두 아들에게 바라는 것
가 근심 걱정 할 일이 있을 때 다른 사람이 보답해 주지 않더라도 부디 원망하지 마라. 가벼운 농담일망정 "나는 지난번에 이렇게 저렇게 해 주었는데 저들은 그렇지 않구나!" 하는 소리도 입 밖에 내뱉지 말아야 한다. 만약 그러한 말이 한 번이라도 입 밖에 나오게 되면, 지난

17 정약용은 '베풀어라.'라는 표현을 사용하여 두 아들에게 다른 사람을 위해 베풀며 살라는 당부의 마음을 전하고 있습니다.

오답 풀이

⑶ 정약용은 두 아들이 남의 도움을 바라는 말버릇을 하는 것을 큰 병, 즉 잘못이라고 생각하고 있습니다.

18 글쓴이의 두 아들이 다른 사람을 돌보아 준 일이 있었는지 글에 나와 있지 않고, 칭찬하는 표현도 사용되지 않았습니다.

어휘 마무리 뚝딱
036~037쪽

1 ⑴ ㉣ ⑵ ㉢ ⑶ ㉮

2 ⑵ ○

3 ⑴ 말꼬 ⑵ 국따 ⑶ 익찌

4 ⑵ ×

1 ⑴ '낯설다'는 '전에 본 기억이 없어 익숙하지 않다.'라는 뜻입니다. ⑵ '가리다'는 '여럿 가운데서 하나를 구별하여 고르다.'라는 뜻입니다. ⑶ '견디다'는 '힘들거나 어려운 것을 참아 내다.'라는 뜻입니다.

2 〈보기〉에 쓰인 '붙였다'의 기본형은 '붙이다'로, '맞닿아 떨어지지 않게 하다.'라는 뜻입니다. ⑵는 손가락에 밴드를 붙였다는 내용으로, '붙이다'가 〈보기〉와 같은 뜻으로 쓰였습니다.

오답 풀이

⑴의 '붙이다'는 '불을 일으켜 타게 하다.'라는 뜻이고, ⑶의 '붙이다'는 '이름이 생기게 하다.'라는 뜻입니다.

3 ⑴ '맑고'는 겹받침 'ㄹ'이 자음자 'ㄱ'과 만나므로 [말꼬]로 발음합니다. ⑵ '굵다'는 겹받침 'ㄹ'이 'ㄱ'이 아닌 자음자와 만나므로 [국따]로 발음합니다. ⑶ '읽지'는 겹받침 'ㄹ'이 'ㄱ'이 아닌 자음자와 만나므로 [익찌]로 발음합니다.

4 '좌불안석'은 마음이 불안하여 어쩔 줄을 몰라 하는 모습을 나타내는데, ⑵의 세호는 이와 반대의 태도를 보이고 있습니다.

3단원 바르고 공손하게

독해로 교과서 쏙쏙
042~053쪽

독해로 이해 콕

1 식사 **2** 교통 **3** ○
4 신유 **5** 어머니 **6** 현영
7 ○ **8** ○ **9** 책
10 × **11** ○ **12** 회의 주제
13 ○ **14** 다수결 **15** 고운 말
16 주의 **17** 김찬민 **18** 6
19 사회자 **20** × **21** 영철
22 × **23** 😠

01 내가 **02** ⑴ 제가 ⑵ 내가
03 남자아이 **04** ⑤ **05** 예 고맙습니다.
06 ② **07** 예 신유 어머니의 얼굴을 바라보며 바른 자세로 인사한다.
08 ⑴ 음식 ⑵ 고맙다 **09** ⑴ ㉣ ⑵ ㉮
10 고맙습니다. **11** ①, ④ **12** 귓속말
13 ⑶ × **14** ⑴ ㉣ ⑵ ㉮ **15** 예 하교할 때, 친구 얼굴을 바라보며 밝은 목소리로 "잘 가. 내일 만나자."라고 인사했다. **16** ⑵ ○ **17** ③
18 ㉤ **19** 예 다른 사람이 발표할 때 끼어들지 않는다. **20** 고경희, 이희정 **21** ⑴ 높임말 ⑵ 거친 말 **22** 예 다른 사람의 의견을 잘 듣지 않았다. **23** ③ **24** ⑤
25 ③ **26** ⑴ ○ **27** ①, ③
28 현영 **29** 예 대화가 잘 안될 것 같다. / 무슨 뜻인지 몰라서 오해가 생기거나 대화가 어려울 것 같다.

01 '내가'라고 말한 부분이 대화 예절에 어긋납니다. 어른 앞에서는 여자아이와 같이 '제가'로 자신을 낮추어 표현해야 대화 예절에 맞습니다.

02 웃어른께 말할 때에는 '제가', 친구나 동생에게 말할 때에는 '내가'라고 하는 것이 대화 예절에 맞습니다.

03 웃어른께 고마움을 전할 때에는 남자아이와 같이 "고맙습니다."와 같은 표현을 사용해야 합니다.

04 웃어른께 "수고하셨어요."라고 말씀드리는 것은 대화 예절에 어긋나기 때문에, "고맙습니다."라고 고마움을

전한 남자아이가 대화 예절에 맞게 말했다고 할 수 있습니다.

05 자전거를 끌고 있는 아이를 위해 아저씨께서 승강기를 잡아 주신 상황이므로 웃어른께 고마운 마음을 표현하는 인사말을 해야 합니다.

> **채점 기준** 대화 예절에 맞게 웃어른께 고마운 마음을 표현하는 인사말을 알맞게 썼으면 정답으로 합니다.

06 장면 ❶에서 친구들은 신유네 집에 들어갈 때 신유 어머니께 초대해 주셔서 감사하다는 인사를 제대로 하지 않고 집 안으로 뛰어들어 갔습니다.

> **오답 풀이**
> ③ 신유에게 생일 축하 인사를 하며 들어갔습니다.
> ④ 신유 어머니께 "안녕하세요" 등의 높임말을 사용하여 말했습니다.
> ⑤ 신유 어머니께 말없이 고개만 숙여 인사한 친구는 없었습니다.

07 인사를 할 때에는 상대방의 눈을 마주치며 바른 자세로 인사를 해야 합니다.

> **채점 기준** 바른 자세로 인사한다는 것과 같은 대화 예절에 맞는 내용을 알맞게 썼으면 정답으로 합니다.

08 친구들은 정성껏 음식을 준비해 주신 신유 어머니께 고맙다는 말을 하지 않고 음식을 먹으려고 했습니다. 이는 대화 예절에 어긋난 행동입니다.

09 ㉠은 대화 예절을 지키지 않은 부분이고, ㉡은 대화 예절을 지켜 말한 부분입니다. 신유 어머니께서 ㉠과 ㉡의 말을 듣고 어떤 마음이었을지 짐작해 봅니다.

10 웃어른께 고마운 마음을 전할 때에는 "고맙습니다."라고 말해야 합니다. "수고하셨습니다."는 웃어른께 쓰는 표현이 아닙니다.

11 친구들은 신유 방에 책이 많은 것을 보고 귓속말로 신유가 많은 책을 읽은 것에 대해 감탄하고, 그래서 공부를 잘하는 것 같다고 했습니다.

> **오답 풀이**
> ②, ③, ⑤ 현영, 지혜, 원우가 '귓속말로' 말한 부분에 나오지 않는 내용입니다.

12 신유의 친구들은 신유 앞에서 자기들끼리 귓속말을 했습니다. 친구 앞에서는 귓속말을 하지 않는 것이 대화 예절에 맞습니다.

13 신유는 친구들이 귓속말을 하자 자기만 빼고 비밀 이야기를 하는 것 같아서 기분이 나쁘고, 자기만 따돌리는 것 같아서 속상하다고 했습니다.

14 ㉠에는 친구들이 귓속말을 하여 기분이 나쁘다는 말에 어울리는 '서운한 목소리로'가 알맞습니다. ㉡에는 신유에게 미안하다고 사과하는 말에 어울리는 '미안한 목소리로'가 알맞습니다.

15 친구들과 대화를 나누는 여러 가지 상황을 떠올려 보고, 대화 예절을 잘 지켰던 경험을 씁니다.

> **채점 기준** 어떤 상황에서 어떻게 대화 예절을 잘 지켰는지 자신의 경험을 알맞게 썼으면 정답으로 합니다.

> **보충 자료** 대화할 때 예절을 잘 지킨 경험 이야기하기 예
> • 복도에서 넘어진 친구를 일으켜 주었는데 그 친구가 "정말 고마워."라고 했습니다. 당연한 일을 했다고 생각했는데도 고맙다는 말을 들으니까 기분이 좋았습니다.
> • 학교 갈 때 승강기에서 만난 이웃 아저씨께 "안녕하세요?"라고 인사했더니 예의 바르다고 칭찬해 주셨습니다.

16 고경희 친구가 (2)의 의견을, 김찬민 친구가 (1)의 의견을 제안했고, 다수결의 원칙에 따라 더 많은 친구들이 찬성한 (2)의 의견을 회의 주제로 정했습니다.

17 사회자는 회의 시작을 알리고 회의 참여자들에게 말할 기회를 주는 등 회의를 진행하는 역할을 합니다. ③은 사회자가 아니라 회의 참여자가 하는 일입니다.

18 이희정 친구가 의견을 발표하는 도중에 강찬우 친구가 끼어들어서 의견을 발표하다가 멈추었습니다.

19 친구가 의견을 발표할 때 끼어들지 않는 것이 회의를 할 때 지켜야 할 예절입니다.

> **채점 기준** 다른 사람이 발표할 때 끼어들지 않는다는 내용을 알맞게 썼으면 정답으로 합니다.

> **보충 자료** 회의하면서 지켜야 할 예절
> • 다른 사람 의견을 경청합니다.
> • 다른 사람이 발표할 때 끼어들지 않습니다.
> • 회의와 같은 공식적인 상황에서는 높임말을 사용합니다.
> • 의견을 말할 때에는 손을 들어 말할 기회를 얻고 발표합니다.

20 고경희 친구와 이희정 친구는 말할 기회를 얻지 않고 의견을 말해서 사회자로부터 '주의'를 받았습니다.

21 고경희 친구는 높임말을 사용하지 않아서, 이희정 친구는 거친 말을 사용해서 사회자에게 '주의'를 받았습니다. 따라서 회의를 할 때에는 높임말을 사용해야 하고, 거친 말을 사용해서는 안 된다는 충고를 하는 것이 알맞습니다.

22 김찬민 친구는 다른 사람이 말한 의견을 제대로 기억하지 못했습니다.

채점 기준 다른 사람의 의견을 잘 듣지 않았다는 내용과 비슷하게 썼으면 정답으로 합니다.

23 회의 주제를 정할 때에도 다수결의 원칙에 따라 회의에서 나온 의견 중 가장 많은 사람이 찬성한 의견으로 정했고, 실천 방안을 정할 때에도 표결을 하여 가장 많은 사람이 찬성한 의견으로 정했습니다.

24 마지막 표결을 통해 결정한 실천 내용은 가장 많은 사람이 찬성한 "듣기 싫은 별명으로 부르지 말자."입니다.

오답 풀이
④ "친구들과 사이좋게 지내자."는 실천 내용이 아니라 회의 주제입니다.

25 영철이가 이름 대신 '@.@'으로 대화명을 써서 지혜가 영철이를 못 알아봤습니다.

26 영철이는 처음 보는 'ㅇㅈ'의 뜻을 몰라서 'ㅇㅈ'가 '연주'의 줄임 말인지 물었습니다.

27 ㉠은 화가 난 기분을 나타낸 그림말로, 온라인 대화를 할 때 이와 같은 그림말을 지나치게 많이 사용하면 장난스러운 대화가 될 수도 있고 상대방이 불쾌해할 수도 있습니다.

보충 자료 **온라인 대화에서 그림말을 받았을 때의 기분과 그렇게 느낀 까닭 이야기하기** 예
• 그림말을 받고 기분이 좋았습니다. 그림말의 표정이 재미있었기 때문입니다.
• 그림말을 받고 기분이 불쾌했습니다. 나는 중요한 일인데 상대는 장난을 하는 것 같았기 때문입니다.

28 얼굴을 직접 확인할 수 없는 온라인 대화 상황에서 자신을 나타내는 대화명은 또 다른 내 이름이라고 할 수 있으므로 자신을 잘 표현하는 대화명을 사용하는 것이 좋습니다. 줄임 말과 그림말은 온라인 대화 예절을 생각해 꼭 필요한 경우에만 적절하게 사용하는 것이 좋습니다.

29 줄임 말을 처음 보는 사람들은 영철이와 같이 무슨 뜻인지 이해하지 못해 대화가 잘 안될 수 있습니다.

채점 기준 이밖에 '항상 새로운 말의 뜻을 배워야 할 것 같다.' 등의 내용을 알맞게 썼으면 정답으로 합니다.

단원 평가 054~057쪽

01 ①, ④   **02** ⑵ ○   **03** ⑤
04 ㉰   **05** 예 기분을 상하게 해서 미안해. 이제 그만할게.   **06** 사회자   **07** ⑴ ㉯ ⑵ ㉮
08 ⑤   **09** ㉮   **10** 예 다른 사람을 존중하는 태도를 지닌다. / 남의 의견을 비난하지 않는다.   **11** @.@   **12** 하린
13 ⑤   **14** ④   **15** 예 친구들이 그림말을 지나치게 많이 사용했기 때문이다.
16 ③

독해로 생각 Up   **17** ㉰   **18** ②, ④, ⑤

---

01 웃어른께 말할 때에는 '내가' 대신에 '제가'라고 자신을 낮추어 표현해야 하고, "수고했어요."가 아닌 "고맙습니다."라고 표현하는 것이 대화 예절에 알맞습니다.

오답 풀이
②, ③ '내가'를 '제가'로 고쳐야 합니다.
⑤ '수고했어요.'를 '고맙습니다.'로 고쳐야 합니다.

02 친구 집에 놀러 가서 웃어른을 뵈었을 때에는 공손하게 바른 자세로 인사해야 합니다.

03 ㉠을 대화 예절에 맞게 고치려면 신유 어머니께 맛있는 음식을 준비해 주셔서 고맙다는 표현을 해야 합니다.

오답 풀이
④ "수고했어요."라고 말씀드리는 것은 예절에 어긋납니다.

04 토끼 역할을 한 친구는 거북 역할을 한 친구가 거친 말을 해서 기분이 상했을 것입니다.

05 토끼 역할을 한 친구는 거북 역할을 한 친구가 거친 말을 해서 마음이 상했으므로 ㉠은 이에 대해 사과하는 말로 고치는 것이 알맞습니다.

채점 기준 '미안하다'는 말을 넣어 내용을 알맞게 썼으면 정답으로 합니다.

06 회의 참여자들에게 말할 기회를 주고, 예절에 어긋난 행동을 한 회의 참여자들에게 '주의'를 주는 등의 역할을 한 사람은 사회자입니다.

07 강찬우 친구는 "심한 장난을 하지 말자."는 의견을, 이희정 친구는 "고운 말을 사용하자."는 의견을 제안했습니다.

08 강찬우 친구는 말할 기회를 얻지 않고 이희정 친구가 의견을 발표할 때 끼어들어 자기 의견을 말했습니다.

09 김찬민 친구는 다른 사람의 의견을 잘 듣지 않아 자신 없게 "고운 말? 뭐였지?"라고 말했습니다. 사회자도 다른 사람 의견을 잘 들어 주시면 고맙겠다고 말한 것으로 보아 김찬민 친구는 ㉮의 예절을 지켜야 합니다.

10 회의할 때 어떤 태도를 지녀야 예절을 잘 지키며 회의를 할 수 있을지 생각해 봅니다.

> **채점 기준** 이밖에 '의견을 말할 때에는 공손한 태도로 말한다.', '다른 사람의 의견을 경청한다.' 등의 내용을 알맞게 썼으면 정답으로 합니다

11 영철이가 '@.@'이라는 대화명을 사용해서 지혜가 영철이를 알아보지 못했습니다.

12 새로운 말을 만들어 대화명으로 사용하면 다른 사람들이 내가 누구인지 알아볼 수 없으므로 하린이의 말은 알맞지 않습니다.

13 'ㅇㅈ', 'ㅋㅋㅋ'은 모두 줄임 말로, 이를 지나치게 쓰면 무슨 뜻인지 몰라서 오해가 생기거나 대화가 어려울 수 있습니다.

> **보충 자료** 온라인 대화에서 줄임 말과 그림말을 사용할 때 주의할 점
> • 온라인 대화 예절을 생각해 꼭 필요한 경우에만 적절하게 사용합니다.
> • 상대가 모를 수도 있으니 되도록 사용하지 않습니다.

14 그림말의 표정으로 보아, 화난 기분을 나타내는 것임을 알 수 있습니다.

15 현영이는 친구들이 그림말을 너무 많이 사용하자, "어휴, 정신없네. 너희 지금 장난하니?"라고 말하며 화가 난다는 기분을 나타내는 그림말을 사용했습니다.

> **채점 기준** 친구들이 그림말을 지나치게 많이 사용했기 때문이라는 내용을 알맞게 썼으면 정답으로 합니다.

16 무슨 말인지 뜻을 모르는 표현을 사용하면 대화에 오해가 생길 수 있으므로 ③은 알맞지 않습니다.

지문 해설 독해로 생각 Up

정인이의 고민

동욱 정인아, 무슨 걱정이 있니?

정인 (다소 힘없는 듯한 목소리로) 아니, 아무 일도 없는데.
『 」: 대화 예절에 어긋난 부분 ① - 상대방이 말하고 싶지 않은 고민을 말하라고 재촉함.

동욱 「(빈정거리는 말투로) 에이, 얼굴 표정을 보니 고민거리가 있는 것 같은데?
남을 은근히 비웃으며 자꾸 비꼬는 말을 하거나 놀리는.

정인 「(약간 성가신 듯이) 고민은 무슨 고민? 아무 일 없다니까.」
자꾸 못살게 굴어 괴롭고 귀찮은.
「 」: 정인이는 고민을 말하고 싶어 하지 않음.

동욱 (궁금해하며) 그러지 말고 말해 봐. 무슨 일인데? 다른 사람한테 절대로 말하지 않을게.

정인 (조심스럽게) 음, 사실은 「체육 시간에 뒤 구르기가 잘 안돼. 그래서 모둠끼리 여러 가지 동작을 꾸밀 때 방해가 되는 것 같아.」
「 」: 정인이의 고민
일이 제대로 되지 못하도록 간섭하고 막음.

동욱 「큰 소리로) 뭐, 네가 뒤 구르기를 못한다고? 그럼 선생님이나 친구들에게 도와 달라고 하면 되지,
동욱이가 정인이의 고민을 해결하기 위해 제안한 방법
뭘 그렇게 걱정해.」
「 」: 대화 예절에 어긋난 부분 ② - 상대방의 말을 제대로 듣지 않고 해결 방법을 말함.

정인 (당황하며) 어떻게 그러니?

동욱 그럼 내가 말해 줄까?

정인 (황급히 큰 소리로) 아냐, 그러지 마! 내가 알아서 할게. 넌 그냥 못 들은 걸로 해.
몹시 어수선하고 매우 급하게.
동욱이의 해결 방법이 정인이에게 도움이 되지 않기 때문에

동욱 「네가 말을 못 하면 내가 말해 줄게.」
「 」: 대화 예절에 어긋난 부분 ③ - 상대방을 배려하고 존중하지 않고 자기 마음대로 하려고 함.

정인 (화를 내며) 아냐. 내가 알아서 한다고.
자신에게 도움이 되지 않는 해결 방법을 강요했기 때문에

동욱 (멋쩍어하며) 도와준다는데 왜 화를 내고 그러니?
어색하고 쑥스러워하며.

17 정인이는 체육 시간에 뒤 구르기가 잘 안되어서 모둠끼리 여러 가지 동작을 꾸밀 때 방해가 되는 것 같아 고민하고 있습니다.

18 동욱이는 자신의 고민을 말하고 싶어 하지 않는 정인이에게 고민을 말하라고 재촉했습니다. 그리고 정인이의 고민을 제대로 듣지도 않고 도움이 되지 않는 해결 방법을 강요했습니다.

어휘 마무리 뚝딱

1 (1) 추가 (2) 표결 (3) 제안

2 (1) 우울하다 (2) 불만스럽다 (3) 느긋하게

3 (1) 제가 (2) 저를

4 (2) ○

---

1 (1) '추가'는 '나중에 더 보탬.', (2) '표결'은 '회의에서 어떤 안건에 대하여 찬성 또는 반대 의사를 표시하여 결정함.', (3) '제안'은 '안이나 의견으로 내놓음. 또는 그 안이나 의견.'이라는 뜻입니다.

2 (1) '쾌활하다'는 '명랑하고 활발하다.'라는 뜻으로 '명랑하다', '활발하다' 등과 바꾸어 쓸 수 있습니다. (2) '흐뭇하다'는 '마음에 흡족하여 매우 만족스럽다.'라는 뜻으로 '기쁘다', '흡족하다' 등과 바꾸어 쓸 수 있습니다. (3) '성급하게'는 '성질이 급하게.'라는 뜻으로 '빠르게', '조급하게' 등과 바꾸어 쓸 수 있습니다.

3 '저' 뒤에 조사 '가'가 붙으면 '제'가 된다고 했으므로 (1)은 '제가'로, (2)는 '저를'로 써야 합니다.

4 (1)~(3)은 모두 '말'과 관련된 속담이지만 '살은 쏘고 주워도 말은 하고 못 줍는다'와 같이 말을 조심해야 한다는 뜻의 속담은 (2)입니다.

> **오답 풀이**
> (1) '말이 씨가 된다'는 '늘 말하던 것이 마침내 사실대로 되었을 때를 이르는 말.'입니다.
> (3) '말은 해야 맛이고 고기는 씹어야 맛이다'는 '마땅히 할 말은 해야 한다는 말.'입니다.

4단원 이야기 속 세상

독해로 교과서 쏙쏙
064~089쪽

독해로 이해 콕

1 사라의 어머니 **2** 뒷자리 **3** 버스 안
4 ○ **5** 학교 **6** 경찰관
7 법 **8** × **9** 사라의 선생님
10 신문 기자 **11** × **12** ○
13 사라의 방 **14** × **15** 신문
16 뿌듯한 **17** × **18** 시장
19 버스 안 **20** 자랑스럽게 **21** '나'의 어머니
22 우진 **23** 얄미운 **24** ○
25 공기 알 **26** × **27** ×
28 윤아 **29** 나비 핀 **30** 웃기기
31 웃기는 **32** × **33** 교실
34 눈 **35** 김주은 **36** 할아버지
37 ○ **38** 두부 **39** 강낭콩
40 × **41** × **42** 저녁때
43 ○ **44** 인도 **45** ×
46 긴장하는 **47** 상품권 **48** 책상
49 ○ **50** 주은이 **51** 할아버지
52 젓가락

---

01 ④ **02** ⑤ **03** ㉠
04 예 버스 앞쪽 자리가 얼마나 좋은 곳인지 알아보기 위해서이다. **05** ④ **06** ④
07 (1) ○ **08** ① **09** 흑인
10 예 사라가 흑인은 버스 뒷자리에 앉아야 한다는 법을 어겼기 때문이다. **11** (1) ㉮ (2) ㉯ **12** ①
13 ⑤ **14** 과자를 반쯤 못 먹은 것이 없다. **15** 예 사라는 잘못한 것이 없다. **16** ㉰ **17** 예 사라의 어머니께서 법은 언젠가는 바뀐다며 사라를 위로해 주셨다.
18 이튿날 아침 **19** ④, ⑤ **20** 찬성
21 (1) ○ **22** ㉰ **23** 민찬
24 예 사라는 자신이 옳다고 생각한 바를 굽히지 않았다. 사라는 용감한 아이인 것 같다. **25** ③
26 공기놀이 **27** ⑤ **28** 예 나는 적극적이고 승부욕이 강한 성격이라 윤아를 이길 때까지 더 열심히 공기놀이를 했을 것이다. **29** ⑤
30 ⑤ **31** 공기 알 **32** ①, ④
33 예 우진이가 기다란 자를 가지고 사물함 밑에서 공기 알을 꺼내 주어서 찾을 수 있었다. **34** 민유

35 (1) 예 "너 왜 자꾸 여자애들 괴롭혀? 아까 일도, 지금 일도 얼른 사과해." (2) 예 의롭다　　**36** 영주

37 (우진이가 주려고 했던) 머리핀　　**38** ②, ③

39 ①, ③, ④　　**40** ①, ②　　**41** ㉰

42 예 우봉이가 전학 온 주은이와 짝이 되었다.

43 ④　　**44** (1) 삼십　(2) 다섯

45 ②, ③　　**46** 예 우봉이가 젓가락질을 잘하려고 열심히 노력한 것처럼 나도 내가 목표한 일에 최선을 다하고 싶다.　　**47** ③, ④　　**48** ③, ④, ⑤

49 ①　　**50** ①, ④　　**51** ㉰

52 ③　　**53** (3) ○　　**54** 예 주은이 어머니께 인사를 하고 주은이 어머니께서 드시던 음식을 같이 손으로 먹어 보았을 것이다.　　**55** ④

56 예 우봉아, 다른 문화도 이해하려고 노력하는 태도를 길렀으면 좋겠어.　　**57** 정연　　**58** ⑤

59 (1) ㉰　(2) ㉮　(3) ㉯　　**60** 왕딱지

61 ②, ④　　**62** ⑤　　**63** ②, ⑤

64 예 우봉이가 대회에 집중하지 못해서 질 것 같다. / 우봉이가 경기에서 이겨도 주은이에게 미안한 마음에 크게 기뻐하지 못할 것 같다.

---

01 글 **1**에서 사라의 어머니께서 "자리에 앉을 수 있는 것만으로도 만족해야지."라고 하신 부분을 통해 이전에는 흑인과 백인의 차별이 더 심했다거나 백인과 흑인은 늘 차별 대우를 받았다는 것을 알 수 있습니다.

02 글 **1**과 **2**에는 사라, 사라의 어머니, 백인 아주머니, 운전사가 나옵니다. 사라의 아버지는 나오지 않습니다.

03 ㉠ '어느 날 아침'은 글 **2**에서 이야기가 펼쳐지는 시간을 나타내는 표현입니다. ㉡, ㉢은 글 **2**의 이야기가 펼쳐지는 장소(버스 안)를 나타내는 표현입니다.

04 사라는 자신은 앉지 못하는 버스 앞쪽 자리가 얼마나 좋은지 알아보기 위해서 버스 앞자리로 갔습니다.

　채점 기준 버스 앞쪽 자리가 얼마나 좋은 곳인지 알아보기 위해서 갔다는 내용과 비슷하게 썼으면 정답으로 합니다.

05 사라가 버스 앞쪽으로 가자 백인 아주머니와 운전사는 사라에게 버스 뒷자리로 돌아가라고 했습니다.

06 사라가 버스 뒷자리로 돌아가지 않자 운전사가 경찰관을 데리고 왔습니다.

07 버스에서 내리는 것도, 학교까지 걸어가는 것도 그리 어려운 일이 아니었지만 버스 뒷자리로 돌아갈 이유가 없다고 생각했기에 사라는 앞자리에 계속 앉아 있었습니다.

08 사라는 이제부터 걸어가라는 운전사의 말에 학교까지 버스를 타고 가겠다고 당당한 목소리로 말했습니다. 이로 보아 사라가 용감한 아이라는 것을 알 수 있습니다.

09 피부색에 따라 앉을 수 있는 자리가 나뉘어 있던 것을 생각할 때, ㉡은 사라와 같은 흑인을 가리킵니다.

10 글 **3**의 경찰관과 사라의 대화 내용으로 보아, 사라가 흑인은 버스 뒷자리에 앉아야 한다는 법을 어겨서 경찰관이 사라를 경찰서로 데려갔음을 알 수 있습니다.

　채점 기준 사라가 어떤 법을 어겼는지 구체적으로 쓰고, 그 법을 어겼기 때문이라는 내용을 알맞게 썼으면 정답으로 합니다.

11 ㉠은 사라의 행동에 찬성하는 입장에서 한 말입니다. ㉡은 사라가 법을 어겼다고 생각하는, 사라의 행동에 반대하는 입장에서 한 말입니다.

12 글 **3**에서 사라가 버스 뒷자리로 가지 않자 운전사가 경찰관을 불렀고, 경찰관에 의해 사라는 경찰서에 가게 되었습니다. 글 **4**에는 경찰서에 간 사라가 겪은 일이 나타나 있습니다.

13 글 **4**에 사라의 어머니께서 사라 대신 경찰관에게 사과했다는 내용은 나오지 않습니다.

14 사라가 과자를 반쯤 먹었을 때 어머니께서 경찰서에 사라를 데리러 오셨습니다.

15 어머니께서는 사라에게 "넌 아무것도 잘못한 게 없어."라고 말씀하셨습니다.

　채점 기준 사라가 잘못한 것이 없다고 생각한다는 내용을 알맞게 썼으면 정답으로 합니다.

16 어머니의 말씀대로 자신이 착하고 특별한 아이라면 버스 앞자리에 타면 안 될 이유가 없는데 앞자리에 앉은 일로 경찰서에 가야 했기 때문에 사라는 혼란스러웠습니다.

17 글 **5**의 중심 내용은 어머니께서 사라를 위로해 주신 일입니다.

　채점 기준 어머니께서 사라를 위로해 주셨다는 내용을 알맞게 썼으면 정답으로 합니다.

18 글 **5**와 **6**의 첫 문장에 시간적 배경을 나타내는 말이 나와 있습니다. 글 **6**의 시간적 배경인 '이튿날 아침'은 사라가 경찰서에 다녀온 다음 날 아침을 가리킵니다.

19 어머니께서는 사라가 버스를 타면 나쁜 일이 생길까 봐 걱정되고, 백인과 흑인을 차별하는 법이 잘못되었다는 것을 알리고 싶어서 사라에게 버스를 타는 대신 걸어가자고 하신 것입니다.

20 사람들은 버스를 타지 않기로 한 사라의 행동에 찬성하기 때문에 사라를 뒤따라 걸은 것입니다.

21 흑인들이 버스를 타지 않은 까닭은 잘못된 법을 따르고 싶지 않고 또 잘못된 법을 바꾸고 싶었기 때문입니다.

22 흑인들이 버스를 타지 않자 백인만 버스 앞자리에 앉을 수 있다는 법이 바뀌었습니다.

23 이 글 전체의 시간적 배경은 사라가 학교에 가려고 버스를 탄 어느 날 아침부터 법이 바뀐 뒤 사라가 버스를 다시 탄 날까지입니다.

24 사라의 용기 있는 행동으로 흑인을 차별하는 법이 바뀌었다는 이야기를 읽고 든 생각을 정리하여 씁니다.
　채점 기준 사라가 흑인이라는 이유로 차별을 당한 것, 사라가 용기 있는 행동을 한 것, 흑인을 차별하는 법이 바뀌게 된 것 등 글의 내용에 대한 생각을 알맞게 썼으면 정답으로 합니다.

> **보충 자료** 이 글을 읽고 생각한 내용 이야기하기 예
> • 사람은 누구나 평등한데 옛날 미국에서는 사람을 피부색에 따라 차별하는 일이 있었다는 사실이 놀라웠습니다.
> • 다른 사람을 피부색이나 성별, 외모로 차별하면 안 되겠다는 생각을 했습니다.

25 '교실에 들어서니' 부분을 통해 일이 일어난 곳이 '교실'임을 알 수 있고, '선생님이 오기 전까지' 부분을 통해 일이 일어난 때가 '수업 시작 전'임을 알 수 있습니다.

26 교실에 들어선 '나'는 윤아와 공기놀이를 했습니다.

27 '나'가 우진이에게 칭찬을 듣고 좋아하는 윤아를 얄미워하며 심통을 부리는 모습에서 샘이 많은 성격임을 알 수 있습니다.

28 좋아하는 아이가 다른 아이를 칭찬해 주었을 때 자신이라면 어떻게 행동했을지 생각해 봅니다.

채점 기준 주어진 상황에서 어떻게 행동했을지 자신의 성격과 관련지어 알맞게 썼으면 정답으로 합니다.

29 글 **2**에서 '나'는 우진이와 함께 공기놀이를 한다고 생각하니 가슴이 두근거렸다고 했습니다.

30 창훈이가 공기놀이를 하던 윤아와 부딪히는 바람에 윤아의 손등에 있던 공기 알이 떨어져 여기저기로 흩어졌습니다.

31 윤아는 공기 알을 못 잡은 것이 억울해서, '나'는 사물함 밑으로 굴러 들어간 내 공기 알이 걱정돼서 창훈이에게 소리쳤습니다.

32 ㉠은 사물함 밑에 손을 넣어 보자는 '나'의 말에 대한 윤아의 대답으로, 윤아가 깔끔하고 조심성이 많은 성격임을 알 수 있습니다.

33 우진이가 기다란 자를 가지고 와서 사물함 밑을 더듬거려 '나'의 공기 알을 찾아 주었습니다.
　채점 기준 우진이가 자로 사물함 밑에 있는 공기 알을 꺼내 주었다는 내용을 알맞게 썼으면 정답으로 합니다.

34 ㉡에서 우진이가 마음이 따뜻하고 정이 많은 성격임을 알 수 있습니다.

35 우진이가 창훈이에게 '나'와 윤아에게 사과하라고 한 말과 행동에서 우진이의 성격을 짐작할 수 있습니다.
　채점 기준 우진이의 성격을 알 수 있는 말이나 행동을 찾아 쓰고, 우진이의 성격을 알맞게 썼으면 정답으로 합니다.

36 창훈이는 우진이가 '나'와 윤아에게 사과하지 않으면 선생님께 다 이르겠다고 하자 이 문제를 웃기기 작전으로 해결했습니다. 이로 보아 창훈이는 장난을 좋아하는 성격임을 알 수 있습니다.

37 자리로 돌아온 '나'는 아까 우진이가 주려고 했던 머리핀이 자꾸만 생각났습니다.

38 ㉠에는 우진이가 머리핀을 '나'와 윤아 중 누구에게 주고 싶었을지 궁금한 마음과 머리핀을 자신이 갖지 못해 아쉬운 마음이 담겨 있습니다.

39 글 **4**의 끝부분에 우진이에 대한 '나'의 생각이 나와 있습니다.

40 글 **1**에는 우봉이, 선생님, 주은이가 나옵니다.

41 주은이는 또랑또랑한 목소리로 자신의 성과 이름을 밝히며 잘 부탁한다고 말했습니다.

42 글 **1**에서 우봉이는 전학을 온 주은이와 짝이 되었습니다.
> **채점 기준** 전학 온 주은이와 짝이 되었다는 내용을 알맞게 썼으면 정답으로 합니다.

43 우봉이는 할아버지와 시간을 재며 나무젓가락으로 바둑알을 집어 옆 접시로 옮기는 연습을 했습니다.

44 초급에 합격하려면 나무젓가락으로 삼십 초 안에 바둑알을 다섯 개 옮겨야 한다고 했습니다.

45 우봉이가 젓가락질 연습을 열심히 하는 것으로 보아, 승부욕이 강하고 성실하며 적극적인 성격이라는 것을 짐작할 수 있습니다. ㉠만 보고는 우봉이가 짓궂다거나 잘난 척을 잘하는 성격인지는 알 수 없습니다.

46 젓가락질 연습을 계속한 우봉이의 행동에 대한 자신의 생각을 정리하여 씁니다.
> **채점 기준** 열심히 노력하는 우봉이의 행동에 대한 자신의 생각을 알맞게 썼으면 정답으로 합니다.

47 시장 골목으로 들어선 우봉이는 우연히 주은이가 채소 가게 안에서 젓가락질 연습을 하고 있는 것과 주은이 어머니께서 손으로 음식을 드시는 것을 보았습니다.

48 '작은 규모로 물건을 파는 집.'을 뜻하는 '가게'와 비슷한 말은 '상점', '점방', '점포'입니다.
> **오답 풀이**
> ② '시장'은 '여러 가지 상품을 파는 일정한 장소.'를 뜻하는 말로, 가게들이 있는 곳을 나타냅니다.

49 ㉢은 주은이가 손으로 음식을 드시는 어머니를 부끄럽게 생각하여 한 말입니다.

50 우봉이가 손으로 음식을 먹는 모습을 보고 속이 메스껍다고 느끼는 것에서 우봉이의 생각을 알 수 있습니다.

51 저녁때 우봉이는 가족과 밥을 먹으며 손으로 음식을 먹는 것에 대해 이야기했습니다.

52 우봉이는 콩장과 메추리알처럼 젓가락질 연습이 되는 반찬만 골라 먹었습니다.

53 자신과 다른 문화를 지닌 사람을 쉽게 이해하지 못하고 그를 '야만인, 원시인'이라고 한 것에서 우봉이가 융통성 없는 성격이라는 것을 짐작할 수 있습니다.

54 우봉이가 다른 문화에 대한 편견이 없는 개방적인 성격이었다면 손으로 음식을 드시는 주은이 어머니를 이해했을 것입니다.
> **채점 기준** 주은이 어머니의 행동을 이해하는 말이나 행동을 알맞게 썼으면 정답으로 합니다.

55 할아버지께서는 손으로 음식을 먹는 것이 그 나라의 풍습이고 문화이기 때문에 나쁘다거나 야만인이 하는 행동이라고 하면 안 된다고 말씀하셨습니다.

56 자신과 다른 문화를 가진 사람을 쉽게 이해하지 못하고 나쁘다고만 생각하는 우봉이에게 해 주고 싶은 말을 씁니다.
> **채점 기준** 나와 다른 문화도 이해했으면 좋겠다는 내용과 비슷하게 썼으면 정답으로 합니다.

57 글 **5**는 젓가락왕을 가리는 결승 대회가 있던 날 교실에서 일어난 일로, 우봉이가 만난 인물은 선생님, 주은이, 반 친구들입니다.

58 글 **5**에서 일어난 일은 우봉이와 주은이가 젓가락 달인 결승전에서 겨루게 된 것입니다.

59 우봉이는 '구리구리 딱따구리 권법'을, 주은이는 '쏙쏙 족집게 수법'을, 성규는 '악어 입 탁탁 권법'을 사용했습니다.

60 우봉이는 젓가락왕이 되어 상품권을 받아서 왕딱지를 사고 싶어 했습니다.

61 할아버지께서는 우봉이에게 동무를 이길 생각을 하지 말고 그냥 젓가락 달인만 되는 것이 더 좋다는 말씀을 하셨습니다.

62 동무를 이기는 것보다 더 좋은 것은 따로 있다던 할아버지의 말씀과 상품권을 타서 젓가락과 머리핀을 사고 싶다던 주은이의 일기 내용이 생각나서 머뭇거렸습니다.

63 결승전에서 이기고 싶어 하면서도 할아버지 말씀과 주은이의 일기가 마음에 걸려 계속 머뭇거리며 고민하는 것으로 보아, 우봉이가 사려 깊고 인정이 많은 성격임을 알 수 있습니다.

64 사려 깊고 인정이 많은 우봉이는 젓가락왕을 가리는 결승전에서 지기 싫어 하면서도 젓가락질에 집중하지 못하고 있습니다. 이 일의 결과로 어떤 일이 일어났을지 짐작하여 씁니다.
> **채점 기준** 사려 깊고 인정이 많은 우봉이의 성격을 떠올려 이어질 결과를 알맞게 상상하여 썼으면 정답으로 합니다.

단원 평가
090~093쪽

01 ⑤
02 (1) ㉮ (2) ㉮ (3) ㉯
03 ⑤
04 ㉑ 흑인은 버스 뒷자리에 앉아야 한다.
05 ④
06 ③
07 (3) ○
08 ②
09 ㉑ 나도 의로운 성격이라 우진이처럼 행동했을 것이다. 잘못한 친구가 아무리 나와 친하더라도 친구가 잘못을 했으면 바로잡아야 한다고 생각한다.
10 승재
11 ㉑ 우봉이가 가족과 함께 손으로 음식 먹는 것에 대해 이야기함.
12 (1) 야채 (2) 점포
13 ④
14 ④

독해로 생각 Up
15 ㉮, ㉰, ㉯
16 ②

01 이 글에 소설가는 나오지 않습니다.

02 글 ㉮와 ㉯는 버스 안에서 일어난 일이고, 글 ㉰는 경찰서에서 일어난 일입니다.

03 사라는 뒤로 가서 앉으라는 운전사의 말을 들었지만 뒷자리로 돌아갈 아무런 이유가 없다고 생각해서 그대로 앉아 있었습니다.

04 글 ㉮의 운전사의 말, 글 ㉯의 경찰관의 말을 통해 사라가 흑인은 버스 뒷자리에 앉아야 한다는 법을 어겼음을 알 수 있습니다.

> **채점 기준** 흑인은 버스 뒷자리에 앉아야 한다는 내용을 알맞게 썼으면 정답으로 합니다.

05 이야기에서 어떤 일을 겪는 사람이나 사물을 '인물', 이야기가 펼쳐지는 시간과 장소를 '배경', 이야기에서 일어나는 일을 '사건'이라고 합니다. 시간적 배경은 '언제', 공간적 배경은 '어디에서'에 해당하는 것을 말합니다.

> **보충 자료 이야기의 구성 요소**
> • 이야기의 재료가 되는 인물, 사건, 배경을 이야기의 구성 요소라고 합니다.
> • 인물, 사건, 배경은 이야기를 구성하는 데 꼭 필요한 요소입니다.

06 우진이가 기다란 자를 들고 나타나 사물함 밑에 들어간 공기 알을 꺼내 주었습니다.

07 윤아가 나비 핀이 더럽다고 하자 우진이는 공기 알만 '나'에게 건네주고 나비 핀은 쓰레기통에 넣었습니다.

08 '나'는 우진이의 성의를 무시하고 우진이가 건넨 핀을 더럽다며 면박을 준 윤아가 얄미워서 윤아를 한 대 콩 쥐어박고 싶었습니다.

09 친구가 잘못을 했을 때 자신이라면 어떻게 했을지 자신의 성격과 관련지어 씁니다.
> **채점 기준** 우진이와 자신의 성격을 비교해 보고 ㉠의 상황에서 예상되는 행동을 알맞게 썼으면 정답으로 합니다.

10 "벌레라도 손에 닿으면 어떡해?"라는 윤아의 말에서 윤아가 조심성이 많고 깔끔한 성격임을 알 수 있습니다. 윤아가 벌레 얘기를 하자마자 손을 빼는 모습에서, '나'는 소심한 성격임을 알 수 있습니다.

11 글 ㉯에서 우봉이가 가족과 무엇을 했는지 정리해 봅니다.
> **채점 기준** 일어난 일을 알맞게 썼으면 정답으로 합니다.

12 '채소'와 뜻이 비슷한 낱말은 '야채'이고, '가게'와 뜻이 비슷한 낱말은 '점포'입니다.

13 우봉이는 손으로 밥을 먹는 것이 나쁜 행동이며 야만인이나 하는 행동이라고 했습니다. ④는 손으로 음식을 먹는 것에 대한 할아버지의 생각으로 알맞습니다.

14 자신과 다른 문화를 지닌 사람을 쉽게 이해하지 못하는 것으로 보아, 우봉이가 융통성이 없는 성격임을 알 수 있습니다.

지문 해설 **독해로 생각 Up**

독장수구구 임덕연

가 하루는 독장수가 지게에 큰독 세 개를 지고 독을 팔
러 나섰습니다.
_{등장인물}

그러나 하루 종일 지고 다녀도 독은 팔리지 않고 어
깨만 빠지도록 아팠습니다. 땀이 목덜미를 타고 내려
등줄기를 적셨습니다.
▶ 독장수가 독을 팔러 나섰지만 독은 팔리지 않습니다.

나 독장수는 고갯길을 힘겹게 올랐습니다. 숨을 헐떡
_{몸을 잘못 가누면 독이 깨질까 봐, 조심하며 고갯길을 끝까지 오름.}
거리며 높은 고개턱을 겨우 올라왔습니다. 혹시라도 몸
을 잘못 가누면 독이 굴러떨어져 산산조각이 나고 맙니
_{아주 잘게 깨어진 여러 조각.}
다. 독장수는 너무 힘들어 눈앞이 핑핑 돌 지경이었습
니다.

"아이고, 저 나무 밑에서 좀 쉬었다 가야겠다."

독장수는 고개를 다 오르고는 나무 그늘 밑에다 지겟
작대기로 지게를 받쳐 세워 놓았습니다.
▶ 고갯길을 오르다 힘이 든 독장수가 나무 그늘 밑에서 쉬기로 했습니다.

다 독장수는 지게 옆에 벌렁 누웠습니다.

「야, 정말 시원하구나. 저 독 둘은 팔아 빚을 갚는 데
_{「」: 독장수가 헛된 상상을 함.}　　　　　_{독장수가 독을 팔아 하고 싶어 한 일 ①}
쓰고, 나머지 독을 팔면 다른 독 두 개는 살 수 있겠
지? 그 독 둘을 다시 팔면 독 네 개를 살 수 있고, 넷
을 팔면 가만있자, 이 이는 사, 이 사 팔. 그래 여덟
개를 살 수 있구나. 그다음에 여덟 개를 팔면, 가만있
자……." ▶ 독장수는 지게 옆에 누워 헛된 상상을 했습니다.

라 "야, 이렇게 계산해 보니 며칠 안 가 독이 천만 개
나 되겠는걸. 그럼 그 돈으로 논과 밭을 사는 거야.
_{독장수가 독을 팔아 하고 싶어 한 일 ②}
그리고 남는 돈으로는 고래 등 같은 기와집을 짓는
_{독장수가 독을 팔아 하고 싶어 한 일 ③}
거야."

독장수는 너무 기쁜 나머지 팔을 번쩍 들었습니다.
그러다가 팔로, 지게를 받치던 지겟작대기를 밀어 버
렸습니다. 지게는 기우뚱하더니 옆으로 팍 쓰러졌습니
다. 지게에 있던 독들도 와장창 깨지고 말았습니다.
_{헛된 생각을 하다 큰 손해를 입음.}

"아이고, 망했다. 이걸 어쩐다?"
▶ 헛된 상상을 하던 독장수가 독을 모두 깨뜨리고 말았습니다.

---

15 독을 팔러 나선 독장수가 고개에 올라 잠시 쉬면서 독
을 많이 팔았을 때의 모습을 상상하다가 지겟작대기를
밀어 독이 모두 깨졌습니다.

16 독장수가 허황된 생각을 하다가 독을 모두 깨뜨린 것을
통해 '헛된 욕심을 부리지 말자.'라는 깨달음을 얻을 수
있습니다.

어휘 마무리 뚝딱　　　　　　　　　094~095쪽

1 (1) 하마터면　(2) 선뜻　(3) 헤벌쭉
2 (1) ⓝ　(2) ㉮　(3) ㉳
3 (1) 늦잠꾸러기　(2) 장난꾸러기
4 (3) ○

1 (1) '조금만 잘못했더라면.'이라는 뜻의 '하마터면'이 들
어가기에 알맞습니다. (2) '동작이 빠르고 시원스러운
모양.'이라는 뜻의 '선뜻'이 들어가기에 알맞습니다. (3)
'입이나 구멍 따위가 속이 들여다보일 정도로 넓게 벌
어진 모양.'이라는 뜻의 '헤벌쭉'이 들어가기에 알맞습
니다.

2 (1) '칭찬'은 '좋은 점이나 착하고 훌륭한 일을 높이 평가
함. 또는 그런 말.'을 뜻하는 낱말로, 이와 반대되는 낱
말은 '아랫사람의 잘못을 꾸짖는 말.'이라는 뜻의 '꾸중'
입니다. (2) '용기'는 '겁이 없고 씩씩한 기운.'을 뜻하는
낱말로, 이와 반대되는 낱말은 '무서워서 불안해하는
마음.'이라는 뜻의 '겁'입니다. (3) '달인'은 '어떠한 분야
에서 남달리 뛰어난 재능을 가진 사람.'을 뜻하는 낱말
로, 이와 반대되는 낱말은 '초보의 단계에 있는 사람.'
이라는 뜻의 '초보자'입니다.

3 (1) '아침에 늦게까지 자는 습관을 가진 사람.'이라는 뜻
의 '늦잠꾸러기'가 들어가기에 알맞습니다. (2) '장난이
심한 아이.'라는 뜻의 '장난꾸러기'가 들어가기에 알맞
습니다.

> **보충 자료** **뜻을 더해 주는 낱말 '-꾸러기'**
> • '-꾸러기'는 뜻이 있는 낱말의 뒤에 붙어 뜻을 더해 주는
> 낱말이에요.
> • '-꾸러기'와 같이 뜻을 더해 주는 낱말에는 '-쟁이'가 있어
> 요. 이 말은 '겁쟁이', '거짓말쟁이'와 같이 사용해요.

4 하늘과 땅에 운명을 맡기고 커다란 승부를 하는 상황으
로는 (3)이 알맞습니다.

독해로 교과서 쏙쏙

100~103쪽

독해로 이해 콕

1 광　　　2 산초기름　　　3 불
4 목홧값　　　5 편지글　　　6 댐
7 ○　　　　8 홍수

01 ④　　02 (1) ○　　03 ⑤
04 ㉰ → ㉱ → ㉯ → ㉴　　05 (1) 예 고양이의 아픈 다리를 맡은 목화 장수 / 고양이의 성한 다리를 맡은 목화 장수 세 명 (2) 예 고양이 다리에 불이 잘 붙는 산초기름을 발라 주었기 / 다리에 불이 붙은 고양이가 광으로 도망칠 때는 성한 다리로 도망쳤기 06 (1) ㉢ (2) ㉺
07 (1) ㉯ (2) ㉮　　08 ③　　09 (1) 예 반대 (2) 예 댐을 건설하면 자연환경이 파괴되고, 천연기념물을 보호하지 못하기

---

01 목화 장수 네 사람은 목화를 보관한 광에 쥐가 많아 목화를 어지럽히기도 하고 오줌을 싸기도 하자 목화를 지킬 방법으로 고양이를 기르기로 했습니다.

02 '목화 장수들은'이 '누가'에 해당하는 부분이고, '고양이 때문에 큰 손해를 입어 투덜거렸다.'가 '어찌하다'에 해당하는 부분입니다.

03 고양이의 아픈 다리를 맡은 목화 장수는 다리에 불이 붙은 고양이가 광으로 도망칠 때는 성한 세 다리로 도망쳤기 때문에 광에 불이 난 것은 고양이의 성한 세 다리 때문이라고 말했습니다.

04 목화 장수들이 산 고양이가 광 속의 목화를 모두 불타게 해서 목화 장수들 사이에 싸움이 일어났고, 싸움이 해결되지 않자 네 사람은 고을 사또를 찾아가 판결을 부탁했습니다.

05 목화 장수들의 의견을 비교하며 자신이 사또가 되어 판결을 내려 보고, 그렇게 생각한 까닭을 함께 씁니다.
채점 기준 고양이의 아픈 다리를 맡은 목화 장수와 고양이의 성한 다리를 맡은 세 목화 장수 중 누가 목홧값을 물어야 하는지에 대한 의견과 그렇게 생각하는 까닭을 알맞게 썼으면 정답으로 합니다.

06 글 가 의 문제 상황은 ㉢에 나와 있고, 글 나 의 문제 상황은 ㉺에 나와 있습니다.

07 효은이는 상수리에 댐을 건설하는 것을 반대하는 입장이고, 댐 건설 기관 담당자는 상수리에 댐을 건설하는 것을 찬성하는 입장입니다.

08 댐 건설 기관 담당자는 댐이 홍수로 인한 피해를 막아 주기 때문에 상수리에 댐을 건설해야 한다고 했습니다.
오답 풀이
① 댐을 건설하면 가뭄이 아니라 홍수로 인한 피해를 막을 수 있습니다.
② 댐을 건설한다고 더 깨끗한 물을 마실 수 있는 것은 아닙니다.
④ 효은이의 의견을 뒷받침하는 까닭으로 알맞습니다.

09 (1)에 댐 건설에 대한 찬성이나 반대의 의견을 쓰고, (2)에 그렇게 생각하는 까닭을 구체적으로 씁니다.
채점 기준 댐 건설에 대한 자신의 의견을 분명하게 제시하고, 그렇게 생각하는 까닭을 알맞게 썼으면 정답으로 합니다.

단원 평가

104~107쪽

01 ③　　02 (1) 목화 장수들이 (2) 고양이를 샀다.　　03 예 고양이 다리에 산초기름을 발라 주었다.　　04 (3) ○　　05 ④
06 ⑤　　07 ④　　08 ④
09 (1) 예 숲에 사는 동물들이 살 곳을 잃기 때문이다.
(2) 예 만강의 물고기들을 다시는 볼 수 없기 때문이다.
(3) 예 마을 어른들께서 평생 살아온 고향을 떠나셔야 하기 때문이다.　　10 ㉯　　11 편지를 쓴 사람은 댐 건설 기관 담당자이고, 읽는 사람은 김효은 학생이다.　　12 ①, ②, ⑤　　13 ②
14 ③　　15 ②

독해로 생각 Up
16 ②　　17 ②, ③, ④

---

01 제시된 문장을 두 부분으로 나누면 '내 친구 예지는 + 친절합니다.'가 됩니다. 앞부분은 '누가'에 해당하고, 뒷부분은 '누가'의 성질이나 상태를 나타내므로 '어떠하다'에 해당합니다.

02 '목화 장수들이'가 '누가'에 해당하고, '고양이를 샀다.'가 움직임을 나타내는 '어찌하다'에 해당합니다.

03 고양이가 다리 하나를 다치자, 그 다리를 맡은 목화 장수는 고양이 다리에 산초기름을 발라 주었습니다.

> **채점 기준** 고양이 다리에 산초기름을 발라 주었다는 내용을 알맞게 썼으면 정답으로 합니다.

04 고양이의 성한 다리를 맡은 세 목화 장수는 불이 잘 붙는 산초기름을 고양이의 다리에 발라 준 목화 장수가 목홧값을 물어야 한다고 했습니다.

05 고양이의 아픈 다리를 맡은 목화 장수는 다리에 다리에 불이 붙은 고양이가 광으로 도망칠 때는 성한 세 다리로 도망쳤으므로, 광에 불이 난 것은 고양이의 성한 세 다리 때문이니 목홧값을 물어 줄 수 없다고 했습니다.

06 효은이는 상수리에 댐을 건설하려는 계획을 취소해 주실 것을 부탁하기 위해서 댐 건설 기관 담당자에게 편지를 썼습니다.

07 효은이가 사는 상수리는 앞으로는 만강이 흐르고, 뒤로는 우뚝 솟은 산봉우리들이 병풍처럼 둘러싸고 있다고 했습니다.

08 댐을 건설하는 것에 반대한다는 의견을 쓴 부분은 ㉣입니다.

> **오답 풀이**
> ① ㉠은 편지를 쓴 사람을 소개한 부분입니다.
> ② ㉡은 댐 건설 기관 담당자의 의견을 뒷받침하는 까닭에 해당합니다.
> ③ ㉢은 댐 건설 기관 담당자의 의견에 해당합니다.
> ④ ㉤은 효은이의 의견을 뒷받침하는 까닭에 해당합니다.

09 효은이의 의견인 ㉣의 뒤에 효은이가 그렇게 생각한 까닭이 나와 있습니다.

> **채점 기준** 효은이가 댐 건설에 반대하는 까닭 세 가지를 모두 알맞게 썼으면 정답으로 합니다.

10 의견을 제시하는 글을 쓸 때에는 문제 상황이 잘 드러나도록 써야 합니다.

11 이 글은 댐 건설 기관 담당자가 김효은 학생에게 쓴 편지입니다.

> **채점 기준** 편지를 쓴 사람과 받는 사람을 모두 알맞게 썼으면 정답으로 합니다.

12 상수리 주변에 사는 주민들이 여름철에 홍수와 폭우로 입는 피해가 나와 있습니다.

13 글쓴이인 댐 건설 기관 담당자는 상수리에 댐을 건설해야 한다는 의견을 제시하고 있습니다.

14 댐 건설에 찬성하는 의견을 뒷받침하는 까닭으로 알맞은 것은 ③입니다.

15 의견에 대한 까닭은 한 가지만 제시할 필요는 없습니다. 의견에 대한 알맞은 까닭을 적절히 쓰는 것은 읽는 사람이 이해하는 데 도움이 됩니다.

지문 해설 독해로 생각 Up

전통 음식의 우수성

가 「요즘에 우리 전통 음식보다 외국에서 유래한 햄버거나 피자와 같은 음식을 더 좋아하는 어린이를 쉽게 볼 수 있습니다.」 이러한 음식은 지나치게 많이 먹으면 건강이 나빠지기도 합니다. 그에 비해 우리 전통 음식은 오랜 세월에 걸쳐 전해 오면서 우리 입맛과 체질에 맞게 발전해 왔기 때문에 여러 가지 면에서 우수합니다. 우리 전통 음식을 사랑합시다.

「」: 문제 상황
유래한: 사물이나 일이 생겨남.
체질: 날 때부터 지니고 있는 몸의 바탕.
우리 전통 음식을 사랑합시다.: 글쓴이의 주장

▶ 우리 전통 음식을 사랑합시다.

나 첫째, 우리 전통 음식은 건강에 이롭습니다. 우리가 날마다 먹는 밥은 담백해 쉽게 싫증이 나지 않으며 어떤 반찬과도 잘 어우러져 균형 잡힌 영양분을 섭취하기 좋습니다.

의견을 뒷받침하는 까닭 ①
밥의 이로운 점

▶ 우리 전통 음식은 건강에 이롭습니다.

다 둘째, 우리 전통 음식을 가까이하면 계절과 지역에 따라 다양한 맛을 즐길 수 있습니다. 우리 조상은 생활 주변에서 나는 여러 가지 재료를 이용해 계절에 맞는 다양한 음식을 만들어 왔습니다. 주변 바다와 산천에서 나는 풍부하고 다양한 해산물과 갖은 나물이나 채소와 같은 재료에는 각각 고유한 맛이 있습니다. 이러한 재료를 이용해 만든 여러 가지 음식은 지역 특색을 살린 독특한 맛을 냅니다.

의견을 뒷받침하는 까닭 ②
산천: 산과 내를 아울러 이르는 말.

▶ 우리 전통 음식을 가까이하면 다양한 맛을 즐길 수 있습니다.

라 셋째, 우리 전통 음식에서 우리 조상의 슬기와 문화를 경험할 수 있습니다. 우리 조상은 겨울을 나려고 김장을 하고, 저장 온도와 저장 기간을 조절해 겨울철에도 신선하게 채소를 먹을 수 있도록 했습니다.

의견을 뒷받침하는 까닭 ③

▶ 우리 전통 음식에서 조상의 슬기와 문화를 경험할 수 있습니다.

마 우리 조상의 넉넉한 마음과 삶에서 배어 나온 지혜가 담긴 우리 전통 음식은 그 맛과 멋과 영양의 삼박자를

모두 갖추고 있습니다. 우리는 우리 전통 음식의 과학
성과 우수성을 알고 우리 전통 음식에 관심을 가지고
주장을 다시 한번 강조함.
우리 전통 음식을 사랑해야겠습니다.
▶ 우리 전통 음식에 관심을 가지고 우리 전통 음식을 사랑해야겠습니다.

16 글 **가**와 **마**에 우리 전통 음식을 사랑하자는 글쓴이의
의견이 잘 드러나 있습니다.

17 글 **나**~**라**의 첫 문장에 글쓴이의 의견에 대한 까닭이
나와 있습니다. ㉠은 문제 상황에 해당하고, ㉤은 글쓴
이의 주장을 다시 한번 강조한 부분입니다.

어휘 마무리 뚝딱
108~109쪽

1 (1) ㉲ (2) ㉮ (3) ㉯
2 (1) 피해 (2) 상인 (3) 의무
3 (1) 붓다 (2) 붙는다
4 (3) ○

1 (1) '궁리'는 '마음속으로 이리저리 따져 깊이 생각함. 또
는 그런 생각.'이라는 뜻입니다. (2) '지원'은 '지지하여
도움.'이라는 뜻입니다. (3) '협조'는 '힘을 보태어 도움.'
이라는 뜻입니다.

2 (1) '손해'는 '돈, 재산 등을 잃거나 정신적으로 해를 입
음.'이라는 뜻으로, 이와 뜻이 비슷한 낱말은 '피해'입
니다. (2) '장수'는 '장사하는 사람.'이라는 뜻으로, 이와
뜻이 비슷한 낱말은 '상인'입니다. (3) '책임'은 '맡은 일
이나 의무.'라는 뜻으로 이와 뜻이 비슷한 낱말은 '의무'
입니다.

3 (1) 고춧가루를 자루에 담는다는 뜻이므로, '붓다'가 알
맞습니다. (2) 젖은 나무보다 마른 나무에 불이 옮았을
때 더 잘 탄다는 뜻이므로, '붙다'가 알맞습니다.

4 힘이 센 사람들의 다툼 때문에 다른 사람이 피해를 본
상황에 해당하는 것은 (3)입니다.

> **보충 자료** '고래 싸움에 새우 등 터진다'와 뜻이 반대되는
> 속담 – '새우 싸움에 고래 등 터지랴'
>
> 이 속담은 약하고 보잘것없는 것끼리 아무리 싸워도 크고
> 힘 있는 존재는 그 피해를 받지 아니함을 비유적으로 이르는
> 말입니다.

6단원 본받고 싶은 인물을 찾아봐요

독해로 교과서 쏙쏙
114~129쪽

독해로 이해 콕

1 제주도	**2** 객줏집	**3** ○
4 원칙	**5** ○	**6** 절약
7 편지	**8** 이만 석	**9** ○
10 ○	**11** 임금	**12** ×
13 1762	**14** ○	**15** 시묘살이
16 ×	**17** 돌	**18** ×
19 ○	**20** ×	**21** ○
22 ×	**23** 종소리	**24** ○
25 ×	**26** (앤) 설리번	**27** ×
28 물	**29** ×	**30** 학교
31 ○	**32** 모금	

01 ⑩ 자신을 양민의 신분으로 되돌려 주시기 바란다.
02 ② **03** ㉲ **04** (1) 이익 (2)
가격 (3) 신용 **05** (3) × **06** ②, ④
07 ⑩ 태풍으로 농산물이 심한 피해를 입어 제주도 사람
들이 굶어 죽을 위기에 처했다. **08** ⑤
09 ④ **10** ④ **11** ②, ③
12 ㉯ **13** ⑩ 김만덕의 소원이 임금을 만나
는 것인데, 당시 양민의 신분으로는 임금을 만날 수 없었
기 때문이다. **14** (1) × **15** ③
16 실학 **17** ⑩ 수원에 크게 성을 짓는 데 좋
은 방법을 생각해 보라는 것이다. **18** ㉯
19 거중기 **20** ⑩ 정조의 비밀 명령을 받고 암행어
사가 되어 활동했다. **21** 목민심서 **22** (1) ○
23 (3) ○ **24** ⑩ 평소와 다르게 아무런 반응을
보이지 않았다 **25** 귀 **26** ①, ③
27 ④ **28** ③ **29** ㉮
30 ⑩ 처음 만나는 사람이라 두려운 마음이 들었기 때문
이다. **31** ③ **32** (1) 물 (2) 사물
33 ①, ⑤ **34** ⑩ 아침에 일찍 일어나자마자 글
자를 쓰기 시작해 하루 종일 글을 썼다. **35** ⑤
36 ③ **37** (1) ×

01 글 **1**에서 김만덕은 제주 목사에게 자신이 원래 양민
의 딸이고, 어쩔 수 없이 기생이 되었다는 사정을 밝히
며 양민의 신분으로 되돌려 줄 것을 부탁했습니다.

바른답·알찬풀이

양민의 신분으로 되돌려 주시기 바란다는 내용을 알맞게 썼으면 정답으로 합니다.

02 김만덕은 어린 나이에 부모님을 여의고 친척 집에 맡겨졌다가 어쩔 수 없이 기생이 되었다고 했습니다.

03 육지 상인들은 제주도의 특산물을 적당한 가격에 사들일 수 있는 김만덕의 객줏집으로 몰려들었습니다.

04 글 **2**에서 김만덕의 장사 원칙 세 가지를 알 수 있습니다.

05 이 글은 실제 있었던 인물의 삶을 사실에 근거해서 쓴 전기문입니다. 전기문에는 인물이 살았던 시대 상황과 인물이 한 일, 인물의 가치관이 나타납니다.

06 글 **3**에는 1790년부터 제주도에 4년 동안 흉년이 들었다는 것과 이듬해에 농사가 잘 되었지만 수확을 앞두고 태풍이 몰려왔다는 시대 상황이 나와 있습니다.

> **오답 풀이**
> ① 김만덕보다 더 큰 부자가 나타났다는 내용은 나와 있지 않습니다.
> ③ 객줏집이 문을 닫았다는 내용은 나와 있지 않습니다.
> ⑤ 대풍년이었으나 수확을 앞두고 태풍이 몰려와 농사를 망쳤습니다.

07 수확을 앞두고 몰려온 태풍 때문에 제주도 사람들은 굶어 죽을 지경에 이르렀습니다.

> **채정 기준** 굶어 죽을 위기에 처했다는 것과 비슷한 내용을 썼으면 정답으로 합니다.

08 임금이 곡식 이만 석을 여러 배에 실어 제주도로 보냈지만 태풍이 불어닥쳐 배가 모두 바닷속으로 가라앉았습니다.

09 ㉠과 ㉡을 통해 김만덕이 ④의 가치관을 지녔음을 알 수 있습니다.

10 김만덕은 전 재산을 들여 육지에서 곡식을 사 오게 했고, 그것을 굶주린 사람들에게 나누어 주었습니다.

11 김만덕은 제주 목사에게 임금의 용안을 뵙는 것과 금강산을 구경하는 것을 소원으로 말했습니다.

12 김만덕이 살던 당시에는 신분 차별이 있어서 양민은 임금을 만날 수 없었고, 제주도 여자는 제주도를 떠날 수 없었습니다.

13 당시 양민의 신분으로는 임금을 만날 수 없었기 때문에 임금은 김만덕에게 벼슬을 내렸습니다.

> **채정 기준** '임금의 용안을 뵙고 싶다는 김만덕의 소원을 들어주기 위해서' 등의 내용을 알맞게 썼으면 정답으로 합니다.

14 어린 시절의 정약용은 백성이 쉬지 않고 일해도 늘 배불리 먹지 못하고, 세금을 내지 못해 남의 집 머슴살이를 하는 사람도 많은 점을 이상하게 생각했습니다.

15 정약용은 열다섯 살 때 아버지를 따라 한양으로 가서 많은 사람을 만나 학문을 배우고 익혔습니다.

16 정약용은 사람이 바르게 사는 도리를 따지는 성리학을 공부했었는데, 이익의 책을 보고는 백성이 잘 사는 데 도움이 되는 실학에 관심을 갖게 되었습니다.

17 정조는 시묘살이를 하던 정약용에게 책을 보내며 성을 짓는 좋은 방법을 생각해 보라고 했습니다.

> **채정 기준** '성을 짓는 방법을 생각해 보라고 했다.' 등과 비슷한 내용을 썼으면 정답으로 합니다.

18 정약용이 평소 고집이 셌다거나 임금의 명을 거절했다는 내용은 나오지 않습니다.

19 제시된 내용이 설명하는 것은 거중기입니다.

20 글 **5**에 정약용이 서른세 살 때 한 일이 나와 있습니다. 정약용은 암행어사가 되어 지방 관리들이 백성을 잘 다스리는지 알아보고, 잘못한 관리에게는 벌을 주었습니다.

> **채정 기준** 암행어사가 되었다는 내용을 넣어 알맞게 썼으면 정답으로 합니다.

21 정약용은 쉰일곱 살이 되던 해에 지방 관리가 어떤 마음을 가져야 하는지에 대한 내용을 담은 책인 『목민심서』를 펴냈습니다.

22 정약용이 거중기를 만들고 암행어사가 되어 나쁜 짓을 한 관리를 벌 주고, 『목민심서』를 쓴 것은 모두 백성을 위한 일이었습니다.

23 헬렌은 열병이 가라앉고 난 뒤 빛에 아무런 반응을 보이지 않았습니다.

24 헬렌은 시력을 잃고 며칠 뒤 저녁 식사를 알리는 종이 울렸을 때 아무런 반응을 보이지 않았습니다.

채점 기준 '헬렌은 아무것도 알아듣지 못한 것 같았다.', '식탁으로 가지 않았다.' 등의 내용과 비슷하게 썼으면 정답으로 합니다.

25 헬렌이 종소리에 반응하지 않자 엄마께서는 헬렌이 소리를 듣지 못하는 것인지 확인하기 위해 깡통에 돌을 넣은 딸랑이를 헬렌의 귀에 대고 흔드셨습니다.

26 헬렌은 열병을 앓은 뒤에 시력과 청력을 잃었습니다.

27 헬렌은 보지도, 듣지도 못하게 되자 무섭고 절망스러웠을 것입니다.

28 헬렌은 시력과 청력을 잃어 다른 사람들과 의사소통을 할 수 없게 되자, 슬퍼하는 날이 많아지고 성격이 난폭해졌습니다.

29 헬렌의 삶은 설리번 선생님을 만나고 나서 변화했습니다. 그래서 이 글에서는 헬렌의 생애에서 가장 중요한 날을 설리번 선생님을 만난 날이라고 했습니다.

30 헬렌은 처음 만나는 사람에 대한 두려운 마음이 있었을 것입니다.

채점 기준 '낯선 사람이라 무서워서' 등의 내용을 넣어 알맞게 썼으면 정답으로 합니다.

31 설리번 선생님께서는 헬렌의 손이 곧 눈이라는 것을 알아차리고, 이 손을 통해 헬렌에게 새로운 세계를 열어 주고 싶다고 생각하셨습니다.

32 설리번 선생님께서는 헬렌이 직접 물을 만져 보게 하고, 'water'라는 글자를 알려 주면 낱말과 사물의 관계를 실감 나게 이해할 수 있을 것이라고 생각하셨습니다.

33 헬렌은 물을 나타내는 낱말이 'water'라는 것을 알게 되어 세상의 모든 것은 이름을 가지고 있다는 것을 깨달았고, 배움에 대한 열망이 생겼습니다.

34 헬렌은 끊임없이 글쓰기를 연습하여 글자를 통해 자기의 생각을 전할 수 있게 되었습니다.

채점 기준 글자를 통해 자기 생각을 전하려고 헬렌이 한 노력을 알맞게 썼으면 정답으로 합니다.

35 열 살이 된 헬렌은 퍼킨스학교에 있는 동안 장애를 지닌 토미가 학교에 다닐 수 있도록 모금 운동을 했습니다.

36 헬렌은 토미가 학교에 다닐 수 있게 되자 매우 기뻐했습니다.

37 헬렌은 어려운 상황에서도 포기하지 않고 끝까지 노력해서 글을 깨우치고, 말하는 방법을 배웠습니다. 또한 자신도 힘든 상황이지만 더 어려운 상황에 있는 사람을 도와주는 일에 앞장섰습니다.

단원 평가
130~133쪽

01 ③, ④ **02** 예 전 재산을 들여 육지에서 곡식을 사 오게 했고, 그것을 굶주린 사람들에게 나누어 주었다.
03 시하 **04** ㉰ **05** ⑤
06 ⑤ **07** 예 성을 짓는 일에 자주 나오지 않아도 되어 마음 편히 농사를 지을 수 있었다.
08 암행어사 **09** ③ **10** ㉰
11 ⑤ **12** ③ **13** (2) ○
14 ④ **15** ㉯ **16** 예 남을 도우면 큰 기쁨을 누릴 수 있다는 깨달음을 얻었다.
17 지영

독해로 생각 Up **18** ① **19** (3) ○

---

01 김만덕은 육지의 물건을 제주도 사람들에게 팔고, 제주도 특산물을 육지 상인에게 팔아 돈을 벌었습니다.

02 김만덕은 제주도 사람들이 굶어 죽을 위기에 처하자 전 재산을 들여 육지에서 곡식을 사와 사람들에게 나누어 주었습니다.

채점 기준 전 재산을 들여 곡식을 사와 사람들에게 나누어 주었다는 내용을 알맞게 썼으면 정답으로 합니다.

03 제주 목사는 힘들게 모은 재산을 제주도 사람들을 위해 쓴 김만덕이 어진 사람이라고 생각했습니다.

04 양민은 임금을 만날 수 없었다는 것으로 보아 신분 차별이 있었음을 알 수 있습니다.

05 제주도 사람들이 굶어 죽을 위기에 처했을 때, 전 재산을 내놓아 사람들을 도와준 일과 부자가 되어서도 꾸준히 어려운 사람들을 도왔다는 내용을 통해 김만덕은 나눔을 가치 있게 생각했음을 알 수 있습니다.

06 정약용은 성을 쌓을 때 작은 힘으로도 크고 무거운 돌을 옮길 수 있는 방법을 고민했습니다.

07 거중기가 작은 힘으로도 무거운 물건을 들 수 있게 해주어 백성이 성을 짓는 일에 자주 나오지 않아도 되었습니다.

> **채점 기준** '성을 짓는 일에 자주 나오지 않아도 되었다.', '성을 지으면서도 마음 편히 농사를 지을 수 있게 되었다.' 등의 내용과 비슷하게 썼으면 정답으로 합니다.

08 임금을 대신해 지방 관리들이 백성을 잘 다스리는지 알아보는 벼슬은 '암행어사'입니다.

09 정약용이 1818년에 쓴 『목민심서』는 지방 관리가 어떤 마음을 가져야 하는지에 대한 내용을 담은 책입니다.

10 지방 관리가 어떻게 하는지에 따라 백성의 삶이 달라진다고 했으므로 ㉺는 알맞지 않습니다.

> **오답 풀이**
> ㉮ 정약용은 어릴 때 아버지 옆에서 보았던 백성의 어려운 삶이 머릿속에서 떠나지 않았습니다.
> ㉯ 거중기 덕분에 백성이 성을 짓는 일에 자주 나오지 않게 되었지만, 여전히 나갔습니다.

11 정약용은 백성의 어려운 삶을 지켜보면서 백성에게 도움이 되려고 맡은 일을 열심히 했습니다.

12 시각·청각·언어 장애를 지닌 노르웨이의 소녀가 입으로 말하는 법을 배웠다는 소식을 듣고 헬렌도 입으로 말하는 법을 배우게 해 달라고 했습니다.

13 말하기를 배우는 것이 너무 힘들었지만 희망을 버리지 않고 끊임없이 노력했다는 내용을 통해 헬렌이 (2)의 성격을 지녔음을 알 수 있습니다.

14 토미는 부모님이 안 계시고 가난해서 학교에 갈 수 없었습니다.

15 헬렌은 신문사나 여러 사람들에게 토미를 도와 달라는 글을 보내고, 모금 운동을 했습니다. 그리고 자신도 돈을 아껴 모금에 참여했습니다.

16 헬렌은 장애를 지닌 토미가 학교에 다닐 수 있게 돕고 매우 기뻐했습니다.

> **채점 기준** 남을 도우면 큰 기쁨을 누릴 수 있다는 깨달음을 얻었다는 내용을 알맞게 썼으면 정답으로 합니다.

17 헬렌은 어려운 상황에서도 포기하지 않고 노력했고, 자신보다 어려운 상황에 있는 사람을 도와주고 큰 기쁨을 느꼈습니다.

지문 해설 독해로 생각 Up

가 유관순은 <u>1902년 12월 16일</u>, <u>충청남도 천안의 작은</u>
　　　　　　유관순이 태어난 때　　　　　　태어난 곳
마을에서 태어났다. 유관순의 아버지는 대를 이어 그
마을에서 살아온 선비 집안의 후손이었다. 유관순의 집
　　　　자신의 시대에서 여러 시대가 지난 뒤의 자녀.
은 그리 넉넉하지 못했지만, 늘 웃음소리가 끊이지 않
서로 뜻이 맞고 정다운.　　　　　　유관순의 가정 환경
는 화목한 가정이었다.
　　▶ 유관순은 1902년에 충청남도 천안에서 태어났다.

나 1916년에 유관순은 서울 정동에 있는 이화학당에
입학했다. 유관순은 아버지의 가르침을 따라 방학 동안
에는 고향에 내려가 우리글을 모르는 마을 사람들에게
열심히 글을 가르쳤다.
　　▶ 유관순은 1916년에 서울 이화학당에 입학했다.

다 1919년 3월 10일, 일본은 학교를 강제로 닫았다.
그래서 기숙사에 있던 학생들은 뿔뿔이 흩어졌고 유관
순도 고향으로 돌아왔다. (중략) 아우내 장터에 아침이
　　　　　　　　　　　　　　　천안에 있는 장터
밝았다. 새벽부터 장터에 모여든 사람들은 여느때보다
몇 곱절이나 되었다. 독립 만세를 부르려고 모인 사람
어떤 수나 양을 두 번 합한 만큼.
이 대부분이었다.

　오후 1시, 유관순은 많은 사람 앞에서 외쳤다.

「여러분, 반만년의 역사를 지닌 우리 겨레가 불행하
「 」: 독립 만세를 외치는 것에 앞장섬.
게도 일본에 나라를 빼앗겼습니다. 이제 나라를 되찾
아야 합니다. 지금 전국 방방곡곡에서 모두 일어나
독립을 외치고 있습니다. 여러분, 만세를 부릅시다.
대한 독립 만세를!」
순식간에 독립 만세 소리가 온 천지를 뒤흔들었다.
　　　독립 만세를 외치는 사람들이 많았음.
　　▶ 유관순은 1919년 3월, 아우내 장터에서 독립 만세를 불렀다.

라 결국 유관순은 일본 헌병들에게 붙잡혀 끌려갔다. 그리고 일본 헌병대에서 온갖 고문을 당한 뒤에 재판을
숨기고 있는 사실을 강제로 알아내기 위하여 여러 가지 신체적, 정신적 고통을 주며 물음.
받았다. 유관순은 재판을 받을 때 조금도 굽히지 않고
자신의 의견을 꺾고 남을 따르지.
당당했다. 유관순은 3년 형을 받고 감옥에 갇혔지만 우리나라가 독립을 해야 한다는 유관순의 신념은 누구도 꺾을 수 없었다.
▶ 유관순은 일본 헌병대에 끌려가 온갖 고문을 당하고 재판을 받았다.

18 유관순은 아우내 장터에 모인 사람들 앞에 나서서 독립 만세를 외쳤습니다.

19 유관순은 나이가 어렸음에도 나라를 지키기 위해 목숨을 걸고 독립 만세를 외치는 일에 앞장섰습니다.

어휘 마무리 뚝딱
134~135쪽

1 (1) 여의고 (2) 번창해 (3) 해박한
2 (1) 사치스러운 (2) 풍년
3 (1) 꼼꼼히 (2) 가만히 (3) 나날이
4 진우

1 (1) '여의다'는 '부모나 사랑하는 사람이 죽어서 이별하다.'라는 뜻입니다. (2) '번창하다'는 '기세가 크게 일어나 잘 뻗어 나가다.'라는 뜻입니다. (3) '해박하다'는 '여러 방면으로 학식이 넓다.'라는 뜻입니다.

2 (1) '검소하다'는 '사치하지 않고 꾸밈없이 수수하다.'라는 뜻으로 '사치스럽다'와 뜻이 반대됩니다. (2) '흉년'은 '농작물이 예년에 비하여 잘되지 아니하여 굶주리게 된 해.'라는 뜻으로 '풍년'과 뜻이 반대됩니다.

3 끝말의 소리가 '이'로만 나는 경우는 '-이'로 적습니다. 끝말의 소리가 '히'로 나거나 '이'나 '히'로 나는 경우에는 '-히'로 적습니다. '꼼꼼히', '가만히', '나날이'가 올바른 표기입니다.

4 수학을 못하던 동생이 방학 동안 열심히 공부하여 수학 실력이 부쩍 늘었다는 진우의 상황이 '괄목상대'를 활용하기에 알맞습니다.

7단원 독서 감상문을 써요

독해로 교과서 쏙쏙
140~151쪽

독해로 이해 콕

1 세시 풍속 **2** 겨울 **3** 팥죽
4 × **5** 학교 **6** ×
7 ○ **8** 지겟작대기 **9** 이슬
10 × **11** 운동화 **12** ×
13 섬 **14** × **15** 마당
16 ○ **17** × **18** ○
19 할아버지 **20** 바다 **21** ×
22 ○ **23** × **24** 수영

---

01 ③ **02** (1) 책 (2) 생 **03** (1) ④ (2) ②
(3) ④ **04** (1) 예 내가 몰랐던 동지 (2) 예 동지에 관련해 내가 몰랐던 내용을 새롭게 알게 되었기 때문이다. **05** ② **06** ②, ④
07 예 재미가 없어도 학교에 다녀야 한다. **08** (1) ○
09 주영 **10** (2) ○ **11** 새 양말, 새 신발 **12** ⑤ **13** 예 어머니께 죄송하다. **14** (1) 이슬 (2) 학교 **15** 투발루
16 예 바닷물이 불어나서 로자네 집 마당까지 들이닥쳤다.
17 (3) ○ **18** ② **19** ②
20 예 투발루는 수영을 못해서 물이 불어나면 물에 빠져 죽을 것이기 때문이다. **21** ④
22 떠나는 날 **23** 편지 **24** (1) ④ (2) ②
25 ⑤ **26** 예 투발루섬에서 고양이 투발루와 함께 사는 것이다. **27** 서준

---

01 글 **2**에서 '지금 계절이 겨울이므로 겨울 부분부터 읽어 보았습니다.'라고 했습니다.

02 (1)은 책에서 동지에 대해 설명한 내용이고, (2)는 (1)의 내용을 읽고 시후가 생각하거나 느낀 점입니다.

03 ⊙은 책을 읽은 동기, ⓒ은 책에서 동지에 대해 설명한 내용, ⓒ은 책을 읽고 생각하거나 느낀 점입니다.

04 이 글에 어울리는 제목을 생각해 보고, 그렇게 생각한 까닭을 씁니다.
채점 기준 이 글에 어울리는 제목을 쓰고, 그 제목을 붙인 까닭을 알맞게 썼으면 정답으로 합니다.

05 독서 감상문을 쓸 책을 정할 때에는 읽으면서 여러 가지 생각을 한 책이나 새롭게 안 내용이 많은 책을 고릅니다. 또한 독서 감상문에는 책을 읽고 새롭게 알거나 생각한 점과 느낀 점을 쓰고, 그에 대한 까닭도 함께 씁니다.

06 글 **2**에서 '나'는 학교에 왜 안 가느냐고 묻는 어머니께 공부도 재미가 없고 학교 가는 것도 재미가 없다고 대답했습니다.

07 공부도 재미가 없고 학교 가는 것도 재미가 없어 학교 가기 싫다고 말하는 '나'에게 어머니께서는 학교 가는 길을 재촉하시며 "누구든 재미로 학교 다니는 사람은 없다."라고 말씀하셨습니다.

> 채점 기준 재미가 없어도 학교에 다녀야 한다는 내용을 알맞게 썼으면 정답으로 합니다.

08 한 번도 '나'를 때린 적이 없는 어머니께서 지겟작대기를 들고 서 계신 모습을 보고, '나'는 어머니께서 그걸로 말 안 듣는 자신을 때리시려는 줄 알고 낯설고 무섭다고 생각했습니다.

09 글을 읽고 공감할 수 있는 내용 또는 질문이나 생각이 많이 생기는 내용, 기쁨이나 슬픔 등의 감정을 강하게 느낀 부분에서 감동을 느낄 수 있습니다.

10 학교를 가려면 산길을 지나야 하는데, 어머니께서는 학교에 가기 싫어한 '나'를 위해 앞장서서 산길을 걸으며 이슬을 털어 주셨습니다.

> 오답 풀이
> ⑴ 어머니께서는 '나'를 신작로까지 데려다주셨습니다.

11 신작로에 닿자 어머니께서는 품속에서 새 양말과 새 신발을 꺼내 '나'에게 신겨 주셨습니다.

12 어머니께서 학교에 가기 싫어하는 '나'의 마음을 되돌리려고 노력하는 모습에서 아들을 사랑하고 걱정하는 마음을 느낄 수 있습니다.

13 '나'는 어머니께서 학교 가기 싫어하는 아들을 꾸짖는 대신 '나'의 옷이 젖지 않도록 앞장서서 이슬을 터시고, 새 양말과 새 신발을 신겨 주시는 모습에서 어머니의 깊은 사랑을 느꼈을 것입니다. 그래서 자신의 행동을 반성하면서 어머니께 죄송한 마음이 들어 눈물이 날 것 같았던 것입니다.

> 채점 기준 '어머니께 죄송한 마음', '어머니의 사랑을 느끼고 자신의 행동을 반성하는 마음' 등의 내용을 알맞게 썼으면 정답으로 합니다.

14 감동 받은 부분에 대한 생각이나 느낌을 정리할 때에는 감동을 느낀 까닭을 자세히 밝히고, 자신의 경험과 연관 짓거나 다양한 표현을 사용합니다.

15 로자와 고양이 투발루는 아홉 개의 작은 섬으로 이루어진 나라 투발루에 살고 있었습니다.

16 글 **2**에 둥근달이 떠오르는 보름이 되었을 때 로자네 집에 일어난 일이 나와 있습니다.

> 채점 기준 바닷물이 로자네 집 마당까지 들이닥쳤다는 내용을 알맞게 썼으면 정답으로 합니다.

17 로자는 자기 집 마당까지 바닷물이 들이닥친 상황에서 긴장이 되고, 앞일이 걱정되는 마음이 들었을 것입니다. 손톱을 물어뜯은 행동은 이러한 마음이 나타난 것입니다.

18 글 **1**에는 로자와 고양이 투발루가 밥도 같이 먹고, 잠도 같이 자고, 늘 함께하며 행복해하는 내용이 나옵니다. 로자와 고양이 투발루가 다툰 내용(㉯)이나, 로자가 고양이 투발루에게 수영을 배우라고 강요하는 내용(㉰)은 나오지 않습니다.

19 로자의 부모님께서는 투발루섬을 떠나기 싫지만 바닷물이 자꾸 불어나 곧 나라 전체가 물에 잠기게 될 거라서 투발루섬을 떠나야 한다고 말씀하셨습니다.

20 로자의 아빠께서 고양이 투발루를 할아버지께 맡기고 가자고 하자 로자가 고양이 투발루를 데려가야 하는 까닭을 말씀하셨습니다.

> 채점 기준 투발루가 수영을 못해서 물에 빠져 죽을 수 있다는 내용을 알맞게 썼으면 정답으로 합니다.

21 로자는 투발루섬을 떠나기 전날에 섬을 돌아다니면서 어릴 적 일을 추억했고, 고양이 투발루와 그네를 탔던 곳을 찾았습니다.

> 오답 풀이
> ① '친구들이랑 신나게 놀던 곳'을 통해 로자가 친구 없이 혼자 놀았다는 것은 알맞지 않다는 것을 알 수 있습니다.
> ② '저기는 아빠와 같이 공을 차던 곳'을 통해 공놀이를 함께한 대상이 아빠임을 알 수 있습니다.
> ③ '엄마랑 같이 채소를 가꾸던 곳'을 통해 채소를 함께 가꾼 대상이 엄마임을 알 수 있습니다.
> ⑤ '저 야자나무에는 우리 둘이 자주 올라갔었지.'를 통해 로자가 야자나무에 올라가지 못했다는 것은 알맞지 않다는 것을 알 수 있습니다.

22 글 **4**는 투발루를 떠나는 날에 일어난 일을 다루고 있습니다.

23 읽는 사람을 밝히는 '~에게'로 시작하며, 등장인물의 마음을 위로하기에 알맞은 글의 형식은 '편지'입니다.

> **보충 자료** 이 글을 읽고 여러 가지 형식으로 생각이나 느낌을 표현하기 예
> - 투발루섬을 떠나 슬퍼하는 로자를 위로하는 편지를 써서 제 생각을 전하고 싶습니다.
> - 로자가 투발루섬에서 지내며 행복해하는 모습이 인상깊었으므로 그 장면을 만화로 표현하여 오래 기억하고 싶습니다.
> - 이 글을 읽고 떠오른 생각을 일기로 솔직하게 표현하고 싶습니다.

24 고양이 투발루가 사라져 찾아다닐 때에는 불안하고 애타는 마음이었고, 고양이 투발루를 찾지 못한 채 비행기를 탔을 때에는 슬프고 안타까운 마음이었습니다.

25 아빠께서는 창밖으로 작아지는 고양이 투발루를 보며 슬퍼하는 로자에게 "사람들이 환경을 오염시키지 않으면 다시 투발루에 돌아올 수 있을 거야."라고 말씀하셨습니다.

26 글의 마지막 부분에서 로자는 "저는 투발루에서 투발루와 함께 살고 싶어요. 제발 도와주세요!"라고 간절히 빌었습니다.

> **채점 기준** 투발루섬에서 고양이 투발루와 함께 살고 싶다는 내용을 알맞게 썼으면 정답으로 합니다.

27 기영이와 같이 이야기 속 인물의 마음이 궁금하다면 직접 그 인물이 되어 생각이나 느낌을 일기 형식으로 표현하는 것이 좋습니다.

단원 평가

152~155쪽

01 ③　　　**02** 예 학교 도서관에서 책을 고르다가 『세시 풍속』이라는 책을 읽었습니다.　**03** 동지
04 ②　　　**05** (1) ㉠, ㉡, ㉢ (2) ㉣, ㉤
06 (2) ○　　　**07** ①　　　**08** (1) ○
09 ③　　　**10** ②　　　**11** (1) 예 어머니께서 품속에 넣어 온 새 양말과 새 신발을 아들에게 갈아 신기시는 장면에서 감동을 느꼈다.　(2) 예 아들에게 좋은 것만 주고 싶은 어머니의 마음이 느껴졌기 때문이다.
12 (3) ×　　　**13** 예 로자네 가족이 투발루섬을 떠나게 되었다.　　**14** ㉯　　**15** 환경을 오염시키지 말자

독해로 생각 Up　**16** ㉢, ㉣　　**17** 편지

---

01 동지에 대해 새로운 내용을 알았다고 했으므로 제목을 붙인 까닭과 관련해 가장 어울리는 제목은 '내가 몰랐던 동지'입니다.

02 글의 첫 문장에서 『세시 풍속』을 읽은 동기를 설명했습니다.

> **채점 기준** 글의 첫 번째 문장을 알맞게 썼으면 정답으로 합니다.

03 글 ㉯에서 겨울의 세시 풍속 가운데 가장 인상 깊었던 것은 동지의 풍속이라고 했습니다.

04 글쓴이는 동지가 밤이 가장 길고 낮이 가장 짧은 날이라고만 생각했는데 우리 조상은 태양의 기운이 다시 살아나면서 낮이 길어지는 것이라고 생각한 점이 인상 깊었다고 했습니다.

05 ㉠은 책 『세시 풍속』의 전체 내용을 소개하는 부분이고 ㉡, ㉢은 동지의 풍속에 대한 내용입니다. ㉣은 글쓴이가 동지 부분을 읽고 생각한 점이고 ㉤은 책을 다 읽고 난 후의 느낀 점입니다.

06 독서 감상문을 쓴다고 해서 여러 종류의 책을 읽을 수 있는 것은 아니며, 독서 감상문을 쓰면 책을 읽고 느낀 재미나 감동을 다른 사람들과 나눌 수 있습니다.

07 꾸며 주는 말이 많이 쓰였다고 감동을 느낄 수 있는 것은 아닙니다. ②~⑤는 모두 글에서 감동을 느낄 수 있는 부분입니다.

08 어머니께서 신작로까지 데려다주겠다고 하셨고, 신작로에 닿았을 때 '나'와 어머니 모두 옷이 흠뻑 젖어 있었습니다.

09 '나'는 지겟작대기를 들고 서 계신 어머니를 보고 말 안 듣는 자신을 때리려는 줄 알았지만, 어머니께서는 지겟작대기로 산길의 이슬을 털어 내셨습니다.

10 '나'는 어머니의 깊은 사랑을 느끼고 어머니를 걱정시켰던 자신의 행동을 반성하며 어머니께 죄송한 마음이 들었습니다. 그래서 앞으로 학교에 혼자서 가겠다고 말한 것입니다.

11 인물의 행동, 인물의 마음에서 인상 깊은 부분을 찾아 감동받은 부분을 쓰고, 그 까닭도 자세하게 씁니다.

> **채점 기준** 감동받은 부분과 그 까닭을 모두 알맞게 썼으면 정답으로 합니다.

12 로자가 고양이 투발루를 찾으려고 깊은 숲으로 들어가려 하자 아빠께서 비행기에 탈 시간이 다 되었다며 로자를 안아 올리셨습니다.

13 바닷물이 자꾸 불어나 투발루섬이 물에 잠기게 되자 로자네 가족은 어쩔 수 없이 투발루섬을 떠나게 되었습니다.

채점 기준 로자네 가족이 투발루섬을 떠나게 되었다는 내용을 알맞게 썼으면 정답으로 합니다.

14 로자는 창밖으로 작아지는 고양이 투발루를 보면서 "투발루에게 수영을 가르칠 걸 그랬어!"라고 말하며 그 일을 후회했습니다.

15 로자의 바람이 이루어지려면 로자가 투발루섬으로 돌아와야 하고, 그러려면 사람들이 환경을 오염시키지 않아야 합니다.

"명확히 대답을 해 주셔야지요."

장복이의 응석에 나리는 다시 한번 꼬집어 말하였다.

<sub 설명> 어른들이 귀여워해 주는 것을 믿고 마구 조르거나 버릇없이 구는 일.

"스스로의 가치는 스스로가 매기는 거야. 다른 사람

<sub 설명> 일정한 기준에 따라 값, 등급, 순서를 매기는.

에게 맡길 것이 아닌 거야." ▶ 나리는 스스로의 가치는
스스로 매기는 것이니 스스로 쓰임새를 찾아야 한다고 했다.

16 제시된 글쓴이의 생각이 잘 드러나 있는 표현은 ㉢, ㉣입니다.

17 제시된 내용은 글 **가**의 나리가 한 말에서 궁금한 점을 편지 형식으로 표현한 글입니다.

지문 해설 독해로 생각 Up

기와 조각과 똥 덩어리 원작 박지원 / 글 강민경

가 창대의 질문에 나리는 기다렸다는 듯이 대답했다.
글쓴이의 생각을 대신하여 전하는 인물

"나는 시골의 삼류 선비지만, 중국의 제일가는 경치
어느 분야에서 수준이나 지위가 가장 낮은 부류.

는 저 기와 조각과 똥 덩어리라고 말하고 싶구나."
나리가 중국에서 가장 인상 깊게 본 것

▶ 나리는 중국에서 제일가는 경치가 기와 조각과 똥 덩어리라고 했다.

나 "깨진 기와 조각은 천하에 쓸모없는 물건이다. 그

러나 백성들의 집에 담을 쌓을 때 깨진 기와 조각을
깨진 기와 조각이 쓸모 있게 사용되는 때

둘씩 짝을 지어 물결무늬를 만들기도 하고, 혹은 네

조각을 모아 쇠사슬 모양이나 엽전 모양을 만들지 않

느냐? 깨진 기와 조각도 알뜰하게 사용했기에 천하

의 고운 빛깔을 다 낼 수 있었던 것이다."

▶ 쓸모없어 보이는 깨진 기와 조각도 담을 쌓을 때 쓸모 있게 사용된다.

다 "똥오줌을 생각해 보아라. 세상에 둘도 없이 더러
똥오줌이 쓸모 있게 사용되는 때

운 것들이다. 하지만 거름으로 쓸 때는 한 덩어리라
식물이 잘 자라도록 땅에 뿌리거나 섞는 물질.

도 흘릴까 하여 조심하고, 말똥을 모으려 삼태기
가는 대나무나 짚 등으로 엮어 거름 등을 나르는 데 쓰는 도구.

들고 말 꽁무니를 따라다니기도 하지 않느냐."

▶ 더러운 똥오줌도 거름으로 쓸 때 쓸모 있게 사용된다.

라 "똥과 기와 조각은 사람의 손길에 따라 쓰임새가

정해지기도 하고, 버려지기도 하는 거다. 사람으로

태어나서 어찌 다른 사람의 손길만 기다리겠느냐? 스

스로 쓰임새를 찾는다면 어찌 똥오줌이나 깨진 기와

조각의 쓰임새에 비하겠으며, 그렇지 못하다면 그야
스스로 쓰임새를 찾지 못한다면

말로 길거리에 굴러다니는 개똥보다 못할 것이니라."

"에이, 그게 뭡니까? 맞으면 맞는다, 아니면 아니다

어휘 마무리 뚝딱 156~157쪽

1 (1) ㉮ (2) ㉰ (3) ㉯

2 (1) 힘드셨는지 (2) 절실히 (3) 걷다

3 (1) 한가운데 (2) 한밤중

4 (3) ○

---

1 (1) '작은 사람이 넋이 나간 듯이 가만히 한자리에 서 있거나 앉아 있는 모양.'이라는 뜻의 '오도카니'가 알맞습니다. (2) '작은 열매 따위가 많이 매달려 있는 모양.'이라는 뜻의 '조롱조롱'이 알맞습니다. (3) '서로 옳으니 그르니 하며 다투는 모양.'이라는 뜻의 '옥신각신'이 알맞습니다.

2 (1) '고되다'는 '하는 일이 힘에 겨워 고단하다.'라는 뜻으로, '힘이 쓰이는 면이 있다.'라는 뜻의 '힘들다'와 바꾸어 쓸 수 있습니다. (2) '간절히'는 '마음속에서 우러나와 바라는 정도가 매우 절실하다.'라는 뜻으로, '느낌이나 생각이 뼈저리게 강렬한 상태에 있다.'라는 뜻의 '절실히'와 바꾸어 쓸 수 있습니다. (3) '거닐다'는 '가까운 거리를 이리저리 한가로이 걷다.'라는 뜻으로, '걷다'와 바꾸어 쓸 수 있습니다.

3 '가운데'에 '한-'을 붙여 '한가운데'로, '밤중'에 '한-'을 붙여 '한밤중'으로 바꾸어 씁니다.

4 (1) 보잘것없는 집안에 매우 좋은 일이 생기게 된 경우를 비유적으로 이르는 말입니다. (2) 사람이 몹시 쌀쌀맞고 냉정한 경우를 비유적으로 이르는 말입니다.

독해로 교과서 쏙쏙

162~167쪽

독해로 이해 콕

1 당나귀 **2** 농부 **3** 외나무다리
4 × **5** 독서 **6** ○
7 여러 **8** 준우 **9** 문화재
10 고인돌 **11** ○ **12** 보존

01 (2) ○ **02** (1) ⓘ (2) ㉮ **03** ④
04 ⑤ **05** ⓓ 귀한 당나귀를 잃고 말았다.
06 주헌 **07** 여러 분야의 책을 읽는 것
08 (1) ○ **09** ④ **10** ⓓ 한 분야의
책만 읽게 된다. / 한 가지 문제만 생각해 다양한 사고를
할 수 없다. **11** ⓓ 문화재를 개방해야 한다.
12 ⓓ **13** 지수 **14** ⑤

---

01 농부는 아버지와 아이가 당나귀를 끌고 땀을 뻘뻘 흘리며 시장에 가는 모습을 보고, 당나귀를 타고 가면 될 것이라는 의견을 말했습니다.

> **보충 자료** '메다'와 소리가 비슷한 낱말 '매다'
> • 끈이나 줄 따위의 두 끝을 잡아당기어 풀어지지 아니하게 마디를 만들다. ⓓ 신발 끈을 <u>매다</u>.
> • 달아나지 못하도록 고정된 것에 끈이나 줄 따위로 묶다. ⓓ 소를 말뚝에 <u>매다</u>.

02 노인은 아버지는 걷게 하고 아이만 당나귀를 탄 것을 보고 버릇없다고 하며 아이 대신 아버지가 당나귀를 타고 가야 한다고 말했습니다. 아낙은 더운 날씨에 아이만 걷게 한 것을 두고 둘 다 당나귀를 타고 가야 한다고 말했습니다.

03 아버지와 아이를 태운 당나귀가 비틀비틀 걷는 모습을 본 청년이 자기라면 불쌍한 당나귀를 메고 가겠다고 말하자, 아버지와 아이는 '그래, 이대로 가다가는 시장에 가기도 전에 당나귀가 지쳐 쓰러져 버릴 거야.'라고 생각하며 당나귀를 메고 갔습니다.

04 아버지와 아이는 당나귀를 타고 가는 것에 대한 농부, 노인, 아낙, 청년의 의견을 듣고 그 의견이 적절한지 그렇지 않은지 판단하지 않은 채 그대로 따르며 행동을 바꾸었습니다.

05 다른 사람의 말을 듣고 생각 없이 행동을 바꾸던 아버지와 아이는 결국 청년의 의견에 따라 당나귀를 메고 가다 놓쳐서 강물에 빠뜨리고 말았습니다.

> **채점 기준** 당나귀를 잃었다는 내용을 알맞게 썼으면 정답으로 합니다.

06 주제와 관련 없는 의견은 뒷받침 내용이 믿을 만하다 해도 적절하다고 볼 수 없기 때문에 주헌이의 판단은 알맞지 않습니다.

> **오답 풀이**
> 바람직한 독서 방법을 주제로 할 때에는 책 읽는 방법이나 태도와 관련된 내용을 써야 하므로 수아와 민우의 판단은 알맞습니다.

07 민서는 첫 번째 문장에서 바람직한 독서 방법은 여러 분야의 책을 읽는 것이라는 의견을 쓰고, 이어서 뒷받침 내용을 두 가지 제시했습니다.

08 ㉠은 민서의 의견에 대한 뒷받침 내용입니다. 제시된 내용은 ㉠이 믿을 만한지를 기준으로 판단한 내용입니다.

09 준우가 첫 번째 문장에서 제시한 의견은 '바람직한 독서 방법'이라는 주제와 관련이 있습니다. 뒤이어 제시한 뒷받침 내용들은 모두 준우의 의견과 관련이 있으며, 믿을 만한 사실이라고 판단할 수 있습니다.

10 준우의 의견대로 자신이 좋아하는 분야의 책만 읽고 다른 분야의 책은 전혀 읽지 않는다면 다양한 사고를 할 수 없게 될 것입니다.

> **채점 기준** 자신이 좋아하는 책만 읽었을 때에 생길 수 있는 문제점을 알맞게 썼으면 정답으로 합니다.

11 글의 첫 번째 문장에서 글쓴이는 문화재를 개방해야 한다는 의견을 제시했습니다.

> **채점 기준** 문화재를 개방해야 한다는 내용을 알맞게 썼으면 정답으로 합니다.

12 글쓴이는 자신의 의견을 뒷받침하기 위해 글 **1** 에서 ㉮의 내용을, 글 **2** 에서 ㉯의 내용을, 글 **3** 에서 ㉰의 내용을 제시했습니다.

> **오답 풀이**
> ㉰ 글 **1** 에서 ㉮를 말하며 누리집과 도서관을 이용한 글쓴이의 경험을 제시했지만, 의견을 뒷받침하는 내용은 아닙니다.

13 지수는 글쓴이의 의견이 적절하지 않다고 평가하고, 태형이는 글쓴이의 의견이 적절하다고 평가하여 각각 그 까닭을 밝히고 있습니다.

14 의견이 드러나는 글을 읽을 때에는 주제와 의견의 관련성, 의견과 뒷받침 내용의 관련성, 뒷받침 내용의 사실 여부 따위를 확인해야 합니다.

바른답·알찬풀이

단원 평가

01 아낙　　　　02 (3) ○　　　　03 ④

04 예 적절하지 않다. 다른 사람의 의견을 받아들이기 전에 그 의견이 적절한지 판단해 보지 않았기 때문이다.

05 ④　　　　06 ⑤　　　　07 예 주제와 관련이 없다. 바람직한 독서 방법은 책을 읽는 방법이나 태도와 관련된 내용이어야 하기 때문이다.　08 ④

09 ⑤　　　　10 (2) ○　　　　11 문제 등

12 개방　　　　13 ②　　　　14 ⑤

15 예 글쓴이의 의견은 적절하다. 문화재는 예전에 살았던 사람들의 모습이 담긴 것이기 때문에 관람객이 직접 체험해야 더 가치 있기 때문이다.　　　16 ②

독해로 생각 Up　17 ④　　18 (1) ○

---

01 아낙이 아버지 혼자 당나귀를 타고 가는 모습을 보고 아이도 함께 태워야 한다고 말하자, 아버지와 아이는 아낙의 말대로 했습니다.

02 글 ㉮에서 아버지는 농부의 의견을 듣고 당나귀는 원래 짐을 싣거나 사람을 태우는 동물이라고 생각을 하며 아이를 당나귀에 태웠습니다.

03 글 ㉰에서 아버지와 아이가 당나귀를 어깨에 메고 외나무다리를 건너다가 당나귀를 놓치는 바람에 결국 당나귀가 강에 빠져 물살에 떠내려갔습니다.

04 아버지와 아이가 다른 사람의 의견을 듣고 어떻게 행동했는지 생각해 본 뒤에 그것이 적절한지, 그렇게 생각한 까닭은 무엇인지 씁니다.

> **채점 기준** 아버지의 아이의 행동이 적절하지 않다고 판단하고, 그렇게 생각한 까닭을 알맞게 썼으면 정답으로 합니다.

05 사람마다 생각이 다를 수 있으므로, 그 가운데에서 더 나은 의견을 선택하여 문제를 해결하기 위해 의견이 적절한지 판단해야 합니다.

06 글쓴이는 첫 번째 문장에서 바람직한 독서 방법은 도서관의 편의 시설을 늘리는 것이라는 의견을 제시했습니다.

> **보충 자료** '늘리다'와 '늘이다'
> • 늘리다: 수나 분량 따위를 본디보다 많아지게 하거나 무게를 더 나가게 하다. 예 학생 수를 늘리다.
> • 늘이다: 본디보다 더 길어지게 하다. 예 고무줄을 늘이다.

07 글쓴이는 '바람직한 독서 방법'이라는 글의 주제에 대해 책을 읽는 방법이나 태도에 대한 내용이 아닌 도서관의 편의 시설을 늘리자는 의견을 제시했습니다. 이 의견은 주제와 관련이 없습니다.

> **채점 기준** 예시 답안의 내용과 비슷한 까닭을 들어 의견이 주제와 관련이 없다고 알맞게 썼으면 정답으로 합니다.

08 ㉠은 '여러 분야의 책을 읽어야 한다.'는 글쓴이의 의견과 관련이 있습니다. 그렇지만 ㉡의 한 분야의 책만 읽으면 시력이 나빠진다는 내용은 글쓴이의 의견과 관련이 없습니다.

> **오답 풀이**
> ① 학교에서는 여러 분야를 공부하므로 여러 분야의 책을 읽어서 미리 공부하거나 더 깊게 알게 되면 학교 공부에 도움이 되기 때문에 믿을 만한 내용입니다.
> ②, ③ ㉡은 민서의 개인적인 경험일 뿐 그렇지 않다고 생각하는 사람도 많기 때문에 믿을 만하지 못하다고 판단하는 것이 알맞습니다.
> ⑤ ㉠, ㉡은 글쓴이가 자신의 의견에 대해 제시한 두 가지 뒷받침 내용입니다.

09 의견을 뒷받침하는 내용이 사실이며 믿을 만한지 살펴볼 때에는 책, 누리집, 전문가 의견, 전문 자료 등을 활용할 수 있습니다. ⑤는 뒷받침 내용이 믿을 만한지 알아보는 방법으로 알맞지 않습니다.

10 글의 첫 번째 문장에 '바람직한 독서 방법'에 대한 글쓴이의 의견이 나와 있습니다.

11 글쓴이의 의견대로 하면 좋아하는 책이 없는 경우에는 책을 읽지 않아야 한다고 생각할 수 있고, 한 가지 문제만 생각해 다양한 사고를 할 수 없는 등의 문제가 생길 수 있기 때문에 적절한 의견이라고 볼 수 없습니다.

> **보충 자료** 글쓴이의 의견을 따랐을 때 생길 수 있는 문제점
> • 좋아하는 책이 없을 경우에는 책을 읽지 않아야 한다고 생각할 수 있습니다.
> • 좋아하는 책만 읽으면 관심 없는 분야는 전혀 알 수 없습니다.
> • 자신이 좋아하는 분야의 책만 읽어야겠다고 생각하면 다른 분야의 책은 전혀 읽지 않게 됩니다.

12 이 글은 '문화재를 개방해야 하는가'를 주제로 글쓴이의 의견을 쓴 글입니다.

13 문화재를 개방해야 문화재 훼손을 막을 수 있다는 뒷받침 내용 뒤에 '20○○년 7월 ○○일 신문 기사를 보니'가 이어지는 것으로 보아, 글쓴이가 사용한 자료의 출처는 신문 기사입니다.

14 마지막 문단에 제시한 세 번째 뒷받침 내용은 문화재를 개방하면 자신이 체험한 문화재를 보호하려고 노력하는 사람이 늘어날 것이라는 것입니다.

15 먼저 '문화재를 개방해야 한다'는 글쓴이의 의견이 적절한지 판단해 보고, 문화재를 보호하는 방법을 떠올려 자신의 생각을 씁니다.

> **채점 기준** '문화재를 개방해야 한다'는 글쓴이의 의견에 대한 자신의 생각을 그 까닭과 함께 알맞게 썼으면 정답으로 합니다.

16 의견이 새롭고 재미있는가는 의견의 적절성을 평가하는 기준으로 알맞지 않습니다.

지문 해설 **독해로 생각 Up**

인공 지능 개발에 따른 위험 황연성

1 앞으로 인공 지능은 우리의 삶 곳곳에 영향을 미칠 것입니다. 그런 미래는 편리함이라는 빛만큼이나 위험
_{인공 지능의 좋은 점}
하고 어두운 그림자 또한 있을 것이라고 생각합니다.
_{인공 지능 개발의 위험성}
그러므로 인공 지능이 일으킬 위험을 막을 방법도 생각
_{글쓴이의 의견}
해야 합니다.
▶ 인공 지능이 일으킬 위험을 막을 방법을 생각해야 합니다.

2 첫째, 인공 지능을 가졌느냐 아니냐에 따라 부자는 더 부자가 되고 가난한 사람은 더욱 가난해질 것입니다. 이로써 사회적 · 경제적 불평등은 더욱 심해질 것입
_{인공 지능이 일으킬 위험 ①}
니다.
▶ 인공 지능으로 사회적·경제적 불평등이 심해질 것입니다.

3 둘째, 힘이 강한 나라나 집단이 힘이 약한 나라나
_{인공 지능이 일으킬 위험 ②}
사람들을 지배할 수도 있습니다. 인공 지능이 발달하면 힘 있는 사람들의 지배력이 지금과 비교가 안 될 정도로 강해질 것입니다. 즉 나라 사이에 새로운 지배 관계가 생길 위험이 매우 크다고 생각합니다.
▶ 힘이 강한 나라나 집단이 힘이 약한 나라나 사람들을 지배할 수도 있습니다.

4 셋째, 지금보다 더 발달한 인공 지능이 등장하면
_{인공 지능이 일으킬 위험 ③}
인간은 인공 지능에게 지배를 받게 될지도 모릅니다. 인공 지능은 인간보다 뛰어난 지적 능력이 있으면서 인
_{지식이나 지성에 관한 것.}
간에게 있는 문제점은 없습니다. 인공 지능에게 독립성이 생긴다면 인공 지능은 인간의 통제에서 벗어나고 끝
_{매우 슬프고 비참한 일.}
내 인간 사회는 비극을 맞게 될 것입니다.
▶ 인간이 인공 지능에게 지배를 받게 될지도 모릅니다.

5 세계적인 학자들이 공개한 '인공 지능에게 보내는
_{글쓴이의 의견을 다시 한번 강조함.}
공개편지'에는 우리 사회가 인공 지능으로 엄청난 이득을 얻을 수도 있지만, 인공 지능에 숨어 있는 위험을 막을 방법을 깊이 연구해야 한다는 내용이 담겨 있습니다. 인간이 편리함에 눈이 멀어 인공 지능을 계속 개발한다면 인간은 스스로에게 덫을 놓는 실수를 저지르게 될지도 모릅니다. ▶ 인공 지능의 위험을 막을 방법을 연구해야 합니다.

17 글쓴이는 글 **1** 에서 인공 지능이 일으킬 위험을 알고 그를 막을 방법을 생각해야 한다는 의견을 제시하고, 글 **2**~**4**에 의견을 뒷받침하는 내용을 제시했습니다.

18 뒷받침 내용들은 모두 주제와 관련 있습니다. 또한 세계적인 학자들의 의견을 인용하고 있으므로 출처가 글쓴이의 개인적인 경험이라고 볼 수 없습니다.

어휘 마무리 뚝딱   172~173쪽

1 (1) ㉲ (2) ㉰ (3) ㉤
2 (3) ○
3 (1) 등 (2) 고깔모자 (3) 가장자리
4 서율

---

1 (1) '호통'은 '몹시 화가 나서 크게 소리 지르거나 꾸짖음. 또는 그 소리.', (2) '분야'는 '여러 갈래로 나누어진 범위나 부분.', (3) '훼손'은 '헐거나 깨뜨려 못 쓰게 만듦.'이라는 뜻입니다.

2 제시된 문장에서 '부치다'는 '어떤 일을 하기에 힘이나 능력 등이 부족하다.'의 뜻으로 쓰였고, 이와 같은 뜻으로 쓰인 것은 (3)입니다. (1)에서는 '편지나 물건 따위를 일정한 수단이나 방법을 써서 상대에게로 보내다.', (2)에서는 '프라이팬 따위에 기름을 바르고 빈대떡, 전, 전병 따위의 음식을 익혀서 만들다.'의 뜻으로 쓰였습니다.

3 '등', '고깔모자', '가장자리'는 표준어이고, '등어리', '꼬깔모자', '가생이'는 각 낱말의 방언입니다.

4 「당나귀를 팔러 간 아버지와 아이」에서 아버지와 아이는 자기 생각이나 주장 없이 경솔하게 남의 의견에 따라 행동했으므로 '부화뇌동'을 사용하기에 알맞습니다.

바른답·알찬풀이

독해로 교과서 쏙쏙

178~185쪽

독해로 이해 콕

1 지하 주차장   **2** ×   **3** ○
4 ×   **5** ○   **6** 쑥
7 ×   **8** 아버지   **9** ○
10 망둥 할멈   **11** ×   **12** 용
13 낚싯대   **14** ×   **15** 눈
16 병어

---

01 (1) 주차장 (2) 차   **02** 예 차를 어디에 세워 놨는지 기억나지 않아서 이리저리 찾아다니셨기 때문이다.
03 ②, ③   **04** (3) ○   **05** 태훈
06 ⑤   **07** 쑥개떡   **08** 예 자신의 병원비에 쓸 돈을 동숙이에게 주며 달걀을 사 오라고 하셨다.
09 현지   **10** ④   **11** 예 먹을 것을 잔뜩 준비하고, 꼴뚜기, 메기, 병어 정승들을 불러 반갑게 맞이했다.   **12** (3) ○   **13** (1) ⓝ (2) ㉮
14 ㉡   **15** ②   **16** 예 너무 화가 나서 넓적 가자미의 뺨을 때렸다.   **17** (2) ○
18 (1) ㉯ (2) ㉮   **19** ㉮, ㉡, ㉯

---

01 아빠께서 지하 주차장에서 차를 가지고 나오시는 데 한참이 걸린 일을 쓴 시입니다.

02 아빠께서는 차를 어디에 세워 놨는지 기억나지 않아 지하 주차장을 헤매고 다니셨습니다.
> **채점 기준** 차를 세워 둔 곳이 어디인지 기억나지 않아서 이리저리 찾아다니셨기 때문이라는 내용과 비슷하게 썼으면 정답으로 합니다.

03 기다리고 있을 아이가 걱정되고 빨리 차를 찾아야 한다는 생각에 다급한 마음이 들었을 것입니다.
> **오답 풀이**
> ① '귀찮다'는 마음에 들지 않아 괴로울 때의 마음입니다.
> ④ '지루하다'는 시간이 오래 걸리거나 같은 상태가 오래 계속되어 따분하고 싫증이 나는 마음입니다.
> ⑤ '자랑스럽다'는 남에게 드러내어 뽐낼 만한 데가 있을 때의 마음입니다.

04 아이는 책에 나오는 인물을 만났다는 아빠의 이야기가 말이 안 돼서 변명이라고 생각했습니다.

05 작가가 쓴 다른 시를 찾아보는 것은 시를 읽고 느낌을 표현하는 방법이 아닙니다.

06 동숙이는 소풍날 달걀이 들어간 김밥을 싸 달라고 어머니께 투정을 부렸습니다.

07 어머니께서는 소풍날 선생님의 도시락을 싸야 한다고 말하는 동숙이에게 김밥이 아닌 쑥개떡을 싸 주겠다고 하셨습니다.

08 장면 **3**에서 아버지께서 동숙이를 위해 하신 일을 알 수 있습니다.
> **채점 기준** 동숙이에게 병원비에 쓸 돈으로 달걀을 사 오라고 하셨다는 내용을 알맞게 썼으면 정답으로 합니다.

09 달걀이 들어간 김밥이 먹고 싶은 마음에 선생님 도시락을 싸 가겠다고 했는데, 어머니께서 쑥개떡을 싸 주신다고 하자 동숙이는 속상한 마음이 들었을 것입니다.

10 멸치 대왕은 자기가 꾼 꿈의 의미가 궁금해서 넓적 가자미에게 망둥 할멈을 데려오라고 했습니다.
> **오답 풀이**
> ② 먹을 것을 준비하고 정승들을 부르며 망둥 할멈을 대접한 것은 맞지만, 이를 위해 멸치 대왕이 망둥 할멈을 데려오라고 한 것은 아닙니다.

11 멸치 대왕은 망둥 할멈을 위해 먹을 것을 잔뜩 준비하고, 꼴뚜기, 메기, 병어 정승들을 불렀습니다.
> **채점 기준** 먹을 것을 준비하고, 정승들을 불러 반갑게 맞이했다는 내용을 알맞게 썼으면 정답으로 합니다.

12 넓적 가자미는 자신이 힘들게 망둥 할멈을 데려왔는데, 멸치 대왕이 알은척도 하지 않고 먹을 것도 주지 않자 화가 나서 토라져 버렸습니다.

13 망둥 할멈은 멸치 대왕의 꿈 이야기를 듣고는 멸치 대왕이 용이 될 꿈이라고 풀이했습니다.

14 멸치 대왕은 망둥 할멈의 꿈풀이를 듣고 기분이 좋아 덩실덩실 춤을 추었습니다.

15 넓적 가자미는 멸치 대왕의 꿈이 큰 변을 당하게 될, 아주 나쁜 꿈이라고 풀이했습니다.

16 멸치 대왕은 넓적 가자미가 꿈풀이를 나쁘게 하자 화가 나서 넓적 가자미의 뺨을 때렸습니다.

채점 기준 멸치 대왕이 화가 나서 넓적 가자미의 뺨을 때렸다는 내용을 알맞게 썼으면 정답으로 합니다.

17 꼴뚜기는 멸치 대왕에게 뺨을 맞아 눈이 한쪽으로 몰려 버린 넓적 가자미를 보고, 자기도 뺨을 맞을까 봐 겁이 나서 자기의 눈을 떼어서 엉덩이에 붙여 버렸습니다.

18 망둥 할멈은 멸치 대왕의 꿈풀이를 좋게 한 것으로 보아 윗사람에게 아부를 잘하는 성격임을 알 수 있습니다. 넓적 가자미는 삐쳐서 멸치 대왕의 꿈풀이를 나쁘게 한 것으로 보아 속이 좁은 성격임을 알 수 있습니다.

19 이야기를 읽고 다른 사람에게 실감 나게 들려줄 때에는 이야기를 들려줄 사람이 누구인지 정하고, 이야기에서 강조하고 싶은 부분이 어디인지 생각해 봅니다. 그런 다음 인물의 특성을 살려 생생하게 이야기를 표현합니다.

단원 평가

186~189쪽

01 ⑤　　　　02 ⑳ 아빠를 기다리다가 지친 마음 / 아빠께서 빨리 오시기를 바라는 마음　　03 ⓝ, ㉮, ⓓ
04 간달프　　　05 (1) ×　　　06 ③
07 (1) 달걀 (2) 김밥　　08 ②　　　09 (1) ㉮ (2) ⓝ
10 ⑳ 동숙이에게 김밥을 주고 싶으셨기 때문이다.
11 재민　　　　12 ⑳ 용이 되어 하늘을 날아다니고, 날씨를 마음대로 다스리게 되는 꿈이라고 풀이했다.
13 (1) ㉮ (2) ⓝ　　14 ④, ⑤　　　15 지우

독해로 생각 Up
16 ③　　　　　　17 (2) ○

---

01 아빠께서는 지하 주차장에서 차를 어디에 두었는지 기억나지 않아 이리저리 찾아다니셨습니다.

02 지하 주차장으로 차 가지러 내려가신 아빠를 오랫동안 기다린 아이의 마음을 짐작해 봅니다.

채점 기준 '아빠를 기다리다 지친 마음', '아빠께서 빨리 오시기를 바라는 마음' 등의 내용과 비슷하게 썼으면 정답으로 합니다.

03 아빠께서는 지하로 가는 계단을 계속 내려갔더니 깊은 동굴 속으로 떨어졌고, 호빗이 사는 마을에까지 갔다고 하셨습니다.

04 아빠께서는 아이에게 주차장에서 늦게 나온 까닭을 말씀하셨는데, 주차장에서 책에 나오는 인물인 흰머리 간달프를 만났다고 하셨습니다.

05 ⑴은 아빠가 아닌 아이를 면담하기 위한 물음으로 알맞습니다.

06 시의 느낌을 생생하게 떠올리기 위해서 시 속 인물이 되어 보기, 시에 나오는 장면을 떠올리기, 시에 나오는 인물에게 묻고 싶은 물음을 만들기, 시에 나오는 인물과 자신의 경험을 비교해 보기 등을 할 수 있습니다.

07 동숙이는 소풍날 달걀이 들어간 김밥을 가져가고 싶어 했습니다.

08 동숙이는 김밥을 싸 가고 싶은 마음에 선생님 도시락을 싸 가야 한다고 어머니께 말씀드렸습니다.

09 ㉠에서는 쑥을 팔아 달걀을 사려고 하지만 아무도 쑥을 사 주지 않아서 속상한 마음이 들었을 것입니다. ㉡에서는 김밥을 나누어 준 친구에게 고마운 마음이 들었을 것입니다.

10 자기 것만 김밥 도시락인 사정을 안 선생님께서는 동숙이가 안쓰러운 마음에 배탈이 났다고 하시며 동숙이에게 자신의 김밥을 건네주셨습니다.

채점 기준 동숙이에게 김밥을 주기 위해서였다는 내용을 알맞게 썼으면 정답으로 합니다.

11 동숙이는 집안 사정 때문에 김밥을 싸 주지 못하는 어머니께 투정을 부렸으므로 재민이와 같이 생각하는 것이 알맞습니다.

오답 풀이
동숙이는 달걀을 사려고 쑥을 팔러 간 것이지 어머니를 도우려고 한 것은 아닙니다.

12 망둥 할멈은 멸치 대왕의 꿈이 용이 될 꿈이라고 했습니다.

채점 기준 '용이 될 꿈', '용이 되어 하늘을 날아다니는 꿈' 등의 내용을 넣어 알맞게 썼으면 정답으로 합니다.

13 ㉮는 (1)의 상황에서 망둥 할멈이 할 말로 알맞고, ㉯는 (2)의 상황에서 넓적 가자미가 할 말로 알맞습니다.

14 멸치 대왕은 망둥 할멈의 꿈풀이를 듣고 기분이 좋아 덩실덩실 춤을 추었다가 넓적 가자미가 꿈풀이를 나쁘게 하자 화가 나 얼굴이 점점 붉어졌고, 넓적 가자미의 뺨을 때렸습니다. 이로 보아 멸치 대왕은 화를 참지 못하고 기분이 쉽게 변하는 성격임을 알 수 있습니다.

15 멸치 대왕이 넓적 가자미의 뺨을 때리자 망둥 할멈은 눈이 튀어나올 정도로 매우 놀랐습니다. 따라서 망둥 할멈이 놀라는 모습을 큰 동작으로 표현하는 것이 실감 납니다.

> **오답 풀이**
> 가자미의 꿈풀이를 들은 멸치 대왕은 매우 화가 났으므로 큰 목소리로 말하는 것이 실감 납니다.

지문 해설 독해로 생각 Up

기계를 더 믿어요 한상순

시장에 간 우리 고모

물건 사고 「아주머니가 돌려주는

거스름돈,
└ 치러야 할 돈을 빼고 도로 주거나 받는 돈.
꼭 세어 보아요」
「 」: 아주머니가 돈을 잘못 줄 수 있다고 생각하시는 고모의 행동

은행에 간 고모

「현금 지급기가
└ 계좌에서 현금을 찾을 수 있게 만든 기계.
'달깍' 내미는 돈

세어 보지도 않고
기계에서 나온 돈은 확인하시지 않음.
지갑에 얼른 넣는 거 있죠?」
「 」: 기계는 틀리지 않을 것이라고 생각하시는 고모의 행동

고모도 참
기계를 더 믿으시는 고모의 행동을 문제라고 봄.

16 시장에서 고모는 아주머니에게 받은 거스름돈이 맞는지 확인하려고 거스름돈을 세어 보셨습니다.

17 고모는 사람이 주는 거스름돈은 다시 한번 확인했지만 기계에서 나오는 돈은 확인하지 않으셨습니다. 이는 사람보다 기계를 더 믿기 때문에 하는 행동입니다.

> **오답 풀이**
> (1) 고모께서 시장에서 물건 사고 받은 거스름돈을 세어 보신 것은 수학을 못해서가 아니라 아주머니가 잘못 줄 수 있다고 생각하시기 때문입니다.
> (3) 고모께서 시장보다 마트를 더 좋아하시는 것 같다는 내용은 나와 있지 않습니다.

어휘 마무리 뚝딱 190~191쪽

> **1** (1) ㉮ (2) ㉰ (3) ㉯
> **2** (1) 절약하여 (2) 삐치어
> **3** (1) 말한 대로 (2) 나뿐이었다 (3) 원하는 만큼
> **4** 라영

1 (1) '헛디디다'는 '발을 잘못 디디다.'라는 뜻입니다. (2) '나무라다'는 '잘못을 꾸짖어 잘 알아듣게 말하다.'라는 뜻입니다. (3) '헤매다'는 '갈 바를 몰라 이리저리 돌아다니다.'라는 뜻입니다.

2 (1) '아끼다'는 '물건이나 돈, 시간 따위를 함부로 쓰지 아니하다.'라는 뜻으로 '절약하다'와 뜻이 비슷합니다. (2) '토라지다'는 '마음에 들지 않아 불만스러워서 싹 돌아서다.'라는 뜻으로 '삐치다'와 뜻이 비슷합니다.

> **오답 풀이**
> (1) '빌리다'는 '남의 물건이나 돈 따위를 나중에 도로 돌려주거나 대가를 갚기로 하고 얼마 동안 쓰다.', '낭비하다'는 '시간이나 재물 따위를 헛되이 헤프게 쓰다.'라는 뜻입니다.
> (2) '실망하다'는 '희망을 잃다. 또는 바라던 일이 뜻대로 되지 아니하여 마음이 몹시 상하다.', '후회하다'는 '이전의 잘못을 깨치고 뉘우치다.'라는 뜻입니다.

3 (1) '대로'는 '-ㄴ'으로 끝나는 말 뒤에 쓰였으므로 앞말에 띄어 씁니다. (2) '뿐'은 사람이나 사물의 이름을 나타내는 낱말 뒤에 쓰였으므로 앞말에 붙여 씁니다. (3) '만큼'은 '-는'으로 끝나는 말 뒤에 쓰였으므로 앞말에 띄어 씁니다.

4 '원숭이도 나무에서 떨어진다'는 어떤 일을 아주 잘하던 사람도 실수할 때가 있음을 뜻하는 속담이므로, 라영이가 이 속담을 활용하기에 알맞습니다.

❶ 핵심 개념을 비주얼로 이해하는 **탄탄한 초코!**
❷ 기본부터 응용까지 공부가 즐거운 **달콤한 초코!**
❸ 온오프 학습 시스템으로 실력이 쌓이는 **신나는 초코!**

www.mirae-n.com

학습하다가 이해되지 않는 부분이나 정오표 등의 궁금한 사항이 있나요?
미래엔 홈페이지에서 해결해 드립니다.

교재 내용 문의
나의 교재 문의 | 수학 과외쌤 | 자주하는 질문 | 기타 문의

교재 자료 및 정답
동영상 강의 | 쌍둥이 문제 | 정답과 해설 | 정오표

우리 아이 바른 공부 습관

미래엔 에듀 초등맘 카페

http://cafe.naver.com/mathmap

함께해요!
바른 공부법 캠페인

궁금해요!
교재 질문 & 학습 고민 타파

공부해요!
미래엔 에듀 초등 교재

참여해요!
선물이 마구 쏟아지는 이벤트

초등

학년	반	이름

예비초등

한글 완성
초등학교 입학 전
한글 읽기·쓰기 동시에 끝내기 [총3책]

예비 초등
자신있는 초등학교 입학 준비!
[국어, 수학, 통합교과, 학교생활 총4책]

 **독해**

독해 시작편
초등학교 입학 전 독해 시작하기
[총2책]

독해
교과서 단계에 맞춰 학기별
읽기 전략 공략하기 [총12책]

비문학 독해 사회편
사회 영역의 배경지식을 키우고,
비문학 읽기 전략 공략하기 [총6책]

비문학 독해 과학편
과학 영역의 배경지식을 키우고,
비문학 읽기 전략 공략하기 [총6책]

 **쏙셈**

쏙셈 시작편
초등학교 입학 전 연산 시작하기
[총2책]

쏙셈
교과서에 따른 수·연산·도형·측정까지
계산력 향상하기 [총12책]

창의력 쏙셈
문장제 문제부터 창의·사고력 문제까지
수학 역량 키우기 [총12책]

 **ENGLISH BITE**

알파벳 쓰기
알파벳을 보고 듣고 따라 쓰며 읽기·쓰기
한 번에 끝내기 [총1책]

파닉스
알파벳의 정확한 소릿값을 익히며
영단어 읽기 [총2책]

사이트 워드
192개 사이트 워드 학습으로
리딩 자신감 쑥쑥 키우기 [총2책]

영단어
학년별 필수 영단어를 다양한
활동으로 공략하기 [총4책]

영문법
예문과 다양한 활동으로
영문법 기초 다지기 [총4책]

 **한자**
교과서 한자 어휘도 익히고
급수 한자까지 대비하기
[총12책]

 중국어
신 HSK 1, 2급 300개 단어를
기반으로 중국어 단어와 문장
익히기 [총6책]

 큰별★쌤 최태성의
한국사
큰별쌤의 명쾌한 강의와 풍부한 시각
자료로 역사의 흐름과 사건을 이미지
로 기억하기 [총3책]

 하루 한장 학습 관리 앱
손쉬운 학습 관리로 올바른
공부 습관을 키워요!

바른 학습 길잡이
바로 알기 시리즈

바로 알기 시리즈는 학습 감각을 키웁니다.

학습 감각은 학습의 기본이 되는 힘으로,

기본 바탕이 바로 서야 효과가 있습니다.

기본이 바로 선 학습 감각을 가진 아이는

어렵고 힘든 문제를 만나면 자신 있는 태도로

해결하고자 노력합니다.

미래엔의 교재로

초등 시기에 길러야 하는 학습 감각을

바로잡아 주세요!

도형 감각

**쉽고 재미있게 도형의 직관력과
입체적 사고력을 키워요!**

● 그리기, 오려 붙이기, 만들기 등
구체적인 활동을 통한 도형의 바른
개념 형성

● 다양한 도형 퀴즈를 통해
공간 감각 능력 신장

 1~6학년 학기별
[총12책]